北大社·"十四五"普通高等教育本科规划教材
高等院校汽车专业"互联网+"创新规划教材

交通工程概论

主　编　黄孝慈
副主编　王婉秋　马明辉

内 容 简 介

本书为第五批上海市属高校应用型本科试点专业建设项目支持教材之一,同时受上海工程技术大学教材建设项目支持,在参考大量文献资料的基础上,介绍了交通工程的相关理论和方法。本书主要内容包括交通要素的特征、交通调查与分析、交通流理论、道路通行能力分析、城市交通规划、交通管理与控制、交通污染及控制、交通安全。

本书可作为高等院校交通工程、交通运输、汽车服务工程、车辆工程和土木工程等专业的教材,也可供相关工程管理和工程技术人员参考使用。

图书在版编目(CIP)数据

交通工程概论/黄孝慈主编.—北京: 北京大学出版社,2024.1
高等院校汽车专业"互联网+"创新规划教材
ISBN 978-7-301-32444-8

Ⅰ.①交… Ⅱ.①黄… Ⅲ.①交通工程—高等学校—教材 Ⅳ.①U491

中国版本图书馆 CIP 数据核字(2021)第 176825 号

书　　　名	交通工程概论
	JIAOTONG GONGCHENG GAILUN
著作责任者	黄孝慈　主编
责 任 编 辑	童君鑫
数 字 编 辑	蒙俞材
标 准 书 号	ISBN 978-7-301-32444-8
出 版 发 行	北京大学出版社
地　　　址	北京市海淀区成府路 205 号　100871
网　　　址	http://www.pup.cn　新浪微博:@北京大学出版社
电 子 邮 箱	编辑部 pup6@pup.cn　总编室 zpup@pup.cn
电　　　话	邮购部 010-62752015　发行部 010-62750672　编辑部 010-62750667
印 刷 者	北京溢漾印刷有限公司
经 销 者	新华书店
	787 毫米×1092 毫米　16 开本　15 印张　348 千字
	2024 年 1 月第 1 版　2024 年 1 月第 1 次印刷
定　　　价	49.00 元

未经许可,不得以任何方式复制或抄袭本书之部分或全部内容。
版权所有,侵权必究
举报电话:010-62752024　电子邮箱:fd@pup.cn
图书如有印装质量问题,请与出版部联系,电话:010-62756370

前　言

　　本书得到第五批上海市属高校应用型本科试点专业建设项目和上海工程技术大学教材建设项目支持，以编者多年来的教学实践经验为依据，结合目前教学改革的具体情况，将交通工程新发展对于人才培养目标的最新要求引入课程教学，以解决复杂工程问题为导向，从推动课程内容的重组和工程适应能力入手，根据行业企业需求变化趋势，调整教学内容，其目的在于使学生系统、全面地掌握交通工程的基本概念、理论和方法，并为进一步培养学生成为高素质的工程技术人员，具备良好的工程思维习惯和较强的工程思维能力打下坚实基础。

　　交通工程以道路交通为主体，从交通规划、设计、管理，以及交通环境等方面系统地讨论影响交通安全、交通通畅性和效率性的交通参与者、交通设施及交通工具等要素间的定量和定性关系、基础理论和方法，以及伴随着高新技术进步而产生的新交通科技及其理论。本书将主要以交通工程、交通运输、汽车服务工程、车辆工程和土木工程专业的本科生为教学对象，讲述交通工程的全貌，包括交通工程的基本概念、基本理论、基本方法和应用技术等，为进一步学习相关的专业课程奠定基础。

　　本书由上海工程技术大学黄孝慈、王婉秋、马明辉编写，具体编写分工如下：黄孝慈编写第1～4章；王婉秋编写第5～7章；马明辉编写第8、9章。全书由黄孝慈统稿，并担任主编。

　　在本书的编写过程中，编者参考了大量相关著作、资料，在此向有关作者和资料提供者表示真诚的谢意。

　　由于交通工程是一个系统工程，包含了交通调查、分析、规划、管理、安全与环境保护等相关的理论和技术，涉及学科范围非常广泛，而编者的学识水平有限，书中难免出现疏漏和不足之处，希望广大读者不吝赐教，批评指正。

编者
2023 年 7 月

目 录

第1章 绪论 ……………………………… 1
   1.1 交通工程课程性质、目的和任务 ………………………… 3
   1.2 交通工程学的定义 …………… 3
   1.3 交通工程学的研究内容、方法 … 4
   1.4 交通工程学的发展 …………… 6
   1.5 现代交通工程学的特征 ……… 9
   【习题】 ………………………………… 10

第2章 交通要素的特征 ……………… 12
   2.1 车辆特征 ……………………… 13
   2.2 人的基本特征 ………………… 21
   2.3 道路的基本特征 ……………… 25
   【习题】 ………………………………… 29

第3章 交通调查与分析 ……………… 30
   3.1 概述 …………………………… 31
   3.2 交通量调查 …………………… 32
   3.3 车速调查与分析 ……………… 42
   3.4 密度调查 ……………………… 55
   3.5 交通延误调查 ………………… 58
   【习题】 ………………………………… 60

第4章 交通流理论 …………………… 63
   4.1 概述 …………………………… 64
   4.2 交通流特性的统计分布 ……… 65
   4.3 排队论及其应用 ……………… 74
   4.4 跟车理论 ……………………… 81
   4.5 交通流的流体力学模拟理论 … 83
   【习题】 ………………………………… 90

第5章 道路通行能力分析 …………… 92
   5.1 道路通行能力和服务水平 …… 94
   5.2 道路路段通行能力 …………… 96
   5.3 交织区与匝道的通行能力 … 104
   5.4 匝道与主线连接处的通行能力 … 112
   5.5 交叉口的通行能力 ………… 119
   【习题】 ……………………………… 126

第6章 城市交通规划 ……………… 127
   6.1 概述 ………………………… 128
   6.2 交通调查 …………………… 130
   6.3 交通预测 …………………… 137
   6.4 规划方案评价 ……………… 146
   【习题】 ……………………………… 149

第7章 交通管理与控制 …………… 150
   7.1 概述 ………………………… 152
   7.2 道路交通法规与标志、标线 … 156
   7.3 道路交通信号控制 ………… 165
   7.4 道路交通组织管理 ………… 178
   7.5 高速公路的交通控制 ……… 183
   【习题】 ……………………………… 186

第8章 交通污染及控制 …………… 187
   8.1 概述 ………………………… 188
   8.2 交通污染的种类 …………… 189
   8.3 交通噪声污染与控制 ……… 192
   8.4 汽车排气污染与控制 ……… 199
   【习题】 ……………………………… 202

第9章 交通安全 …………………… 203
   9.1 概述 ………………………… 204
   9.2 交通事故调查 ……………… 207
   9.3 交通事故分析 ……………… 209
   9.4 事故多发位置鉴别方法 …… 219
   9.5 交通安全对策与措施 ……… 228
   【习题】 ……………………………… 231

参考文献 …………………………… 232

第1章 绪论

 本章教学要点

知识要点	掌握程度	相关知识
交通工程课程性质、目的和任务	了解交通工程的学习内容；了解交通工程的学习对象；了解交通工程的学习目的和任务	交通工程的学习内容，交通工程的学习对象，交通工程的学习目的和任务
交通工程学的定义	掌握交通工程学的定义	国内外对交通工程的不同定义，国内学者对交通工程学比较广泛认可的定义
交通工程学的研究内容、方法	了解交通工程学的相关研究内容及研究方法	交通特性，交通调查，交通流理论，交通规划，交通组织管理，交通安全，停车场及服务设施，公共交通，交通环境保护的相关研究内容和研究方法
交通工程学的发展	了解交通工程学在国内外的发展历史	国外交通工程学发展历史，交通工程学在中国的发展
现代交通工程学的特征	掌握现代交通工程学的特征及发展变化趋势	现代交通工程学的特征，交通工程学特征的发展变化趋势

交通工程概论

导入案例

洛杉矶城市交通发展的战略转变及启示

1. 基本情况

洛杉矶被称为美国的"高速公路之都"。发达的高速公路系统为洛杉矶地区带来了极大的交通便利。但是,道路的增长速度往往远远落后于人口和交通量的增长速度,因此交通拥挤是一个经常发生的现象。美国著名的得克萨斯州交通研究所将洛杉矶都会区列为美国交通最拥挤的都会区。

2. 旨在实现的战略转变

如果不采取积极有效和有别于传统的措施,那么2025年洛杉矶的交通状况将极度恶化。为了迎接未来的交通挑战,洛杉矶制定了长期交通规划。除了实施传统的增加交通供给、减少交通需求措施以外,洛杉矶长期交通规划旨在实现三个战略转变。

(1) 积极建设共乘车道来提高高速公路的通行能力,停止建造新的高速公路。

(2) 开发应用智能交通系统,提高交通系统管理水平,减少耗资大、费时长的交通工程项目建设。

(3) 大力发展低成本快速公共交通系统,停止发展地铁。通过采用公共汽车信号灯优先技术、公共汽车专用道技术、自动车票卡系统技术及线路设计优化技术,节省出行时间。

通过实施洛杉矶都会区长期交通规划,洛杉矶规划部门希望在未来人口继续增加的情况下,交通状况能够维持在一个较好的水平上,至少不至于进一步恶化。考虑到洛杉矶未来人口和就业高速增长带来的巨大交通需求,以及交通供给的缓慢改善,即使要维持现状也是十分艰难的,因此,必须采取一切措施来平衡交通供需之间的矛盾,改善交通状况,任重而道远。

3. 启示

(1) 在进行耗资大、费时长的交通工程建设项目(如高速公路和轨道交通)的同时,必须充分重视耗资小、费时短的交通系统管理项目(如交通信号灯改善和智能交通系统)。

(2) 新建高速公路必须具有长远的战略目光。

(3) 改造利用现有高速公路时必须考虑对现有出行者的影响。

(4) 必须用系统的方法来解决城市交通问题。对于影响城市交通的人口、社会经济发展和土地使用因素应当进行充分分析;同样地,对于受城市交通影响的空气污染和其他城市环境因素也要进行客观的评估,并采取切实的措施以降低其负面的影响。

(5) 实施可持续交通发展战略。

(引自:陈雪明. 洛杉矶城市交通发展的战略转变以及对中国城市的启示. 城市交通.)

1.1 交通工程课程性质、目的和任务

交通工程以道路交通为主体,从交通规划、设计、管理、交通环境等方面系统地讨论影响交通安全、交通通畅性和效率性的交通参与者、交通设施及交通工具等要素间的定量和定性关系、基础理论和方法,以及伴随着高新技术进步而产生的新交通科技及其理论。本书主要以交通工程、交通运输、汽车服务工程、车辆工程和土木工程专业的本科生为教学对象,讲述交通工程的全貌,包括交通工程的基本概念、基本理论、基本方法和应用技术,为进一步进入相关的专业课程学习奠定基础。

通过学习建立交通工程的基本概念,掌握由人、交通设施、交通工具共同构成的交通系统的基本特征调查、分析方法,交通规划的基本理论与方法,交通设计的基本理论与方法,交通系统控制、管理的基本理论与方法,交通系统评价的基本理论与方法,以及智能交通系统等新交通科技相关的新交通工程理论和技术概述等,培养学生了解交通工程基本知识,掌握交通工程基本技能,具备从事交通工程学研究和实际工作的基本能力。

1.2 交通工程学的定义

交通工程学是一门发展中的学科,人们从不同的角度,用不同的观点和方法对其进行研究和认识,因此对其定义也有多种提法,目前尚无世界公认的统一的定义。

各国学者在对交通工程学的研究过程中,分别给出了不同的定义。

早在20世纪40年代,美国交通工程师协会就给交通工程学下了一个定义:交通工程学是研究道路规划、几何设计及交通管理,研究道路网、车站及与其相邻接的土地与交通工具的关系,以使人和物的移动实现安全、有效和便利。

澳大利亚交通工程学教授布伦敦对交通工程学的定义:交通工程学是关于交通和旅行的计测科学,是研究交通流和交通发生基本规律的科学,为了使人和物安全而有效移动,把这些科学知识应用于交通系统的规划、设计和运营。

苏联交通工程学专家对交通工程学的定义:交通工程学是研究交通过程的规律和交通对道路结构、人工构造物的影响的科学。

日本渡边新三、佐佐木纲等学者认为:交通工程学研究的是客、货运输的安全、方便与经济,并探讨公路、城市道路及其相连接的整体用地规划、几何线形设计和运营管理等问题。

北京工业大学任福田教授对交通工程学的定义:交通工程学是研究交通规律及其应用的一门技术科学。它的研究目的是探讨如何安全、迅速、舒适、经济地完成交通运输任务;它的研究内容主要是交通规划、交通设施和交通运营管理;它的探究对象是驾驶人、行人、车辆、道路和交通环境。

这里的交通规律是指交通生成、交通分布、交通流流动和停车等规律。根据这些规律

可以采取规划、工程、组织管理等各种措施，改善交通状况。

本书引用国内学者中对交通工程学比较广泛认可的定义，认为：**交通工程学是交通运输工程的分支，将人（行人、驾驶人、乘客）、车（机动车、非机动车）、路、环境四者纳入统一体系，综合研究使路网合理、通行能力大、事故少、污染轻、耗能低的科学举措，实现交通安全、迅速、经济、方便、舒适的目的。**

1.3　交通工程学的研究内容、方法

随着人类社会的发展，各种各样的交通问题层出不穷。作为应对这些交通问题的对策学科，交通工程学是伴随着汽车工业和公路运输的发展而建立的，并在近代科学技术发展的推动下而发展起来。

交通工程学发展至今，内容十分丰富，概括起来主要有下面几部分。

1.3.1　交通特性

1. 车辆的交通特性

（1）车辆拥有量。车辆拥有量是一个地区或一个城市交通状况的基础数据。因此，应研究车辆历年增长率、人均车辆数、车辆组成、车辆增加与道路增加的关系，以及车辆拥有量预测等。

（2）车辆的特性。车辆的特性是指车辆的操纵性、通行性、加速性能、制动性能、经济性、安全性，以及车辆的尺寸与重量。车辆的上述性能与交通效率有密切关系。通过研究，提出改善现有车辆对环保及安全的性能要求。同时，根据车辆性能的改善提高，对道路设计、交通管理等提出新的要求。

2. 驾驶人和行人的交通特性

驾驶人和行人是道路的使用者，应当从交通心理学的角度研究使用者的视觉特性、反应特性，以及疲劳、情绪等对交通的影响。

3. 道路的特性

道路是最主要的交通设施。因此要研究道路网的形态、结构、规划指标如何适应交通发展；研究线形标准和道路质量如何满足行车要求；研究线形设计、安全设施、路面状态如何保证交通安全；研究道路如何与环境协调。

4. 交通流特性

交通流用交通量、车速和车流密度来表征。只有对交通流进行定量分析，赋予各参数具体数值，才便于进行交通设计和交通管理。

1.3.2　交通调查

交通调查是获取交通数据的基本手段。交通工程学包括的主要调查项目如下。

(1) 交通量、车速和车流密度调查。
(2) 行程时间和延误调查。
(3) 停车调查。
(4) 公共交通客流调查。
(5) 公路客流、货流调查。
(6) 道路通行能力调查。
(7) 交通事故调查。
(8) 交通环境调查。
(9) 居民出行调查。
(10) 起讫点调查。

1.3.3 交通流理论

交通流理论研究各种不同车流密度的交通流特性与其表达参数之间的关系，寻求拟合交通流状态的最佳模型，为制定交通治理方案、增建交通设施、评定交通事故提供依据。目前已采用概率统计方法、排队论、流体力学理论和跟车理论等研究交通流。

1.3.4 交通规划

交通规划研究在一定土地使用条件下的交通需求与交通供给的平衡关系。在某一地区或某一城市，根据人口增长、经济发展、土地开发使用等条件，拟定交通规划方案，方案选优，编制方案的实施程序。依规划的范围内容，交通规划有不同层次之分，具体如下。
(1) 区域综合交通规划和城市综合交通规划。
(2) 公路网规划、公共交通系统规划、交通枢纽规划、停车规划。
(3) 具体交通设施的发展、改善、更新规划等。
(4) 交通环境规划。

1.3.5 交通组织管理

研究组织、管理、控制交通的措施和装备，主要涉及以下内容。
(1) 研究符合社会制度和公众道德规范的交通法规和执法管理。
(2) 组织车流在路网上合理分布，在路线上有序行进。
(3) 研究标志、标线的颜色、图形、尺寸、设置位置和画法及反光、发光的标识。
(4) 研究交通控制系统。采用计算机技术及各种电子设备建立各种道路交通控制系统。
(5) 研究道路交通专用的通信及数据传输系统。
(6) 研究道路交通事故快速救助处理系统。

1.3.6 交通安全

交通安全是交通领域永恒的研究课题，旨在弄清产生交通事故的机理和规律，揭示各种影响因素的制约关系，讨论如何减少交通事故，提高交通安全。

1.3.7 停车场及服务设施

研究停车需求，对停车场进行规划、设计和管理，讨论交通服务设施的布点、规模和经营。

1.3.8 公共交通

讨论各种公共交通工具的特点，适用条件，以及各种交通方式的配合，并探索新的交通方式，为居民提供方便的交通配套。

1.3.9 交通环境保护

研究加强排水系统，控制水土流失，保护天然植被、平衡生态环境，以及减少交通噪声、废气、振动和飘移物对环境影响的措施，保护水源，创造良好的生活环境等。

随着科学技术的发展，与交通工程学相关的现代高新技术和边缘学科新理论、新技术及新理念融入交通工程学之中，包括智能交通运输系统、绿色交通系统、交通行为理论、交通系统管理、交通需求管理、现代建模与计算方法、智能控制系统理论、现代仿真技术、可持续发展理念等。

1.4 交通工程学的发展

1.4.1 国外交通工程学发展历史

国外交通工程学发展历史

（1）交通工程学 20 世纪 30 年代形成于美国（交通工程学萌芽阶段）。2020 年之前，美国是世界上汽车保有量最多的国家，也是道路交通最发达的国家。1903 年，美国开始大量生产汽车，至 1920 年已有 800 多万辆汽车。为了管理车辆、管理驾驶人、管理交通，便有专人从事这方面的工作，随后于 1921 年被命名为交通工程师。至 1930 年，美国平均每千人拥有 180 辆汽车。汽车已成为美国人生活中不可缺少的交通工具。此时，美国的公路已达 400 万千米。大城市地域内和大城市之间的汽车交通也相当繁忙。为了便于技术交流，讨论共同关心的交通问题，一些专门从事交通工程工作的技术人员聚集在一起，于 1930 年成立了世界上第一个交通工程师协会。后来，人们认为该协会的成立是交通工程学诞生的标志。交通工程学创立的初期，主要是交通管理，比如给驾驶人发执照、设立交通标志、安装手动信号机、进行路面画线等。

（2）1940 年后交通工程学在欧洲也发展起来。20 世纪 40 年代，交通工程人员开始意识到：只靠交通管理，无法根治交通问题。修建道路若不以交通量大小为依据则带有很大的盲目性。例如，今年修一条双车道道路，由于交通的发展，明年就可能满足不了要求，而发生交通阻塞。于是交通工程学增添了交通调查、道路规划的内容。在修路之前，首先进行交通调查，预测远景交通量。根据车流的流量、流向，对道路布局标准、线形几何设计提出要求，并考虑交通管理方案，配备必要的交通设施，根据投资效益进行技术经济论证。

（3）1950年以后欧洲、美国等地区和国家的交通管理与规划的研究发展情况。进入20世纪60年代，由于汽车数量激增，美、英、联邦德国、法、日等国的每公里公路平均汽车密度逐渐趋于饱和。1969年，这些国家的汽车拥有量按每公里公路拥有的车辆计算：英国39辆、联邦德国33辆、美国18辆、日本15辆、法国9辆，因此，交通拥挤、阻塞现象严重。在纽约、巴黎、伦敦等城市的中心街道上，平均车速每小时只有十几千米。同时交通事故与日俱增，越来越严重地威胁着人们的生命安全。20世纪60年代，美国平均交通事故率为5.4人/万车。事故所造成的经济损失几乎与年度内各级公路的新建、改建、养护、管理等费用的总额相等。为了疏导交通，减少交通事故，提高车速，增加道路通行能力，1967年，美国联邦公路总署提出一个增加通行能力和提高交通安全的交通管理计划（Traffic Operations Program to Increase Capacity and Safety）。于是，交通工程技术人员开始更为深入地研究车流特性，倡导"交通渠化"，用计算机控制交通，改进道路线形设计，注意使各元素之间保持协调，更多地考虑道路对所在地区带来的影响（如空气污染、噪声干扰、城市景观、环境协调等）。在此期间，交通规划已形成了系统的理论和明确的规划方法。在一个地区或一个城市做交通规划，首先要根据经济的发展，分析综合运输的现状与未来需求，按照规定的格式，进行出行调查；其次用出行产生、交通分布、交通方式划分、交通分配的程式，进行交通预测；最后从供需平衡的角度布设路网、枢纽、场站等交通设施。参加交通规划的人员包括园林、环境保护、土木工程、社会学和交通工程专业的学者。

（4）20世纪60年代后交通工程学在日本的发展（以京都大学为代表）。20世纪70年代，能源危机引发石油价格急剧上涨。另外，大量汽车排出的废气，引起的噪声、振动危及人们的健康，这迫使工业发达国家对交通进行综合治理。以日本为代表的国家提出了进行城市综合交通调查与交通规划，高速公路网在这一阶段形成与发展。

（5）交通工程学在20世纪80年代至21世纪初的发展。在工业发达国家，多数城市的发展已经定型，大规模进行交通规划的时代已经过去，交通工程的研究问题多集中于交通管理方面。在交通工程学的发展过程中，对如何解决交通拥挤、堵塞问题，各工业发达国家根据自己的国情，采用了各自不同的措施。美国、加拿大等国，因其疆域辽阔，采取增加道路车道数的方法（最多的增加到20多条车道），而不采用交通控制系统，结果仍不能适应交通发展的要求。于是，这些国家开始研究建立公路交通自动控制系统。如加拿大的多伦多市，本来是世界上第一个建立城市交通自动控制系统的城市，但在其城间的高速公路上一直没有采用。虽然在其401国道交通量最大的路段上（在多伦多市附近）已建有16个车道，但1981年已达平均日交通量20多万辆，阻塞严重，因此，不得不开始研究建立交通自动控制系统。1991年1月建成控制系统之后，该路平均日交通量已增至30多万辆，但交通阻塞得到了缓解。日本则由于其国土狭窄，在路上增加车道有困难，因而采取设置交通自动控制系统的方法。其8个高速公路管理局所管各条高速公路全部设有控制系统和控制中心。北海道的道央高速公路，在1984年刚刚建成时，交通量最大的一端仅有8000辆/日，也建有交通自动控制系统。他们认为高速公路一旦建成后，交通量即将迅猛增长，届时再行改造极不经济。欧洲各国所采用的措施则介于二者之间。尽管他们采取了这些措施，仍难以满足交通量日益增长的需要。现有的交通控制系统，对通行能力的提高也是有一定限度的。这说明在各种运输方式中，人们对公路交通的需求更甚，是不以人们意志为转移的。除交通阻塞外，交通安全也是一个重要问题。世界各国在兴建高速公路后，交通事故率大为降低，但由于在高速公路上车辆高速行驶，交通量增长，恶性事故率有所上升。因此，研究采用高新技术，以提高公路交通的安全度和通行能力，改善日益恶化的公路交通，就成为大家公认的唯一可行的途径。

（6）交通工程学从21世纪初至今的发展。进入21世纪以来，智能车路系统（Intelligent Vehicle Highway System，IVHS）或称智能交通运输系统（Intelligent Traffic System，ITS）的研究成为交通工程中的主旋律。日本和欧洲起步较早，在20世纪80年代后期即开始进行。智能交通运输系统在日本基本国策中的优先性地位不断提高。在日本政府发布的有关IT社会的重要政策（如2000年《形成IT社会基本法》、2001年《E-JAPAN战略》、2001年《E-JAPAN优先政策计划》）中，智能交通运输系统总是被置于IT社会中关键要素的位置，尤其是《E-JAPAN优先政策计划》中提出，车辆信息与通信系统（Vehicle Information and Communication System，VICS）是其第三代信息通信中最重要的组成之一，并提出了加强智能交通运输系统研发的相关政策。

欧洲的智能交通运输系统应用针对综合运输。在道路交通领域，欧盟正积极促进以协调一致的方式在全欧洲实施智能交通运输系统，伽利略卫星导航定位系统计划成为道路交通智能交通运输系统发展的主要推动力。

美国从1991年的《陆上综合运输效率化法案》（简称冰茶法案或ISTEA）到1998年的《面向21世纪的运输平衡法案》（简称TEA-21），智能交通运输系统的发展重点由智能交通运输系统研究开发转移为智能交通运输系统基础设施实施和集成。这是对美国智能交通运输系统发展具有划时代意义的两部法案，从立法的高度，统一规划美国智能交通运输系统的发展，制订投资计划。美国起步虽晚，但进展较快，已于1997年建成了自动高速公路的第一条试验路。2002年1月，美国智能交通协会组织制订《美国十年ITS项目计划》（National ITS Program Plan：A Ten-Year Vision）。该计划展望了智能交通运输系统的发展蓝图、制定了美国智能交通运输系统的确切目标在智能交通运输系统的主题领域。其中，技术领域为综合交通信息网络，先进的车辆防撞技术，自动车辆碰撞和事故探测、通知和反应，先进的交通管理；环境领域为交通系统管理与运营环境，政府部门的角色定位、相互关系和投资，广泛实施私有企业产品的联邦政策和行动计划，分析智能交通运输系统的状况、发展机遇、效益和挑战，提出应开展的行动。

目前世界各工业发达国家已形成北美（美国、加拿大两国）、欧洲（有10多个国家参加）和日本三大研究集体。每个集体均组织了跨部门的上百个企业、高校和研究机构，积极进行各项子系统的开发研究。

1.4.2　交通工程学在中国的发展

我国交通工程学研究的起步较晚，20世纪70年代才开始城市交通自动控制的应用研究。80年代才创办交通工程应用学科并培养自己的交通工程人才。但这几十年来，中国大量的交通工程工作者投身交通工程事业，推进了我国交通工程学的快速发展。以下是我国交通工程学发展的一些关键特征。

（1）创立时间。20世纪70年代后期至80年代初期。1975年，张秋先生发表《中国都市交通概况》。1978年开始，张秋开始了中国交通工程知识的启蒙讲学，先后在多个城市、地区进行了 15 次讲学。讲学资料后被徐慰慈、严宝杰整理并出版，是我国第一本交通工程学著作。在张秋及其同事的推动下，1980 年上海市率先成立交通工程学会，1981 年成立中国交通工程学会。

（2）代表性人物。张秋先生（原美国加利福尼亚州海华市交通局长）；杨佩昆教授（同济大学）、徐吉谦教授（东南大学）、赵恩棠教授（长安大学）、任福田［翻译完成并出版美国的《道路通行能力手册》（中译本第一版）］、全永燊（编著并出版了《城市交通控制》）、祁振庆（翻译苏联的《道路条件与交通组织》）、景天然（翻译《道路条件与交通安全》）等。

（3）研究领域的发展。交通流理论、通行能力（1976 年）；交通控制与管理（1980 年）；交通规划与交通设计（1986 年）；交通诱导系统（1991 年）；交通环境（1993 年）；智能交通运输系统，连续流交通控制与管理系统理论（1994 年）；交通影响分析，公共交通系统，交通系统分析理论（交通网络模型、可靠性理论、交通选择行为理论、优化理论、交通仿真系统等）（1996 年）；面向未来、适应未来的新理论、新技术（永恒的追求，现代交通工程学）（2010 年）。

（4）我国交通工程的新发展。智能交通对于我国交通运输行业发展有着巨大的意义。我国致力于将信息技术、计算机技术、数据通信技术、电子控制技术、传感器技术、自动控制理论、运筹学、人工智能、大数据、云计算等先进的科学技术有效便捷地综合运用于服务控制、车辆制造和交通运输这三个方面，使"人""车""路"三者之间加强联系，减轻路面交通运行的压力，达到减少安全隐患的目的，建立起一套覆盖广泛、实时、高效、精准的智能化的道路交通系统。"十三五"期间，国务院颁发了"现代综合交通运输体系发展规划"，"规划"中指出，"十三五"期间我们智能交通运输系统发展趋势主要在于积极提升交通发展的智能化水平，促进交通绿色化发展、推动加强安全应急保障体系建设。未来主要的发展趋势包括促进交通产业的智能化变革，节能减排、绿色发展，提高道路交通安全。

1.5 现代交通工程学的特征

交通工程学经过长期发展，其特征可总结如下。

1. 系统性

交通与整个社会经济系统密切相关，自身又是一个由诸多相互联系、相互作用的要素（人、车、路、环境等）所组成的有机整体，是一个多目标、多约束的大系统。因此交通工程学最重要的方法论基础就是系统分析和系统工程。以系统分析原理来认识交通问题，以系统工程原理来解决交通问题，是交通工程学发展的必由之路，也是现代交通工程学的一个显著特点。

2. 综合性

交通工程学研究的内容涉及工程（engineering）、法规（enforcement）、教育（education）、能源（energy）、环境（environment）五大领域，简称"五 E 科学"；又与地理、历史、经济、政策、体制等诸多因素有关，是一门集自然科学与社会科学、"硬"科学与"软"科学于一身的综合性很强的科学。

3. 交叉性或边缘性

交通工程学研究的对象具有多方面的边际性或交叉性，其中包含的降低汽车的废气排放、噪声、振动，道路几何线型，道路通行能力，交通规划、设计，交通管理与控制等均同其他学科相互交叉，或是某些学科相连接的边际。

4. 社会性

交通工程学涉及社会的各个方面，特别显著的是交通规划、交通管理，差不多同社会各个方面有关，如政策、法规、技术、经济、工业、商业、生产、生活、居民、学生等，社会性很强。

5. 超前性

道路交通工程是为国民经济发展，为人民的生产、生活及科技、教育、文化等活动服务的，是区域和城市发展的载体，社会经济活动的支撑体系，加之交通工程本身的建设与使用期限长，因此要预测或设想今后一个很长时期（20～30 年甚至更长时间）后的需求情况和工程实施后的深远影响，必须超前考虑、提前规划。

如今，随着各种交通问题的出现，社会关注的焦点也在不断变化。交通工程学的特征越来越倾向于以下几方面的变化。

（1）理念的变化。改善交通的效率、安全。运用各种手段和措施使交通需求与交通设施服务能力达到最佳的平衡，确保交通安全与通畅。

（2）高新技术的运用。与交通工程学相关的现代高新技术和边缘学科新理论、新技术及新理念，即智能交通运输系统、绿色交通系统、交通行为理论、交通系统管理、交通需求管理、现代建模与计算方法、智能控制系统理论、现代仿真技术、可持续发展理念等逐渐融入交通工程学之中。

（3）系统思想的运用。以人/物、交通工具、交通设施、交通环境、交通信息、交通规则为构成要素，以达到安全、通畅、便捷、环保、效率为目的，共同构成一个和谐、先进的交通系统。

（4）对公共交通及人的关注。城市公共交通作为一项社会公益事业，与城市的经济社会发展及人民群众生产生活密切相关，也是一个城市发展水平的重要标志。优先发展公共交通就成为缓解城市交通拥堵、改善人居环境、环保节能、促进城市可持续发展的必然要求。

【习题】

一、简答题

1. 交通工程学的定义是什么？

2. 交通工程学研究的内容大体有哪几方面？它与汽车工程学、道路工程学的研究方法有何不同？

3. 交通工程学产生的基础是什么？为什么发达国家越来越重视交通工程学的研究及这方面人才的培养工作？

4. 从我国目前的交通现状和国外交通工程的发展进程来看，你认为我国交通的发展方向是什么？当前应着力解决哪些问题？

第 2 章
交通要素的特征

本章教学要点

知识要点	掌握程度	相关知识
车辆特征	掌握汽车的分类； 掌握汽车性能的定义和评价指标	汽车分别按用途、对道路的适应性及动力装置型式的分类，汽车的动力性、燃料经济性、安全性、通过性和机动性的定义和评价指标
人的基本特征	掌握驾驶人及非驾车出行者的基本特征	驾驶人的视觉特性、反应特性与选择特性
道路的基本特征	了解公路的构造与分类； 了解道路分类与分级； 了解道路使用的交通特性	公路的基本组成与分类，道路分类与分级，道路交通工程服务设施、道路环境对道路使用者的心理影响，道路线形配合、缓和曲线的交通特性

第2章 交通要素的特征

疲劳驾驶是"元凶"
——2012.8.26 包茂高速公路陕西延安特别重大道路交通事故

1. 基本情况

2012年8月26日2时31分许，驾驶人陈某驾驶卧铺大客车（以下简称大客车），沿包茂高速公路由北向南行驶至484km+95m处，与驾驶人闪某驾驶的重型罐式半挂汽车发生追尾碰撞，致罐式半挂汽车内甲醇泄漏并起火，造成大客车内36人当场死亡，3人受伤。

2. 教训与启示

人的因素是交通的重要要素之一。驾驶疲劳对驾驶人的视觉特性、反应特性与选择特性都有较大影响。驾驶疲劳是指驾驶人在长时间连续驾驶机动车后，产生生理机能和心理机能的失调，在客观上出现驾驶技能下降的现象。在驾驶疲劳状态下继续驾驶机动车，就是疲劳驾驶。驾驶人睡眠质量差或者不足，长时间驾驶机动车，容易出现驾驶疲劳。驾驶疲劳会影响驾驶人的注意力、感觉、知觉、思维、判断、意志、决定和运动等方面。疲劳后继续驾驶机动车，会感到困倦瞌睡，四肢无力，注意力不集中，判断能力下降，甚至出现精神恍惚或者瞬间记忆消失，出现动作迟误或者过早，操作停顿或者修正时间不当等不安全因素，极易发生道路交通事故。

（引自：陈利．对疲劳驾驶的执法思考——以包茂高速陕西延安"8.26"特大交通事故为例．公安教育．）

对交通特征的合理分析，是进行合理的、科学的交通规划、设计、运营、管理的前提和基础。交通特征分析需要研究交通系统各要素自身的特征，如车辆交通特征、驾驶人交通特征、行人交通特征、乘客交通特征、道路交通特征等。本章分别从车辆特征、人的基本特征和道路的基本特征三个方面分别介绍。

2.1 车 辆 特 征

交通工程学是伴随着汽车的出现和发展而发展起来的，随着汽车性能的改进和提高，交通工程学的内容也不断地扩大和丰富。因此，交通工程学研究涉及的道路车辆主要是汽车。但是汽车诞生后，由于它可以在稍加改善的道路上行驶，不像火车那样，因为有轨道，而必须另修铁路，因而人们就没有为之另外修建专供汽车行驶的道路，而是与其他车辆在同一条道路上共同行驶，形成混合交通。因此，多年来，交通工程学一方面要研究在原有道路上，如何既按汽车性能进行设计，又能适应各种不同车辆性能的需要；另一方面则研究如何将其他车辆分开，各行其道。

2.1.1 汽车分类

1. 按用途分

（1）**载客车**。专门用作人员乘坐的汽车，按其座位多少又可分为轿车、客车等种类。

① 轿车。除驾驶人外乘坐2～8人的小型客车。轿车按发动机的工作容积（排量）分为微型（1L以下）轿车、轻型（1～1.6L）轿车、中型（1.6～2.5L）轿车和大型（2.5L以上）轿车。另外还可以分为普通轿车、高级轿车、旅行轿车和活顶轿车。

② 客车。除驾驶人外乘坐9人以上的载客车为客车。客车有单层、双层型式，并可按总质量、总长度分为不同类型。另外，客车还可按使用目的分为旅行客车、城市客车、长途客车、游览客车和旅游车等。其中旅游车是专门用于旅游的客车。有的长途旅游车为住宿式，具有住宿和生活条件。

（2）**货车**。主要供运载货物用的汽车称为货车，又称载货汽车。

① 普通货车。按其载重量分为轻型（小于3.5t）货车、中型（4～8t）货车和重型（大于8t）货车。

② 特种车。其是具有某种专门用途或者特（种）殊用途的货车，具有特殊货箱，并考虑到货物装载和运输上的专门需求，如保温箱货车、罐式货车等。

③ 自卸车。其货箱能自动举升并倾卸散装货物、固体货物，如煤、砂石、矿料等。

④ 牵引车。专门用来牵引挂车、半挂车和长货挂车的主体，一般车上不搭乘旅客，没有装载货物的车厢（少数具有短货箱）的汽车称为牵引车，又称载货列车，一般可分为全挂牵引车和半挂牵引车。全挂车的载荷全部由自身承受，半挂车的载荷由自身和牵引车共同承受。

（3）**特种用途的汽车**。其包括建筑工程用汽车、市政公共事业用汽车、农用汽车、竞赛汽车等。

2. 按汽车对道路的适应性分

按汽车对道路的适应性，可将汽车分为普通汽车和越野车。

3. 按汽车动力装置型式分

按汽车动力装置型式，可将汽车分为活塞式内燃机汽车、电动汽车、燃气轮汽车。

2.1.2 汽车性能

1. 汽车的动力性

汽车的动力性是指汽车在良好路面上直线行驶时受纵向外力决定的、所能达到的平均行驶速度。 汽车动力性主要用汽车的最高车速（km/h）、汽车的加速时间（s）和汽车的最大爬坡度（i_{max}）来评价。

（1）**汽车的最高车速是指在水平、良好的路面（沥青混凝土）上汽车所能达到的最高行驶速度。**

（2）**汽车的加速时间表示汽车的加速能力**，对汽车的平均行驶速度有很大的影响。常用原地起步加速时间和超车加速时间来表示汽车的加速能力。

(3) **汽车的上坡能力是用满载时汽车在良好路面上的最大爬坡度 i_{max} 表示**。显然，汽车的最大爬坡度是指汽车在变速器挂 1 挡时的最大爬坡度。轿车最高车速大，加速时间短，又经常行驶在较好的路面上，所以一般不强调其爬坡能力。由于轿车的 1 挡加速能力大，因此爬坡能力也强。货车要在各种地区的各种路面上行驶，所以要求具有足够的爬坡能力，一般 i_{max} 在 30%，即 16.5° 左右。越野汽车在坏路或无路条件下行驶，所以爬坡能力是一项重要指标，i_{max} 可达 60%，即 30° 左右，甚至更高。

研究汽车动力性的目的是确定汽车沿其行驶方向的运动状态，因此必须了解沿汽车行驶方向作用于汽车上的外力——驱动力与行驶阻力，进而建立汽车行驶受力方程。据此可估算汽车的最高车速、加速度和最大爬坡度。

汽车的行驶受力方程可写为

$$F_t = \sum F \tag{2-1}$$

式中，F_t 为汽车的驱动力；$\sum F$ 为汽车行驶阻力之和。

汽车的动力来源于发动机，发动机发出的功率与扭矩间的关系为

$$P_e = \frac{M_e n_e}{9549} \tag{2-2}$$

式中，P_e 为发动机功率，kW；M_e 为发动机扭矩，N·m；n_e 为发动机曲轴转速，r/min。

发动机发出的扭矩经传动系统传至驱动轮，作用于驱动轮上的扭矩 M_t 产生一对地面的圆周力 F_0，地面对驱动轮的反作用力 F_t 称为汽车的驱动力，单位为 N，如图 2.1 所示，其大小为

$$F_t = \frac{M_t}{r} \tag{2-3}$$

式中，M_t 为作用于驱动轮上的扭矩，N·m；r 为车轮半径，m。

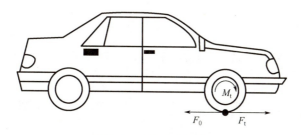

图 2.1　牵引力的产生

汽车在道路上行驶时，必须克服来自路面的滚动阻力 F_f、坡度阻力 F_i，来自空气的空气阻力 F_w 和汽车加速行驶时的加速阻力 F_j。汽车的行驶总阻力 $\sum F$ 为

$$\sum F = F_f + F_i + F_w + F_j \tag{2-4}$$

滚动阻力是车轮在路面上滚动时的阻力，主要是由轮胎与路面的变形、路面的不平引起的冲击及由轮胎与路面之间的滑移引起的阻力（图 2.2）。滚动阻力 F_f 与轮胎负荷的关系为

$$F_f = fW \tag{2-5}$$

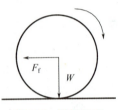

图 2.2 滚动阻力

式中，f 为轮胎滚动阻力系数；W 为车轮负荷，N。

滚动阻力系数由试验确定。

空气阻力是汽车直线行驶时受到的空气作用力在行驶方向上的分力。空气阻力分为压力阻力和摩擦阻力两部分。空气阻力可用式（2-6）计算。

$$F_w = \frac{C_D A V^2}{21.25} \tag{2-6}$$

式中，C_D 为空气阻力系数，在计算中，按下列取用 C_D 值：闭式车身小客车 $C_D = 0.30 \sim 0.41$；敞式车身小客车 $C_D = 0.40 \sim 0.50$；货车 $C_D = 0.8 \sim 1.0$；车厢式车身大客车 $C_D = 0.5 \sim 0.8$。A 为迎风面积，m^2。V 为相对速度（在无风时汽车的行驶速度），m/s。

坡度阻力是当汽车上坡时汽车重力 G 沿坡道的分力所表现的阻力（图 2.3），即

$$F_i = G \sin\alpha \tag{2-7}$$

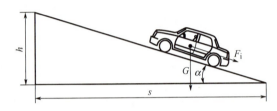

图 2.3 坡度阻力

当坡度很小时，$\sin\alpha \approx \tan\alpha = i_s$（纵向坡度），所以 $F_i = G i$。

加速阻力 F_j 是汽车在加（减）速时，加速运动时的惯性阻力。汽车的质量分平移质量和旋转质量两部分。加速时平移质量产生惯性力，旋转质量产生惯性力矩。为便于计算，把旋转质量的惯性力矩转化为平移质量的惯性力，并以系数 δ 作为汽车旋转质量换算系数，于是，汽车加速时的阻力 F_j 可写为

$$F_j = \delta m \frac{dv}{dt} \tag{2-8}$$

式中，δ 为汽车旋转质量换算系数（$1.1 \sim 1.4$）；m 为汽车质量，kg；$\frac{dv}{dt}$ 为汽车行驶加速度，m/s^2。

δ 主要与飞轮、车轮的转动惯量及传动系统的传动比有关，可按以下经验公式估算。

$$\delta = 1 + \delta_1 + \delta_2 i_k^2 \tag{2-9}$$

式中，$\delta_1 = \delta_2 = 0.03 \sim 0.05$；$i_k$ 为变速器的变速比。

综上所述，汽车的行驶方程可为

$$F_t = G(f+i) + \frac{C_D A V^2}{21.25} + \delta m \frac{dv}{dt} \tag{2-10}$$

地面对轮胎切向反作用力的极限值称为附着力。在硬路面上它与驱动轮法向反作用力 F_z 成正比，所以附着力 F_φ 可写成

$$F_\varphi = F_z \varphi \tag{2-11}$$

式中，φ 为附着系数，由路面与轮胎决定，如良好的水泥混凝土或沥青路面，干燥时附着系数为 0.8，潮湿时为 $0.5 \sim 0.6$。

附着条件由汽车行驶方程可得

$$\delta m \frac{dv}{dt} = F_t - (F_f + F_i + F_w) \quad (2\text{-}12)$$

即汽车的驱动力大于滚动阻力、坡度阻力和空气阻力时才能加速行驶。假如驱动力小于该三个阻力之和，则汽车不能开动，行驶中的汽车将会减速直至停车。由此可知，汽车的驱动条件为

$$F_t \geqslant F_f + F_i + F_w \quad (2\text{-}13)$$

由于附着系数是由轮胎与路面决定的，因此附着力也是一定的，因而驱动力不能大于附着力。若驱动力大于附着力，则驱动轮将发生滑转。由此可得到汽车行驶的附着条件为

$$F_t \leqslant F_{z\varphi}\varphi \quad (2\text{-}14)$$

式中，$F_{z\varphi}$ 为作用在全部驱动轮上的地面法向反作用力。

将以上关于汽车行驶的两个条件连起来，可写为

$$F_f + F_i + F_w \leqslant F_t \leqslant F_{z\varphi}\varphi \quad (2\text{-}15)$$

这就是汽车行驶的驱动-附着条件。

2. 汽车的燃料经济性

汽车的燃料经济性是指汽车用最低燃料消耗量完成一定功能的能力。

通常用以下指标对汽车的燃料经济性进行评价。

（1）在一定运行工况下、汽车行驶一定里程的燃料消耗量，如常用百公里耗油量（L/100km）作为评价指标。

（2）一定的燃料消耗量能使汽车行驶的里程，如用每升油行驶千米数（km/L）作为评价指标。

（3）汽车运输部门用单位运输工作量的燃料消耗量，如用百吨公里耗油量 L/(100t·km)（货车）、千人公里耗油量 L/(1000P·km)（客车）作为评价指标。

（4）汽车制造厂家及检定部门还用等速行驶百公里燃料消耗量和全面反映汽车实际运行情况的工况百公里燃料消耗量作为燃料经济性评价指标。

3. 汽车安全性

汽车安全性是指汽车以最小的交通事故概率和最少的公害适应使用条件的能力。

汽车安全性是汽车的主要性能之一，因为它直接影响人的生命安全与健康，以及汽车和运输货物的完好。

汽车安全性分为三个方面，即主动安全性、被动安全性和发生事故后的安全性。主动安全性又称积极安全性，是指能够避免发生交通事故可能性的所有方面的性能；被动安全性又称消极安全性，是指能够将可能发生的交通事故造成的伤亡减小的所有方面的性能；发生事故后的安全性是指事故发生后的防火灾等方面的性能。因此，汽车安全性是汽车一系列结构性能的综合，主要包括的评价指标有制动性、稳定性、驾驶人视野性、驾驶操作性、发生碰撞时的安全性和防火安全性等。

（1）制动性。

汽车制动性是汽车强制降低行驶速度和停车的能力。汽车制动性的评价指标包括制动

效能、制动效能的稳定性、制动时的方向稳定性。

① 制动效能。制动效能是汽车制动性最基本的评价指标。通常用制动距离、制动时间、制动时的减速度来评价汽车的制动效能。

制动距离是指汽车在平坦、干燥良好的路面上以一定的初速度制动到汽车停止时所驶过的距离。

汽车的制动距离或制动减速度均通过试验确定。国内外汽车运行安全法规普遍采用制动距离检验汽车的制动效能。我国《机动车运行安全技术条件》（GB 7258—2017）规定了各种类型汽车的制动距离。国内外还广泛采用制动力评价汽车的制动效能。制动力通常在室内用制动试验台测定。国内外关于制动力方面的法规（标准）均按轴载质量对车辆制动力提出要求。机动车运行安全技术条件对汽车制动力要求是不小于60%轴载整备质量。前轮同轴左右轮制动力差值不大于5%，后轮不大于8%。

② 制动效能的稳定性。制动效能的稳定性是指制动效能不因制动器摩擦条件改变而恶化的性能，包括热稳定性和水稳定性。热稳定性（抗热衰退性）是指因连续制动（如下长坡）使制动器温度升高后保持冷态制动效能的能力。它主要由制动器容量、结构和摩擦衬片的材质决定。水稳定性是指汽车涉水后对制动性能的保持程度。

③ 制动时的方向稳定性。制动时的方向稳定性是指汽车制动时保持按给定轨迹行驶的能力。汽车各车轮上的制动力大小不均匀、比例不当，将导致制动跑偏、侧滑，使汽车失去控制。制动法规要求汽车制动时，车体任何部位不许超出3.6~3.7m宽的车道。

(2) 稳定性。

汽车稳定性是指汽车根据驾驶人的意愿按照规定的方向行驶，且不产生侧滑或倾翻的能力。影响汽车稳定性的主要因素如下。

① 轴距和轮距。

② 重心位置。

③ 汽车通过质心垂线的转动惯量。

④ 轮胎特性。

⑤ 转向系统的结构与性能。

⑥ 车身的空气动力学性能。

(3) 驾驶人视野性。

驾驶人视野包括直接视野、间接视野、恶劣天气视野保持和夜间视野。驾驶人视野性属于主动安全范畴。

① 直接视野。直接视野是指驾驶人不需要借助后视镜等设施直接通过风窗玻璃可看到的视域。直接视野可分为前方视野、侧方视野和全周视野。

a. 前方视野主要取决于前风窗玻璃面积及其与驾驶人眼睛的相对位置，如座椅高低、座椅靠背、风窗玻璃的倾角、窗台高度、支柱的尺寸及位置等都在不同程度上影响驾驶人前方视野性。

b. 侧方视野是指驾驶人通过侧门风窗等直接可见的范围。

c. 全周视野主要用于轿车。因为轿车经常在繁华的街道上行驶或出入拥挤的停车场地，驾驶人需要环视前、后、左、右，所以要求轿车全周视野要好。全周视野与前、后风窗尺寸，前、中、后支柱尺寸、结构形状及位置，前、后机罩的高度与角度，以及座椅、头枕的布置有关。

② 间接视野。间接视野是指驾驶人借助后视镜等设施可间接看到的视域。间接视野主要是指后方视野。装在驾驶室左、右两侧各一只，且水平、垂直都可调整的外后视镜和装在驾驶室里的内后视镜是实现间接视野的基本手段。平头货车及大客车有时在前排侧面增设下视镜和侧下视镜，以扩大汽车近前方及侧方的间接视野。

③ 恶劣天气视野保持。为了洗净或刮去风窗玻璃表面的雨水、泥污、霜和雾，以保持良好的视野，汽车上装有风窗刮水器、风窗洗涤器和除霜器、除雾器等装置。

④ 夜间视野。汽车在夜间行驶，为恢复其行驶视野，确保行车安全，采用了一系列照明灯具。

（4）驾驶操作性。

驾驶操作性是指汽车驾驶操作方便程度的性能，包括驾驶人与操纵杆件、踏板、仪表的位置关系；驾驶操作动作及行驶中其他辅助动作的方便程度等，属于主动安全性。

（5）发生碰撞时的安全性。

随着汽车行驶速度提高，汽车碰撞事故的后果也越来越严重。因此如何使汽车碰撞后果减轻到最低程度受到普遍重视。

① 碰撞事故的类型。碰撞事故可按不同的方式进行分类，按汽车碰撞方向不同，可分为前碰、侧碰、后碰和翻车等；按碰撞的障碍物不同，可分为车对车碰撞、车对固定障碍物碰撞及移动物体对车碰撞等；按碰撞负荷不同，可分为集中负荷碰撞与分配负荷碰撞。

② 碰撞速度和有效碰撞速度。汽车碰撞时的速度是碰撞事故中的一个极为重要的影响因素，它对掌握事故规律、采取对策、防止事故的发生很有帮助。

碰撞速度是指汽车碰撞时的速度，该速度不易得到，一般根据事故现场提供的信息，通过计算机模拟分析得到。有效碰撞速度是在两车碰撞中，相对速度变化到零时的速度变化。有效碰撞速度与碰撞前汽车速度无关，而只与两车的相对速度和质量比有关。两车质量不同，有效碰撞速度也不同。质量小的汽车有效碰撞速度大，在碰撞中处于不利地位。研究汽车碰撞保护问题时，力求大、小车碰撞损坏和乘员伤害程度相近，而不应只考虑本车的碰撞保护。

③ 保护乘员的措施。汽车乘员的保护措施指车内防碰撞结构、乘员约束、车外防碰撞结构。

a. 车内防碰撞结构主要有软饰化仪表板、软化内饰（包括车门内衬、遮阳板、前后围、座椅靠背、坐垫、扶手、头枕等）。

当汽车遭碰撞时，吸能式转向盘平面与驾驶人胸部平行，增大了碰撞时的接触面积，减轻了对驾驶人的伤害。

采用安全玻璃，既满足风窗玻璃碎后视野性的要求，又可避免玻璃碎散伤害。

碰撞门框变形时，安全门锁可使车门不会自行打开，以免乘员冲出车外。

b. 常见的乘员约束方式有安全带、气囊、头枕。

c. 车外防碰撞的结构主要包括前后吸能式保险杠、前防护格栅、前围、车门加强梁、前柱、中柱、后柱、车顶纵梁、翻车保护杠、车架、承载车身，以及货车的车箱保险架。

（6）防火安全性。

防止车辆发生火灾的结构措施主要有：提高车身内饰件的耐火性能，如车身内饰材料采用阻燃材料；装设防火壁分隔发动机；采用防止导线短路、供油系统渗漏和排气管过热的结构；完善消防设施。

(7) 对行人及其他车辆的保护措施。

汽车前部碰撞行人时，与行人最先接触的部位是保险杠和发动机罩前边缘。因此，确定合理的保险杠高度和采用柔软的外皮材料，可减轻对行人的伤害程度。发动机罩前边缘的形状应尽量圆滑，限制汽车外部突出物（后视镜、门把手、脚踏板、翼子板、灯具等）均可减轻对行人的伤害，对其他车辆也具有保护作用。

(8) 防公害的安全性。

汽车公害指废气排放、噪声及电磁波干扰等。为了防止汽车有害排放物和噪声的危害，国内外都制定了严格的法规加以限制。

4. 汽车通过性

汽车通过性是指不用其他辅助措施能以足够高的平均速度通过各种路面（潮湿、冰、雪）、无路地段和越过各种自然障碍的能力。 汽车通过性主要取决于汽车的支承-牵引参数及几何参数，也与动力性、平顺性、稳定性、视野等密切相关。汽车通过性可分为轮廓通过性和支承通过性。

(1) 轮廓通过性。

通常把汽车的最小离地间隙、接近角和离去角、纵向和横向通过半径、汽车通过的最大侧坡作为汽车轮廓通过性的评价指标。

① 最小离地间隙。最小离地间隙是汽车的最低点（除车轮外）与路面间的距离。它可用来表征汽车无碰撞越过障碍物的能力。

② 接近角和离去角。接近角和离去角是指从车身前、后突出点向前后轮引切线，该切线与路面间的夹角。

③ 纵向通过半径。纵向通过半径 R_1 是在汽车侧视图上所作的与前、后车轮及两轴间轮廓线最低点相切的圆的半径（图 2.4）。它可以表征汽车无碰撞通过凸起障碍（小丘、拱桥等）的能力。

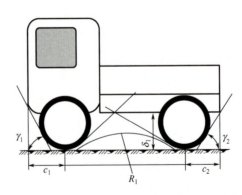

γ_1—接近角；γ_2—离去角；c_1—前悬；c_2—后悬；R_1—纵向通过半径；δ_1—最小离地间隙

图 2.4 汽车的轮廓通过性

④ 横向通过半径。横向通过半径 R_2 是在汽车正视图上所作的与驱动桥两车轮及桥壳最低点相切的圆的半径，如图 2.5 所示。

⑤ 汽车通过的最大侧坡。汽车通过的最大侧坡是指汽车在侧坡上行驶，当坡度大到汽车重力通过一侧车轮中心，而另一侧车轮的地面法向反作用力等于零时，汽车将发生侧翻。

（2）支承通过性。

通常把附着质量、附着质量系数和车轮接地比压（车轮对地面的单位压力）作为汽车支承通过性的评价指标。

① 附着质量和附着质量系数。附着质量是指驱动轮载质量（G_φ），汽车附着质量对总质量（G_a）的比值即为附着质量系数（K_φ）。附着质量和附着质量系数越大，汽车在坏路面上丧失通过性的概率越小。

② 车轮接地比压。车轮接地比压为车轮上的垂直载荷与车轮接地面积的比值。

5. 汽车的机动性

汽车的机动性是指汽车在最小面积内转向和转弯的能力。汽车的机动性评价参数如图 2.6 所示。图中，B 为汽车前轮轮距，L 为汽车轴距，α 为外侧车轮偏转角，β 为内侧车轮偏转角，R_H 为前外轮最小转弯半径。R_H 和 α 为汽车机动性的主要评价指标。

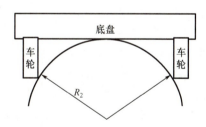

图 2.5　汽车的横向通过半径

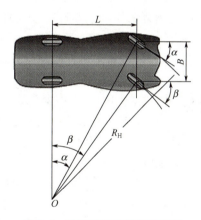

图 2.6　汽车的机动性评价参数

2.2　人的基本特征

2.2.1　驾驶人基本特征

驾驶人是交通系统中最活跃的因素之一，是影响交通安全与效率的关键要素。主要通过视觉特性、反应特性与选择特性加以表现。

1. 视觉特性

与驾驶汽车密切相关的视觉特性主要有视力、视野、色彩感觉和立体视觉。

驾驶人基本特征

(1) 视力。

眼睛辨别物体形状的能力称为视力。视力有静视力和动视力之分。静视力就是静止时的视力,我国《机动车驾驶证的申领和使用规定》第十二条二款二项规定:申请大型客车、牵引车、城市公交车、中型客车、大型货车、无轨电车或者有轨电车准驾车型的,两眼裸视力或者矫正视力达到对数视力表 5.0 以上。申请其他准驾车型的,两眼裸视力或者矫正视力达到对数视力表 4.9 以上。动视力是汽车行驶时驾驶人的视力,随着汽车行驶速度的提高而降低。车速越高,视力降低的幅度越大。同时它也与驾驶人的生理条件有关,年龄越大,动视力越差。

视力与亮度有关,白天亮度大,驾驶人视力正常,而夜间亮度小,视力明显减弱。通常当照度在 0.1～1000lx(勒克斯)时,视力与照度呈线性关系。夜间行车光亮度低,驾驶人需要依靠前照灯来分辨物体。黄昏时,自然光线暗,即使驾驶人打开前照灯,但由于物体亮度与周围亮度差别不大,不易发现车辆和行人等障碍物,因此是一天中最易发生事故的时刻。

强光照射使驾驶人产生炫目,视力明显下降,夜间行驶时对向前照灯照射或街道不恰当的照明,均会引起驾驶人的炫目。

人的眼睛对于光亮程度的突然变化,要经过一段时间才能适应。由明亮处进入暗处,眼睛习惯、视力恢复,称为暗适应;由暗处到明亮处,眼睛习惯、视力恢复,称为明适应。暗适应时间较长,通常要 3～6min 才能基本适应,30～40min 才能完全适应。而明适应则可在 1min 内达到完全适应。一般,由隧道外进入没有照明条件的隧道内约发生 10s 的视觉障碍;在城区和郊区交界处,由于夜晚照明条件的改变会使驾驶人产生视觉障碍,从而影响行车安全。因此,在隧道入口处和与郊区公路连接的城区道路上应设有缓和照明,以减少视觉障碍,保证交通安全。此外,在黄昏时,路面的明亮度急速降低(特别是秋天的黄昏),而天空还较明亮,暗适应较困难,而此时正值驾驶人和行人都感到疲劳的时候,事故也较多,应引起重视和警惕。还应注意,在夜间,每个人的视力适应速度是不相同的。比如,从 20 岁到 30 岁,人的暗适应能力往往是不断提高的;而 40 岁以后则开始逐渐下降;60 岁时,暗适应能力仅仅为 20 岁时的 1/8。每个驾驶人都应掌握这种视力适应的变化特性,因为这对于行车安全来说,是非常重要的。

(2) 视野。

眼球固定注视一点时所能看见的空间范围称为视野。视野有静视野和动视野之分,是以眼球是否能自由转动来区分的。当驾驶人头部和眼球固定时能够看到的范围称为静视野。仅将头部固定,眼球自由转动时能够看到的范围称为动视野。动视野比静视野左右方向约宽 15°。

视野与车速大小有关。当汽车静止时,驾驶人的视野范围最大,在 120°～180°,车速越高,驾驶人的视野越窄,注意力的集中点随之远移,对距汽车近的景物,清晰度降低。

视野与颜色有关,各种颜色的视野大小不同,绿色视野最小,红色较大,蓝色更大,白色最大。这主要是由于感受不同波长光线的视锥细胞比较集中于视网膜中心面产生的效果。

视野与视力密切相关。根据人的生理特点,通常视锥角在3°范围内时,感觉最灵敏,此时的视力为最佳视力;视锥角在10°范围内时为清晰视力;视锥角在20°范围内时为满意视力。因此交通标志、信号应设在0°～10°。

(3) 色彩感觉。

色完全由光所产生,有了光,才有色。光具有波的性质,故也称光波。光波实际是电磁波,一般能引起视觉的电磁波波长在$0.39\sim0.77\mu m$。光的色带中可看见的基本色有红、橙、黄、绿、青、蓝、紫,根据颜色的属性及人对色彩的感觉,红色刺激性强,使人强烈兴奋起来,易见性最高;黄色有最高的明亮度,也就是反射光的强度最大,红、黄二色有前进色之称;绿色给人的心理和生理效果是温柔、平静、有安全感。交通工程中利用颜色的物理特性及心理、生理效果,把交通信号中的红色光作为禁行信号,绿色光作为通行信号,黄色光作为警告信号。在交通标志中,红边框白色或黑色图案,色彩醒目、辨认性高,作为交通的禁令标志;蓝色牌面有安静缓和之感,作为交通的指示标志;黄色牌面表示严肃、警戒,作为交通警告标志。

(4) 立体视觉。

立体视觉是人对三维空间各种物体远近、前后、高低、深浅和凸凹的一种感知能力。

当观察一个立体对象时,由于人的两只眼睛相距大约65mm,因此两只眼是从不同角度来看这个对象的,左眼看到物体的左边多些,右眼看到物体的右边多些,在两个视网膜上分别感受着不同的视像。这就是说,在空间上的立体对象造成了两眼在视觉上的差异,即双眼视觉差(简称视差)。现代视差信息理论认为,双眼注视景物时产生的这种视差是人对深度感知的基础,当深度信息传至大脑枕区再经加工处理后,便产生了深度立体感知。这种把两眼视差所产生的二维物像融合为一个单一完整的具有立体感的三维物像过程就是双眼视觉,即立体视觉。

立体视觉的生理基础是双眼视觉功能正常。但双眼视力均为5.2的人,立体视觉也不一定健全。立体视觉缺乏者称为立体盲。据相关资料介绍,立体盲的发病率为2.6%,立体视觉异常者则高达30%。我国北京对349名发生过责任交通事故的驾驶人(其中男性342人,女性7人;年龄最小19岁,最大59岁)进行测定,结果是立体视觉异常者70名,占20.06%。其中有的是一项异常,有的是多项异常。

对驾驶人来说,立体盲是一种比色盲、夜盲更有害的眼病。驾驶人在交通环境中,必须准确地判断车与车之间、车与交通设施之间的远近距离和确切方向、位置,判断汽车的速度,正确认识交通环境中的一切事物。如果缺乏立体视觉或视觉异常,则容易发生交通事故。

根据调查,肇事组驾驶人立体盲患病率显著高于非肇事组驾驶人,而立体盲驾驶人肇事中,又以对纵向距离判断不准引发肇事最为突出,此类肇事(追尾、撞车、撞人)占肇事总数的77.7%,其中追尾占44.4%;撞车、撞人分别占22.2%和11.1%。

2. 反应特性

人受到外界因素的刺激时,会立即产生反应。由于刺激因素的强弱、刺激时间的长短、刺激次数的多寡,以及人受到刺激后反应快慢的差异,反应的剧烈程度和时间长短不尽相同。

(1) 刺激信息。

驾驶人的信息来自道路和交通环境，包括道路线性、宽度、路面质量、横断面组成、坡度、交叉口及车辆类型、交通量、行车速度、机动车与非机动车的行驶情况及相互干扰情况、行人情况、交通信号和标志等。在驾驶汽车的过程中，随着交通环境不断变换，驾驶人随时接收外界信息，并做出相应的反应。

驾驶人所遇到的外界信息大致可分为五种。

① 早显信息：有提前量信息，驾驶人易判断。

② 突显信息：外界信息来之突然、易出事故。

③ 微弱信息：刺激信息量小，易造成判断错误。

④ 先兆信息：有先兆，驾驶人易察觉。

⑤ 潜伏信息：不易直观察觉，易造成判断错误。

早显信息和先兆信息都是在驾驶人有思想准备的情况下发生的，故驾驶人比较容易做出正确的判断和决策。微弱信息和潜伏信息都需要驾驶人集中注意力来捕捉和发现，如果疏忽大意，会产生犹豫或错觉，造成动作迟缓，导致做出错误判断。最困难的是突显信息，要求驾驶人在极短的时间内采取措施，如果驾驶人反应迟钝或注意力不集中，必然会措手不及，造成事故。

(2) 分析和判断。

分析和判断是大脑的思维活动过程，对于驾驶人来说一般分为三种情况。一种是驾驶人接收外界信息后，能够迅速地分辨真伪，得出正确的结论。一般有经验的驾驶人由于大脑中存储了很多信息，遇到外界情况变化时，反应迅速，判断正确。第二种是驾驶人对外界信息分辨不出真伪，思维混乱，以致造成判断错误；第三种是驾驶人对外界信息归纳迟缓或考虑欠周，造成分析失实或犹豫不决。后两种情况都是造成交通事故的重要因素，应力求避免。

3. 驾驶人疲劳与兴奋

驾驶人长期在复杂的环境中行车，精神始终处于紧张状态，增加了心理负荷，容易产生疲劳。另外，驾驶人长时间在路线平直而单调的环境中行车时，从事简单的重复操作，汽车产生轻微而有节奏的振动，此时由于大脑反复接收同样的信息，使大脑皮层的能量消耗过多，大脑代谢功能降低，供血不足，引起驾驶人疲劳。

驾驶人疲劳后，表现在生理方面是感觉迟钝，动作不准确，动作的灵敏度降低；表现在心理方面是注意力不集中，思维迟缓，反应慢，心情烦躁，情绪急躁等。

酗酒、争吵、殴斗及外界因素的强烈刺激会产生过分兴奋，以致引起心理和生理特征的变化，如脉搏和呼吸增快，血压升高，注意力不集中，心情烦躁等，这些都有害于正常驾驶，容易造成交通事故。

4. 驾驶人选择特性

(1) 选择的基本行为。选择的基本行为影响交通的需求量与时间和空间分布。

① 交通出行与否的选择。

② 目的地选择。

③ 交通方式的选择。
④ 交通路径的选择。
⑤ 出行时刻选择。
(2) 影响出行选择的要素。
① 综合效用，如时间、费用、体力消耗、舒适度、欲望、嗜好等。
② 交通出行，出发时间，交通方式，交通路径，目的地。

2.2.2 非驾车出行者基本特征

1. 乘客的交通特性

(1) 乘客的交通需求心理。出于某种目的而出行，希望便捷、省时、省力、舒适、安全等。

(2) 乘车反应。道路的条件（平整性、线形等）及车厢环境（卫生、整洁及人文环境等）会导致乘客的不同反应。

非驾车出行者基本特征

2. 行人交通特性

行人交通流特性包括步行速度、步行流率、单位宽度路面上行人流量等。

(1) 步行速度。行人步行的平均速度，以 m/s、km/h、m/min 表示。

(2) 步行流率。单位时间通过某一点的行人数量，以 p/15min、p/min 表示。所谓点是指人行道的横断面上垂直中线的某一视线。单位宽度单位时间内通过某一点最大的行人数量，即人行道的行人通行能力。

(3) 单位宽度路面上行人流量。单位有效人行道宽度的平均行人流量，以人/(s·m) 或人/(m·min) 表示。

(4) 行人群（组）。共同步行的一组行人，通常由信号灯的控制和其他因素的作用而形成。

(5) 行人密度。在人行道上或有行人排队处，每单位路面面积上行人的平均数，以人/m^2 表示。

(6) 行人空间。在人行道或有行人排队处提供给每位行人的平均面积，常以每位行人占用平方米或平方英尺计，是行人密度的倒数（m^2/人或 ft^2/人）。

(7) 人行道净宽。有效地用于行人行走的那一部分人行道的宽度。行人要避开路缘石、沿街边墙、商店橱窗或电线杆柱、邮筒等，因此实际用于行人的人行道要比名义上的宽度窄。

2.3 道路的基本特征

道路是为人们提供出行服务的。随着社会经济水平的提高和科学技术水平的发展，各种汽车的行驶性能快速提高，道路使用者对道路的适应性要求大大增强，对道路所能提供的服务水平的期望值大幅度增长。

按照道路的功能，道路可分为公路和城市道路。

2.3.1 公路的组成与分级

公路的基本组成：路线（是指公路的中线）、线形（是指公路中线在空间的结合形状和尺寸）、公路中线（是一条三维空间曲线，由直线和曲线组成）。

公路的结构组成包括路基、路面、桥涵、隧道、交通工程及沿线设施等。

（1）路基。路基是公路的基本结构，是支撑路面结构的基础，与路面共同承受行车荷载的作用，同时承受气候变化和各种自然灾害的侵蚀和影响。路基按结构形式可以分为填方路基、挖方路基和半填半挖路基三种。

（2）路面。路面是铺筑在公路路基上与车轮直接接触的结构层，承受和传递车轮荷载，承受磨耗，经受自然气候的侵蚀和影响。对路面的基本要求是具有足够的强度、稳定性、平整度、抗滑性等。路面一般由面层、基层、底基层与垫层组成。

（3）桥涵。桥涵是指公路跨越水域、沟谷和其他障碍物时修建的构造物。按照《公路工程技术标准》（JTG B01—2014）的规定，单孔跨径小于5m或多孔跨径之和小于8m的称为涵洞，大于这一规定值的称为桥梁。

（4）隧道。公路隧道通常是指建造在山岭、江河、海峡和城市地面下，供车辆通过的工程构造物。

（5）交通工程及沿线设施。公路交通工程及沿线设施是保证公路功能、保证安全形势的配套设施，是现代公路的重要标志。公路交通工程主要包括交通安全设施、监控系统、收费系统、通信系统四大类。

公路按行政等级可分为国家公路、省级公路、县级公路和乡级公路及专用公路五个等级。

2.3.2 城市道路的分类与分级

城市道路

按照在道路网中的地位、交通功能及对沿线建筑物的服务功能等，城市道路分为快速路、主干路、次干路和支路。

1. 快速路

快速路应为城市中大量、长距离、快速交通服务。快速路对向车行道之间应设中间分车带，其进出口应采用全控制或部分控制。

快速路两侧不应设置吸引大量车流、人流的公共建筑物的进出口。两侧一般建筑物的进出口应加以控制。

2. 主干路

主干路应为连接城市各主要分区的干路，以交通功能为主。非机动车交通量大时，宜采用机动车与非机动车分隔形式，如三幅路或四幅路。

主干路两侧不应设置吸引大量车流、人流的公共建筑物的进出口。

3. 次干路

次干路应与主干路结合组成道路网，起集散交通的作用，兼有服务功能。

4. 支路

支路应为次干路与街坊路的连接线，解决局部地区交通，以服务功能为主。

除快速路外，每类城市道路按照所占城市的规模、设计交通量、地形等分为Ⅰ、Ⅱ、Ⅲ级。大城市应采用各类道路中的Ⅰ级标准；中等城市应采用Ⅱ级标准；小城市应采用Ⅲ级标准。

2.3.3 道路使用的交通特性

1. 道路交通工程服务设施

道路使用者往往注重一条道路的交通工程服务设施。实际上，交通工程服务设施的设置对道路的服务等级有很大的影响。简单来说，标志、标线指导驾驶人的驾驶行为，驾驶人的驾驶行为顺畅自然，会带给乘客平稳、安全的感觉。

高等级道路往往建设服务区，对长途驾驶者来说，不一定去光顾，但心理上会产生被关怀的感觉，更利于稳定驾驶。

长距离的道路经常设置一些提醒驾驶人注意的警示牌，这提高了行驶的安全性。

道路的路基填高大于2.5m时，人们心理上的高度感会过度，认为设置护栏很有必要。实际上，汽车直接撞击护栏而被保护的机会，比护栏给驾驶人带来安全感而增加信心从而减少事故的机会要小得多。

2. 道路环境对道路使用者的心理影响

道路环境会给驾驶人和乘客带来心理上的满意或者不适，从而影响整个出行过程。

3. 道路线形配合

道路线形配合的好坏直接影响驾驶人的各种技术动作和情绪，如果道路的线形差，就可能造成安全隐患。

前面提到的种种因素（道路线形配合除外）都比较容易满足，道路的几何要素一旦确定，几乎很少在使用年限内改变，道路运营后，即使设计上有失误，往往也很难纠正过来，除非以巨大的经济损失为代价。因此，有必要了解各种线形组合的几何要素的交通特性，指导设计过程中道路的线形配合设计。

道路的几何要素一般指直线、缓和曲线、圆曲线。 几种不同要素连续不间断组合形成道路的线性要素。

（1）直线的交通特性。

两点之间相连即为直线，在道路工程上，定义为能够保证行驶器按照直线轨迹行进一定长度的线形，称为道路直线段。

① 直线段上的行驶状态。驾驶人在直线路段正常行驶时，各种驾驶信息完全由直线交通工程特性反馈而来，随之各种反应、动作皆受上述信息的指导和控制。

在单向单车道上直线行驶，驾驶人最明显的视觉特征是直视，行驶汽车正常跟车距离情况下，行驶过程中视力集中在15°左右的视野范围，能够观察到前方一辆车的行驶情况。

现在公路车道宽度一般为 3.75m 或 3.50m。小型汽车宽度一般为 1.6～1.9m，大型汽车可达 2.45～2.60m。汽车行驶速度越大，驾驶人感觉横向空间越小，行驶速度达到 100km/h 以上，一般驾驶人认为车道宽度应该大于 3.20m。

车流量对驾驶人的感觉也有较大影响。随着道路上车流量的增加，驾驶人的烦躁情绪也会逐渐增加。

② 停车视距。停车视距包括汽车在制动反应时间内和制动时间内行驶的距离。

驾驶人决定制动后，完成制动动作到汽车完全静止的时间为制动时间。直线路段上汽车的制动效果优于曲线段，与车道数基本上没有关系。

③ 超车视距。单向单车道道路存在超车问题。超车行为在直线路段表现出一定的优势，因为此种线形保证了足够的超车视距。在超车过程中，驾驶人始终能够注意到对向车道上的情况，也就是超车视距的保证是超车安全的前提。

（2）圆曲线的交通特性。

① 行驶状态。汽车在圆形轨迹上行进时，产生的离心力靠汽车重力的分力和轮胎的横向摩阻力来平衡。

不设置超高的圆曲线，行驶在曲线内侧（右行）的汽车，重力的分力和轮胎的横向摩擦力同向，共同平衡离心力；行驶在曲线外侧（右行）的汽车，重力的分力和离心力同向，横向摩擦力需要能够平衡其合力。当横向摩擦力不能够抵抗合力时，就应该设置超高。

摩擦力等于重力垂直路面方向的分力乘以横向力系数 f。离心力的大小与曲线半径和行驶速度有关。在进行道路设计时，横向力系数 f 一般取 0.035（表 2-1），得到相应速度下不设置超高的平曲线最小半径，此时乘客不会感到曲线存在。

表 2-1　相应速度下不设置超高的平曲线最小半径

横向力系数 f	车速/(km/h)				
	120	100	80	60	40
	最小半径/cm				
0.040	4535.43	3149.61	2015.75	1133.86	503.94
0.035	5669.29	3937.01	2519.69	1417.32	629.92
0.030	7559.06	5249.34	3359.59	1889.76	839.90

② 停车视距。与直线段的行驶状态相比，驾驶人较多地得到前面汽车带来的各种信息，应该说总的停车距离小于同等情况下直线段汽车的停车距离。

③ 超车视距。如果汽车要在曲线段完成超车，道路必须提供足够的超车视距。直线段没有道路侧向净距的影响，曲线段则必须考虑道路侧向净距。

（3）缓和曲线的交通特性。

汽车行驶在直线路段，乘客基本上不受横向力的作用，而汽车行驶在曲线路段，乘客必定受到离心力的作用。由直线到曲线变化应该设置一个渐变段，使乘客有一个适应过程。这个变化靠直线和曲线之间插入的缓和曲线来完成。

《公路工程技术标准》(JTG B01—2014)规定,除四级公路可不设缓和曲线外,其余各级公路都应设置缓和曲线。

【习题】

简答题

1. 汽车的主要性能有哪些?
2. 驾驶人的交通特性主要体现在哪几个方面?它与交通安全有何关系?
3. 行人的主要交通特性是什么?
4. 什么是视觉适应?与驾驶车辆密切相关的视觉特性有哪些?
5. 城市道路分哪几类?

第 3 章
交通调查与分析

本章教学要点

知识要点	掌握程度	相关知识
交通量调查	了解交通量调查的目的和意义； 掌握交通量的定义和分类； 掌握交通量的调查方法	交通量调查的目的和意义，交通量的定义和分类，交通量调查的具体方法，交通量调查的资料整理方法
车速调查与分析	了解车速调查的目的； 掌握地点车速调查的方法； 掌握区间车速和平均车速调查的方法	车速调查的常用术语、目的，地点车速调查的具体方法，区间车速和平均车速调查的具体方法
密度调查	了解密度的定义和有关术语； 了解密度调查的方法	密度的定义和有关术语，密度调查的方法
交通延误调查	掌握交通延误的定义； 了解延误产生的原因； 掌握交通延误调查的方法	交通延误的定义，延误产生的原因，交通延误调查的方法

第3章 交通调查与分析

北京市密云区长城环岛的交通调查与改善案例

长城环岛位于北京市密云区，为新南路（国道101）、鼓楼东大街、檀西路五路交叉环岛。由于以下原因，环岛长期在高峰时段拥堵：①环岛内交通量总体规模较大，高峰期间环岛内局部路段存在交通拥堵；②人车混杂，行人及非机动车安全性较差；③交通指路标志系统不完善，易出现转向错误；④交通安全设施不完善，汽车易发生安全事故。

1. 交通调查

相关研究人员对环岛交通状况进行了调查。调查内容为高峰期间环岛进出交通量组成、转向交通量、主要冲突点、现状设施调查等。交通量调查时间为工作日周四的晚高峰。经过对调查数据分析后认为，该环岛高峰小时拥堵的主要因素是新南路（国道101）高峰小时直行交通流量过大，与其他转向交通发生相互干扰。

2. 交通改善设计

根据交通量调查，在所有方向交通量中，新南路东西直行方向交通量所占比例最大。环岛内交织问题带来的拥堵大多由新南路直行交通与其他转向冲突造成，因此考虑将直行交通以高架桥或地下道路的形式剥离出环岛，环岛内保留其他转向交通（新南路辅路的转向交通也进入环岛内解决）。

（引自：赵强等. 五路环形交叉口交通改善方法与案例分析. 城市道桥与防洪.）

3.1 概 述

道路上的交通参与者分布在道路网上，呈现出复杂的交通现象，其流量、速度、密度不仅随社会和个人对交通需求而不同，也随道路、交通环境和驾驶人的特点而异。**为了找出它们具有特征性的趋向，在道路系统的选定点或路段，收集和掌握车辆或行人运行情况的实际数据所进行的调查分析工作，称为交通调查。**

交通调查在交通规划、道路设施建设、交通管理，以及制定交通政策、法规，进行科学理论研究等方面都是一项必不可少的基础工作。

交通调查可以分为以下几类。

（1）以查明全国性或全省（市、地区）等大范围的交通需求和交通状况为目的的交通调查。

（2）以相当具体的道路新建、改建、城市建设项目和综合的交通管制等交通工程措施为目的，以较大范围的地区和道路路线为对象的交通调查。这种调查通常要求对交通的组成和随时间的变化做较详细的记录。

（3）为改善局部不良路段和个别交叉口的交通状况而进行的交通实况调查，其目的是改善交通阻塞或事故多发的交叉口路段的交通、安全设施（或措施）和信号配时，高速公路（快速干道、汽车专用路等）合流处等发生交通阻塞地点的道路稽核线形和渠化、标志标线等设施（或措施）。

交通调查的主要内容通常如下。

(1) 交通量调查。

(2) 车速调查。

(3) 密度调查。

(4) 影响交通流的主要因素（横穿道路的行人、混入汽车流中的其他车辆、停放车辆、路面标线和交通标志、信号配时等）调查。

交通量、车速、密度是交通流的三要素。

3.2 交通量调查

交通量是描述交通流特性的最重要的参数之一。交通量调查的目的是通过长期连续性观测或短期间隙和临时观测，搜集交通量资料，了解交通量在时间、空间上的变化分布规律，为交通规划、道路建设、交通控制与管理、工程经济分析等提供必要的数据。交通量数据是交通工程学中的一种最基本的资料，因此交通量调查是十分重要的。

3.2.1 交通量的定义和分类

交通量的定义与基本特征

1. 交通量的定义

交通量是指单位时间内通过道路某一断面（一般为往返两个方向，如特指时可分为某一方向或某一车道）的车辆数（或行人数），又称交通流量或流量。

2. 交通量的分类

交通量可以按以下方式分类。

(1) 按交通性质分。

① 机动车交通量。国外一般指的是小汽车交通量。我国由于绝大多数道路上行驶的是混合交通，机动车交通量往往包含了汽车、拖拉机、摩托车及其他特种车辆等。其中汽车交通量，在公路上以货车为主，在城市道路和部分高等级公路上则以小汽车为主。

② 非机动车交通量。这是我国混合交通流中一个重要的组成部分。城市道路上自行车交通量特别大，是我国特有的一种交通现象。农村公路上尚存在很少部分的人力车、畜力车，近郊公路上则有一定数量的自行车和人力三轮车。

③ 混合交通量。将各种机动车和非机动车交通量按一定折算系数换算为某种标准车型的当量交通量。通常提到的交通量往往指的是已经换算的混合交通量，如特指某种车辆交通量则应有说明。

④ 行人交通量。行人交通量指在人行道上或通过人行横道过街的行人数。

(2) 按计时单位分。

通常用得最多的是小时交通量（辆/小时），日交通量（辆/日）。按其他计时单位还有：①秒交通量（又称秒率）(辆/秒)；②1min、5min、15min 交通量（辆/分种，辆/5 分钟，辆/15 分钟）；③信号周期交通量（辆/周期）；④白天 12h 交通量（7 点至 19 点）（辆/白天 12h）；⑤白天 16h 交通量（6 点至 22 点）（辆/白天 16h）；⑥周、月、年交通量（辆/周，辆/月，辆/年）等。

(3) 按交通量特性分。

由于交通量时刻在变化，为了说明代表性交通量，一般常用平均交通量、最大交通量、高峰小时交通量和从最大值算起的第 30 位小时交通量之类的表示方法。

3. 相关名词术语和定义

(1) 平均交通量。

交通量是一个随时间动态变化的量，一般取某一时段间隔内交通量的平均值（一般以辆/日为单位），作为某一期间交通量的代表。按其观测目的可进行如下分类。

① 平均日交通量 ADT。任意期间的交通量累计之和除以该期间的总天数所得的交通量。

② 年平均日交通量 AADT。一年内连续累计交通量之和除以该年的天数（365 或 366）所得的交通量。

$$AADT = \frac{1}{365}\sum_{i=1}^{365} n_i \quad (3-1)$$

式中，n_i 为每日交通量（辆）。

③ 周平均日交通量 WADT。一周内交通量之和除以一周天数（7）所得的交通量。

④ 月平均日交通量 MADT。一月内交通量之和除以该月天数（28，29，30 或 31）所得的交通量。

$$MADT = \frac{1}{K_m}\sum_{i=1}^{K_m} n_i \quad (3-2)$$

式中，K_m 为各月的实际天数。

⑤ 年平均月交通量 AAMT。一年内连续累计交通量之和除以一年的月份数（12）所得的交通量。

(2) 最高小时交通量。

这是在以 1 小时为单位进行连续若干小时观测所得结果中最高的小时交通量。其单位为辆/小时。既有用观测地点的整个断面的交通量来表示的，也有用每一车道交通量来表示的。按其用途可进行如下分类。

① 高峰小时交通量 PHT 或 VPH。一天 24h 内交通量最高的某一小时的交通量。一般还分为上午高峰（早高峰）小时交通量和下午高峰（晚高峰）小时交通量。其时间的区划一般从 n 点到 $n+1$ 点整数区划。为研究分析目的也可寻找连续 60min 最高交通量（非整点到非整点）。

② 年最高小时交通量 MAHV。一年内 8760h（闰年为 8784h）中交通量最高的某一小时交通量。

③ 第 30 位年最高小时交通量 30HV。一般简称为第 30 小时交通量。将一年中所有 8760h（或 8784h）的小时交通量按顺序由大至小排列时其第 30 位的小时交通量。

相关研究发现，一年中从第 1 到第 30 位左右的小时交通量减少得比较显著；而从第 30 位以后，交通量减少得非常缓慢。据此规律，美国和日本等国选取第 30 位小时交通量为设计小时交通量。这样，使道路设计既满足了 99.67% 时间内的交通需求，将交通拥挤时间保持在最低限度（只占0.33%），又大大降低了公路建设费用，经济合理。

（3）反映交通量分布和变化特征的参数。

反映交通量变化的参数可以分为空间变化参数和时间变化参数。

① **空间变化参数。空间变化参数通常是指在同一时间或相似交通条件下，交通量在不同区段、不同方向和不同车道上的分布情况**。如一条道路往返两个方向的交通量，在较长时间内大体上是相近的。但是在某段时间内，一年中某个季节、一月中某几天，一天中某几小时，两个方向的交通量会有很大差别。比较典型的是大城市联接卫星城镇的郊区道路，上下班时间的客流方向明显不同。交通量的方向分布可以用道路方向分布系数表示。

道路方向分布系数 K_D：用百分数表示的主要行车方向交通量占双向行车总交通量的比值。

$$K_D = \frac{\text{主要行车方向的交通量}}{\text{双向行车总交通量}} \% \tag{3-3}$$

② **时间变化参数。时间变化参数是交通量随着时间的动态变化，反映了社会与经济活动等对交通的需求**。这种需求受社会和经济发展变化、经济生产的季节性等因素影响。

a. 反映交通量在一年中的逐月变化的参数。通常以各个月的月交通量变系数表示交通量的月变规律。

月交通量变化系数 M 或 K_M：年平均日交通量与某月的平均日交通量之比，又称月不均匀系数、月换算系数、季节不均匀系数等。

$$M = \frac{\text{AADT}}{\text{MADT}} = \frac{\frac{1}{356}\sum_{i=1}^{365} n_i}{\frac{1}{K_m}\sum_{i=1}^{K_m} n_i} \tag{3-4}$$

b. 反映交通量在一周内的逐日变化的参数。在一周七天中，交通量也是逐日变化的。通常用各个周日交通量变化系数表示交通量的日变规律。

周日交通量变化系数 D 或 K_W：年平均日交通量与全年中某周日的平均日交通量之比，又称日不均匀系数、日换算系数等。

第30位交通量系数 $K30$：第30位小时交通量与年平均日交通量之比，简称第30小时系数。

c. 反映交通量在一日中的小时变化的参数。一天24h内交通量分布也不均匀，存在高峰小时交通量，一般有早高峰小时交通量和晚高峰小时交通量。将高峰小时交通量占该日交通量的百分比，称为高峰小时流量比，反映高峰小时流量的集中程度。

高峰小时流量比：高峰小时交通量与该天日交通量之比值，一般以百分比表示。

在一个高峰小时内交通量不是均匀分布的，如将一个高峰小时划分为时间更短的几个高峰区间，如5min或15min，那么连续5min或15min内累计交通量最大的那个时段，就是高峰小时内的高峰时段。把高峰时段内的累计交通量扩大为一个小时的交通量，可称为扩大高峰小时交通量。在分析道路通行能力时，通常用高峰小时系数表示高峰小时内交通量不平衡的修正系数。

高峰小时系数 PHF：高峰小时实测交通量与由 5min 或 15min 高峰区间推算所得的扩大高峰小时交通量之比。

$$\text{PHF}(t) = \frac{\text{高峰小时交通量}}{\frac{60}{t} \times (t \text{ 分钟的最大交通量})} \tag{3-5}$$

d. 反映交通量在一日的昼夜比例的参数。由于夜间调查交通量工作量大，但年平均日交通量是一天 24h 的交通量。若已知昼间或夜间流量比，则只需观测昼间流量而推算出日交通量。

昼间 16h 交通量系数 D_{16}：白天 16h 交通量与全天 24h 交通量的比值。一般应采用连续若干天的交通量的平均值。白天 16h 一般应为 6 点至 22 点。

昼间 12h 交通量系数 D_{12}：白天 12h（7 点至 19 点）交通量与全天 24h 交通量的比值。一般应采用连续若干天的交通量的平均值。

4. 交通量相关参数的计算案例

【例 3-1】 某公路连续式交通量观测站，某年交通量情况经初步整理见表 3-1、表 3-2 的第一行，试根据所列资料计算：①年平均日交通量；②各月的平均日交通量；③各月的月交通量变化系数；④各周日的平均日交通量；⑤各周日交通量变化系数。

表 3-1 某年各月交通量情况

月 份	一	二	三	四	五	六	全年
该月份的累积交通量/辆	68521	66398	72987	79675	88748	88954	992526
该月的天数	31	28	31	30	31	30	
月平均日交通量	2210	2371	2354	2656	2863	2965	
月交通量变化系数	1.230	1.146	1.155	1.024	0.950	0.917	
月 份	七	八	九	十	十一	十二	AADT=2719
该月份的累积交通量/辆	86756	90986	90796	94321	87835	76549	
该月的天数	31	31	30	31	30	31	
月平均日交通量	2799	2935	3027	3043	2928	2469	
月交通量变化系数	0.971	0.926	0.898	0.894	0.928	1.101	

表 3-2 全年周日交通量情况

周日	一	二	三	四	五	六	日
该周日全年累计交通量/辆	153421	159845	160132	155674	137832	119725	105897
该周日的全年天数	52	52	53	52	52	52	52
该周日的平均日交通量	2950	3074	3021	2994	2650	2302	2036
该周日交通量变化系数	0.922	0.855	0.900	0.9081	1.026	0.181	1.335

解：① 按公式可求得某年的年平均日交通量为

$$\text{AADT} = \frac{992526}{365} \approx 2719 (\text{辆/日})$$

② 按公式可分别计算各月的月平均日交通量 MADT 为

$$一月份\ MADT_1 = \frac{68521}{31} \approx 2210(辆/日)$$

$$二月份\ MADT_2 = \frac{66398}{28} \approx 2371(辆/日)$$

其余各月的月平均日交通量可依此类推,最后可得表 3-1 第 4 行各值。

③ 按公式可分别计算各月的月交通量变化系数 M 为

$$一月份 M_1 = \frac{2719}{2210} \approx 1.230$$

$$二月份 M_2 = \frac{2719}{2371} \approx 1.147$$

其余各月的月交通量变化系数可依此类推,最后可得表 3-1 第 5 行各值。

④ 按公式可分别计算各周日的平均日交通量 ADT 为

$$星期一\ ADT_1 = \frac{153421}{52} \approx 2950(辆/日)$$

$$星期二\ ADT_2 = \frac{159845}{52} \approx 3074(辆/日)$$

其余各周日的平均日交通量依此类推,最后可得表 3-2 的第 4 行各值。

⑤ 按公式可分别计算各周日的交通量变化系数 D 值为

$$星期一 D_1 = \frac{2719}{2950} \approx 0.922$$

$$星期二 D_1 = \frac{2719}{3074} \approx 0.885$$

其余各周日的交通量变化系数依此类推,最后可得表 3-2 的第 5 行各值。

【例 3-2】 已知某一道路线连续式观测结果见表 3-3,试分别求早高峰、晚高峰及全年日平均分向交通量的道路方向分布系数 K_D 值。

表 3-3　某一道路线连续式观测结果

项　　目	早高峰方向交通量		晚高峰方向交通量		全年日平均方向交通量	
	来向	去向	来向	去向	来向	去向
交通量/辆	398	507	532	405	2617	2732

解: ① 计算早高峰方向交通量分布系数,按式(3-3) 可得

$$K_{D(早)} = \frac{507}{398+507} \times 100\% \approx 56.0\%$$

② 计算晚高峰方向交通量分布系数为

$$K_{D(晚)} = \frac{532}{532+405} \times 100\% \approx 56.8\%$$

③ 计算全年日平均方向交通量为

$$K_{D(年)} = \frac{2732}{2617+2732} \times 100\% = \frac{2732}{5349} \times 100\% \approx 51.1\%$$

由此可看出,早高峰、晚高峰的方向交通量不同,并且其主要行车方向也不同;而全年日

平均交通量中两个方向的交通量差别不大。

【例 3-3】 在例 3-2 中的早高峰时段连续各 5min 时段的交通量统计见表 3-4，高峰小时交通量为 506 辆/小时，求 5min 和 10min 的高峰小时系数 PHF。

表 3-4　某测站测得的早高峰时段连续各 5min 时段的交通量统计

统计时间	8:00~8:05	8:05~8:10	8:10~8:15	8:15~8:20	8:20~8:25	8:25~8:30	8:30~8:35	8:35~8:40	8:40~8:45	8:45~8:50	8:50~8:55
交通量/辆	42	41	45	47	50	48	47	48	50	45	43

解： ① 计算 5min 的高峰小时系数，按式(3-5) 可得

$$\text{PHF}(5)=\frac{506}{\frac{60}{5}\times 50}\approx 0.843$$

② 计算 10min 的高峰小时系数，首先将每两个相邻 5min 的交通量合并，然后按式(3-5) 可得

$$\text{PHF}(10)=\frac{506}{\frac{60}{10}\times(50+48)}\approx 0.861$$

3.2.2　交通量调查方法

交通量调查实施的程序一般如下。
① 接受交通量调查任务，明确调查目的，确定应提交的成果内容。
② 拟订交通量调查方案设计。
③ 确定具体的调查内容、地点、日期、时间、方法及所需仪器工具等与实施交通量调查有关的细节。
④ 组织人力，开展交通量调查。
⑤ 汇总、整理资料。
⑥ 对所获得数据进行归纳、分析。

交通量调查方法

1. 调查的种类及目的

由于调查的着眼点不同，因此交通量调查的内容也不尽相同，一般可作如下分类。
(1) 特定地点的交通量调查。本调查是以研究交通管理、信号控制为主要目的，调查特定地点（交叉口、路段或出入口）的交通量。
(2) 区域交通量调查。本调查是在某特定区域内同时在许多交叉口和路段设置交通量调查点，以掌握该区域交通流量的分布变化特点为目的的交通量调查。
(3) 小区出入交通量调查。本调查是为校核商业中心区等特定地区、城市或城市郊区等区域的出入交通量，以及起讫点调查数据中的内外出行距离而获取所需的数据，往往与起讫点调查及其他有关的调查一起进行。
(4) 核查线交通量调查。本调查主要是为了校核起讫点调查的数据而进行的调查。

2. 调查地点的选择

调查地点的选择，根据调查资料的目的而有所不同，主要是考虑交通量集中而又有代

表性、便于调查统计、具有控制性的地点。一般设置在下列场所。

(1) 交叉口之间的平直路段。

(2) 交叉口（交叉口各入口引道的停车线）。

(3) 交通设施、枢纽的出入口（流通中心、大型停车场等）。

3. 调查时间的选择

(1) 调查日期、时间、范围应随目的不同而异。作为了解交通量全年变化趋势的一般性调查，必须选在一年中有代表性交通量的时期进行。从一周来说，最好是星期二到星期五，避开周末及星期日前后。从日期来说以商业活动比较活跃的日子、非节假日、休息日、无大型文体活动的晴天为宜。

(2) 调查时间区间。除连续观测外，常采用：①24h 观测，用于了解一天中交通量的变化情况；②16h 观测，用于了解包括早、晚高峰小时在内的一天大部分时间的交通量变化情况，一般在 6 点到 22 点这一区间内进行；③日间 12h 观测，用于了解白天大部分时间的交通量变化情况，一般从 7 点到 19 点区间进行；④高峰小时观测，用于了解早、晚高峰小时交通量变化况，一般在上、下午高峰时间范围内作 1～3h 的连续观测，要注意高峰小时在不同的地点出现的时间有差别。

(3) 将上述时间范围内的调查结果，换算为每小时的交通量。记录时至少每隔 15 min 做一次记录，最好每 5 min 记录一次。

4. 交通量计数方法

交通量计数调查的测记方法有多种，采用何种方法，主要取决于所能获得的设备、经费和技术条件、调查的目的要求，以及要求提供的资料情况等。

(1) 人工观测法。

人工观测法是较便于实施的一种交通量调查方法，只要有一个或几个调查人员，即能在指定的路段或交叉口引道一侧进行调查，组织工作简单，调配人员和变动地点灵活，使用的工具除必备的计时器（手表或秒表）外，一般只需手动（机械或电子）计数器和其他记录用的记录板（夹）、纸和笔。

① 调查所得资料包括下列内容。

a. 分类车辆交通量。可以根据调查需求对不同类别的车辆数分类、选择和记录。

b. 车辆在某一行驶方向、某一车道（内侧或外侧、快车道或慢车道）的交通量，以及双向总交通量。

c. 交叉口各入口引道的交通量及每一入口引道各流向（左转、直行和右转）的交通量，各出口引道的交通量和交叉口的总交通量。对于环形交叉口还可调查各交织段的交通量。

d. 非机动车（自行车、人力三轮车、畜力车、架子车等）交通量和行人交通量。

e. 车辆排队长度及车辆的时间和空间占有率等。

f. 车辆所属车主（单位和个人），车辆所属地区（外省、外地区、外县或本地），车辆所属部门或系统（民用车、军车、特种车、运输企业车、社会车辆、私人出租车等）。

g. 驾驶人和骑车人对交通管理和控制的遵守情况。

以上所述各种资料中，有不少资料目前是无法用机械计数或其他手段获得的。

② 人工观测法的优缺点和适用范围。

人工观测法适用于任何地点、任何情况的交通量调查，机动灵活，易于掌握，精度较高（调查人员经过培训，比较熟练，又具有良好的责任心时），资料整理也很方便。但是这种方法需要大量的人力，劳动强度大，冬、夏季室外工作辛苦；而且对工作人员要事先进行业务培训，加强职业道德和组织纪律性的教育，在现场要进行预演调查和巡回指导、检查；另外，如需做长期连续的交通量调查，由于人工费用的累计数很大，因此需要较多费用，一般适于短期的交通量调查。

（2）浮动车法。

① 调查方法。需要一辆测试车，在道路上的两个断面间往复行驶。调查人员（除开车的驾驶人以外）需要一人记录与测试车对向开来的车辆数；一人记录与测试车同向行驶的车辆数，被测试车超越的车辆数和超越测试车的车辆数；另一人报告和记录时间及停驶时间。

② 浮动车计数法的优缺点和适用范围。优点是可同时测得行程速度与流量，内业工作量小。缺点是道路沿途有交叉口、交叉口间距短、交通流不稳定等情况下不宜采用，观测精度低。

（3）机械式自动计数法。

机械式自动计数法使用机械式自动计数装置测记。机械式自动计数装置一般由车辆检测器（传感器）和计数器两部分组成。机械式自动计数装置可分为便携式机械计数装置和永久性（或半固定型）机械计数装置两种，前者适用于临时、短期的交通量调查，后者适用于固定或长期的交通量调查。

便携式机械计数装置常用一根软管作为传感器横铺在车行道上，管中充液体或气体，当汽车通过时，前后轮冲击软管各一次，计数为一辆车。永久性计数装置的传感器有电感式、环状线圈式、超声波式、雷达式、光电式等多种。

机械式自动计数法可节省大量人力，但只适用于机动车严格按车道行驶且无非机动车干扰的道路上，不适用于交叉口或路段无严格分车道或机动车与非机动车无分隔的道路上，对于多轴的大型车辆一般也难以准确测出。

（4）自动识别法（录像法）。

随着电子技术和图像识别技术的发展，自动识别法（录像法）越来越多地应用于交通调查。通过便携式或固定式的记录设备摄取录像，并通过自动识别方法识别车辆数。这种方法节省了人力，较直观，而且可以长期保存资料，可反复使用。但设备费用相对较高，而且对非常复杂的交通环境的识别精度有待提高。

5. 资料整理与分析

在进行了交通量观测之后，需要对数据进行整理分析，或列成表格，或绘成图，然后用适当的统计方法来帮助正确地评价所得的调查结果。

（1）连续观测站交通量资料整理与成果分析。

① 绘制小时交通量排序曲线图，用于确定道路设计小时交通量。将一年中8760h（或8784h）交通量依大小次序排列并绘制成图。常以设计目标年的第30位小时交通量作为设计小时交通量，即允许一年中有30个小时交通量超过设计通行能力。

② 交通量变化特征参数及其分析图。

a. 计算年平均日交通量，绘制交通量的历年变化［图3.1（a）］。

b. 计算月平均日交通量，绘制交通量的月变化［图3.1（b）］。

c. 计算一周中各日的平均交通量及周变系数，绘制交通量周变图［图3.1（c）］。

d. 整理一天中各小时的交通量，绘制流量时变图［图3.1（d）］，计算高峰小时交通量、高峰小时流量比及昼间流量比、高峰小时系数等。

e. 计算路段方向不均匀系数（潮汐现象）。

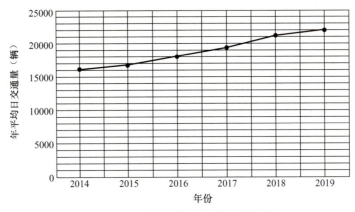

(a) 年平均日交通量变化曲线图

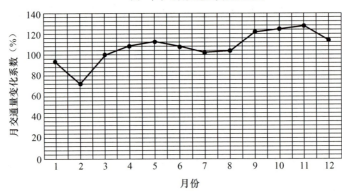

(b) 年每月交通量月变曲线图

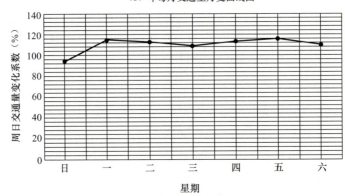

(c) 周每日交通量日变曲线图

图3.1 交通量变化曲线图

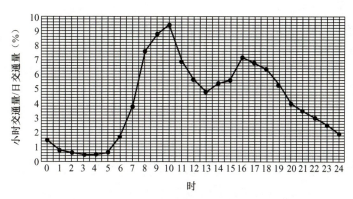

（d）日每小时交通量时变曲线图

图 3.1　交通量变化曲线图（续）

③交通车辆组成分析。将所调查车辆分出客车与货车，并整理出客、货车中各种车型的比例。

（2）城市道路网交通量资料整理与成果分析。

城市道路网交通量调查的主要目的是画出路网的流量、流向分布图及各主要交叉口的流量、流向分布图，因此要求集中在一天（特大城市可几天）内各测点同步调查。需要整理的成果除上述连续观测成果(b)中后两项和(c)中几项外，还要着重分析、整理以下内容。

①不同性质道路的流量变化规律及特征参数。

②不同性质交叉口的流量变化规律及流量分布图。

③路网高峰小时流量分布图（图3.2）。

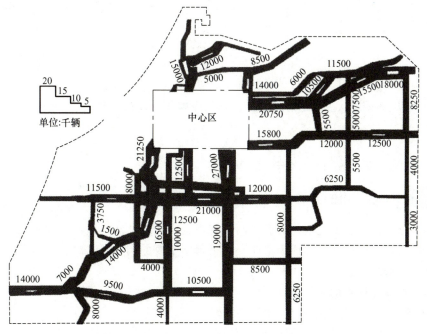

图 3.2　机动车高峰小时流量分布图

3.3 车速调查与分析

速度是交通参与者、车辆及道路条件互相作用表现出的重要状态量,因此,速度的大小及其变化,是确定交通设施的设计要素、管理手段与水平、交通质量评价、安全度评价的极其重要的指标。

3.3.1 车速调查的常用术语

车速调查的常用术语

在交通工程中,随着车速的用途不同,派生出若干具有特定用途的车速,常用的有地点车速、行驶车速、行程车速、运行车速、临界车速、设计车速、时间平均车速、空间平均车速等,它们的定义和使用场合简述如下。

① 地点车速。机动车通过道路某一地点时的车速。

② 行驶车速。机动车行驶的距离除以行驶时间(不包括停止时间),可用于道路设计。

③ 行程车速。机动车行驶的距离除以行程时间(包括停止时间),可用于评价分析道路的交通质量。

④ 运行车速。中等技术水平的驾驶人在良好的气候条件、实际道路状况和交通条件下所能保持的安全车速。

⑤ 临界车速。道路理论通行能力达到最大时的车速。

⑥ 设计车速。在道路交通与气候条件良好的情况下仅受道路物理条件限制时所能保持的最大安全车速。

⑦ 时间平均车速。道路上某一断面车速分布的平均值,即断面上各车的地点车速的算术平均值。

$$\bar{v}_t = \frac{1}{n} \sum_{i=1}^{n} v_i \tag{3-6}$$

式中,v_i 为第 i 辆车在某断面的瞬时车速,m/s。

⑧ 空间平均车速。在给定的路段上,在同一瞬间,车速分布的平均值。

$$\bar{v}_s = \frac{1}{n \Delta t} \sum_{i=1}^{n} s_i \tag{3-7}$$

式中,s_i 为第 i 辆车在 Δt 时间内行驶的距离。

3.3.2 车速调查的目的

由于道路设计、交通规划、交通控制与管理、交通设计及道路质量评价均以车速作为最基本的资料,因此车速调查成为道路交通工程中重要的调查项目之一。常见的调查有地点车速调查和行程车速调查。

(1) 地点车速调查的目的。

① 掌握地点车速分布规律及速度发展趋势。

② 用作交通控制设计的重要参数。

③ 用于交通事故分析。
④ 用于描述交通改善措施的成效。
⑤ 确定道路限制车速及设置交通标志的主要依据。
⑥ 作为交通流理论研究的重要参数。

(2) 行程车速调查的目的。
① 掌握道路的交通状况，衡量其服务水平。
② 作为交通规划中的交通分配及交通运营效益评价的重要指标。
③ 制定网络交通管理措施和信号配时的重要指标。
④ 作为交通改善效益评估、交通流理论研究的重要参数。
⑤ 可以通过行驶速度与行程速度之差观察延误的变化。

3.3.3 地点车速调查

1. 调查地点与时间的确定

(1) 调查地点的确定。

根据调查目的的不同，调查点的确定应遵循以下原则。

① 了解车速分布特征及变化规律时，一般选择道路平坦顺直，离交叉口有一定距离，使车速不受道路条件及信号灯控制和行人过街的影响，在城市道路上，还应注意不受公共汽车靠站的影响。

② 为了交通安全需实施限制车速时，观测点应设在需限制车速的道路或地点。

③ 为了检验交通改善设计或道路管理措施的效果时，可选择交通改善地点做车速的前后对比调查。

④ 在判断交叉口信号灯设置是否妥善，决定黄灯时间或配置交通标志时，需调查进入交叉口的车速。

⑤ 用于交通事故分析时，应调查交通事故发生地点的车速。

(2) 调查时间的确定。

调查时间应与调查目的相对应，且具有典型性和代表性。

① 一般均不选择休息日及交通有异常的日子和时间，如星期日，还有大城市有郊区工业区及卫星城镇，职工星期五下午回家及星期一上午去工作地点的时间很集中，交通异常，调查时也应排除这段时间。

② 一般调查一天中最常选用的时间是机动车早、晚高峰时间，因为这段时间交通量大，矛盾最突出，如以检验交通改善或交通管理措施等为调查目的时均应选择这两个时间段。

③ 有时为了研究非机动车对机动车车速的影响，常选择机动车和非机动车流量均大的时段。例如，大城市中的晚高峰时段，各种交通方式集中混行，此时主干道上机动车与非机动车的干扰最突出，因此选择这一时段效果最佳。

④ 在进行交通改善前后的对比调查时，调查的时间段前后必须一致，否则会导致得出错误的结论。

2. 调查方法

地点车速调查最常用的方法有以下几种。

（1）人工测速法。

图 3.3 秒表测速法示意图

人工测速法中最常见的是秒表测速法，即在欲调查的地点，测量一小段距离 L，在两端做好标记（图 3.3），观测员用秒表测定各种类型车辆经过前后两标记的时间，记录员在标准记录表上记录距离、车型及通过两标记的时间，经整理计算，得到各种车辆的地点车速，记录表格见表 3-5。

人工测速法较简单、易于实施，但需要大量的人力、物力，而且测量精度不高，受人为操作影响较大，因此只适用于短时间内的特定目的交通调查。

表 3-5 地点车速记录表

日期：　　　　星期：　　　　天气：　　　　记录者：
起止路线：　　　　起止时间：　　　　时间间隔：

车型	t_1	t_2	$\Delta t = t_2 - t_1$	$v = \dfrac{s}{\Delta t}$	车型	t_1	t_2	$\Delta t = t_2 - t_1$	$v = \dfrac{s}{\Delta t}$

（2）雷达测速法。

雷达测速法是现代交通管理中常用的一种方法，用以检测道路上的超速违章车辆，最常用的仪器有雷达测速仪和雷达枪。

雷达测速仪测速

雷达测速法十分简单，只要用测速雷达瞄准前方被测车，即能测出该车的地点车速。

由于雷达测速仪的效应有一定范围，同向车辆密度过大或对向车辆同时通过道路某断面时，均会产生干扰，使雷达测速仪上的车速数字产生不稳定情况；当道路上车辆行驶速度很低时，测速精度也低。由于这些原因，雷达测速最适合用于交通管理部门检测车辆超速行驶，在科学研究方面，精度尚显不足。

（3）自动计数器测速。

雷达测速区域

自动计数器有若干种，通常使用电感式、环状线圈式和超声波式测量地点车速，可同时测得流量和流速。

测量方法：在测速地点取一小段距离（如取 5m），两端均埋设自动计数器，机动车通过前后两个自动计数器时，即发出信号，并传送给记录仪，记录下机动车通过前后两个自动计数器的时间，从而算出车速。当测速精度要求不太高时，也可用一个自动计数器检测，即测量机动车前后轮通过自动计数器的时间,并用前后轴距除以该时间求得车速。这种方法适用于交通控制区中已埋设自动计数器,并与交通流量数据同时存放于数据采集系统中。

(4) 录像法。

在拟测车速的地点,量取若干距离,并做好标记。将录像机设置在视野良好的地点。根据汽车通过测定区间的录像帧数和画面的间隔时间,即可求得机动车的地点车速。

录像法的主要优点是对测定地点有形象记录,不但能录到机动车移动位置,而且也能摄到车型及实地交通情况,能长期保存,有利于进行地点车速和影响因素的相关分析。

3. 车速抽样

研究地点车速时,常用随机抽样的方法,即抽取有限的样本来推断车速总体特性的方法。如何保证样本的准确性,取决于以下两个方面。

(1) 样本选择。

在地点车速的观测中,要取得无偏向的车速样本,必须随机选择车辆,即每一辆行驶车辆被选去作为样本的机会是均等的。作为代表性的样本必须符合以下条件。

① 样本的选择必须避免某种偏向。高速车辆、低速车辆和正常车速的车辆均有同等概率被抽作样本。在我国城市道路上,车辆组成复杂,在相同的道路、交通条件下,车速差别很大,为此要使取得的样本能代表总体,必须与总体的车辆组成一致。

② 样本的各个单元,相互必须完全独立,如路段上车辆列队行驶时,可以排头车作为独立行驶车辆。

③ 选取数据的地区间应无根本的差别,构成样本所有项目的条件必须一致。

(2) 样本容量。

样本容量取决于精度要求。测量次数越多,偶然误差的算术平均值越小,精度越高。最小样本量公式为:

$$n=\left(\frac{t\sigma}{E}\right)^2 \tag{3-8}$$

式中,σ 为样本标准差;t 为分布统计量,置信水平为 95% 时,$t=1.96$,置信水平为 90% 时,$t=1.64$;E 为允许精度偏差。

4. 地点车速调查数据的整理与分析

将地点车速的观测数据按观测目的进行汇总,然后把数据整理成图表,并用统计的方法对调查结果作统计计算,以保证取得对交通现状的完整认识。

(1) 数据整理。

整理数据精练而简便的方法是列一张地点车速频率分布表,见表 3-6。

表 3-6 地点车速频率分布表

速度分组/km/h	组中值 u_i	观测频数 f_i	累计频数 f	观测频率/(%)	累计频率/(%)
53.5~56.5	55	2	2	1.0	1.0
56.5~59.5	58	8	10	4.0	5.0
59.5~62.5	61	18	28	9.0	14.0

续表

速度分组/km/h	组中值u_i	观测频数f_i	累计频数f	观测频率/(%)	累计频率/(%)
62.5~65.5	64	42	70	21.0	35.0
65.5~68.5	67	48	118	24.0	59.0
68.5~71.5	70	40	158	20.0	79.0
71.5~74.5	73	24	182	12.0	91.0
74.5~77.5	74	11	193	5.5	96.5
77.5~80.5	76	5	198	2.5	99.0
80.5~83.5	79	2	200	1.0	100.0

表 3-6 中第 1 列为速度分组，由于地点车速样本一般很多，如将实测数值从大到小排列，必然十分烦琐，因而用分组的方法使之简化。组距的确定，以保证原有样本精度为前提，组距过大，必然组数少，难以反映样本中车速分布的实际情况；组距过小，则带来统计工作量的烦琐，有时在车速样本量有限的情况下，会出现分布不连续情况。为此分组数应根据车速的分散程度和样本数量而定，一般分组数宜在 8~20。分组数确定后，可求得组距。从观测位中取出最大车速和最小车速，二者之差称为极差，极差除以分组数减 1 的差得出组距，然后取整。例如，某地点车速样本容量为 80，样本的最高车速为 75km/h，最低车速为 20km/h，样本初步分为 10 组，则每组间隔为 $\frac{75-20}{10-1}$ km/h ≈ 6.1km/h。为便于整理，将组间隔取整为 6.0km/h，最后确定实际分组数。

第 2 列为组中值即分组的代表位，就是一个分组的中心数值。

第 3 列为观测频数。把现场观测值归入所属的组，统计得到各组的车速频数。各分组出现频数所组成的数列，称为频数分布，各组频数之和等于现场观测的样本量。

第 4 列为累计频数。如果数组车速由小到大排列，则累计频数为等于和小于该数组的频数之和；反之，若数组自大到小排列，则累计频数为等于和大于该数组的频数和。最后一行的累计频数必等于总样本量。

第 5 列为观测频率。各组的频数除以样本总数即得各组频率。各组频率之和必等于 1.0。由频率所组成的分布，消除了对于样本总数的依赖，可用来对比不同样本量时频率分布的结果。

第 6 列为累计频率，与累计频数相对应，即累计频数除以样本量。如果车速数组自小到大排列，则该组的累计频率为等于和小于该数组速度的频率之和；反之，则累计频率为等于及大于该组速度的频率之和。最后一行的累计频率必等于 100%。

(2) 地点车速频率分布直方图。

为了更直观地显示出频率分布表所给出的规律，通常把它们画成频率分布直方图，如图 3.4 所示，横坐标是地点车速的速度分组，纵坐标则是相应的频率，即表 3-6 中第 1、5 列的数据。从图中可以清楚地看出地点车速分布的范围及在范围内的散布情况。

(3) 地点车速累计频率曲线。

以地点车速频率分布表的速度分组为横坐标，累计频率为纵坐标，即应用表 3-6 中第 1 列、第 6 列数据，绘制成地点车速累计频率曲线，如图 3.5 所示。该图的特征点对于分析地点车速具有十分重要的意义，如累计频率为15％、50％、85％所对应的地点车速，在交通工程中均有特定的用途。

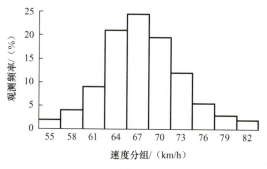

图3.4 地点车速频率分布直方图

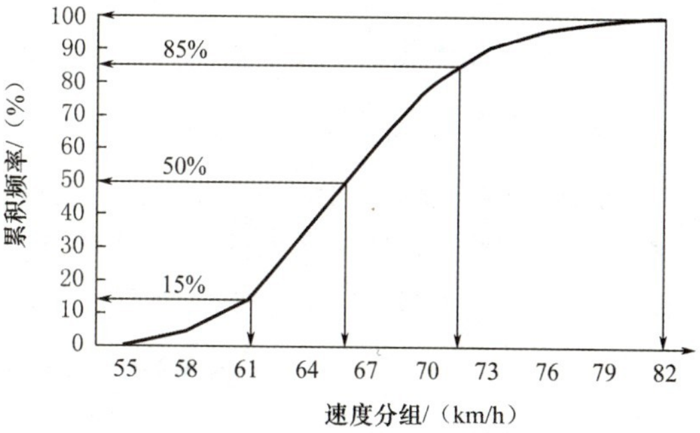

图3.5 地点车速累计频率曲线

（4）地点车速的频率分布特征值。

借助于地点车速频率分布直方图，表明最基本的特征数可以分为两大类，即位置特征数和离散特征数。

位置特征数是表示地点车速分布集中趋势的量度，如地点车速的平均车速、中位车速、车速分布中有代表性的车速等。

① **地点车速的平均车速**。地点车速的平均车速是车速统计中最常用的特征值和表示车速分布的最有效的统计量，计算公式如下。

车速未分组时：

$$v = \frac{\sum_{i=1}^{n} v_i}{n} \tag{3-9}$$

车速分组时：

$$\bar{v} = \frac{\sum_{i=1}^{n} f_i v_i}{\sum_{i=1}^{n} f_i} \tag{3-10}$$

以上两式中，$\bar{v}$为平均地点车速；$\sum v_i$为全部观测车辆车速的总和；n为观测车辆的总数；v_i为各车速分组的组中值；f_i为各分组车速的频数。

② **中位车速**。中位车速是指车速测定值按大小次序排列时中间位置的车速。当观测次数是奇数时，中位车速是所排数列中的中间数，而观测次数是偶数时，中位车速规定为两中间数的算术平均数。中位车速受两端车速位的影响较平均车速为小，故在分析中是一个十分有用的特征值。

③ 车速分布中有代表性的车速。

第85％位车速：在样本中有85％的车辆未达到的车速，即在累计车速分布曲线中，累计频率为85％时的相应车速。此值正是曲线的转折点，转折点以上曲线坡度甚缓，说明样本中高速车辆的频率很少，因此交通管理中常以此车速作为观测路段的最大限制车速。

第15％位车速：在样本中有15％的车辆未达到的车速，即在累计车速分布曲线中，累计频率为15%时的相应车速。此值是该曲线的另一个转折点，转折点以下曲线坡度甚缓，说明样本中低于此车速的频率很少，因此交通管理中对某些需限制最低车速的道路，如高速干道，常以此值作为最低限制车速。

第50%位车速：即中位车速，当车速的分布属正态分布时，该车速即平均车速。

5. 地点车速数据统计分析案例

【**例 3-3**】 某道路断面实测地点车速样本见表3-7，试整理出该车速的频率分布表、频率分布直方图、累计频率曲线，计算速度分布特征值（平均车速、标准离差、第85%位车速、第15%位车速），并检验该样本是否拟合正态分布。

表3-7 某道路断面实测地点车速样本 单位：m/s

3.4	4.2	6.5	6.3	5.3	7.1	7.3	9.1	8.1	9.3	5.9	7.9
7.5	8.2	3.7	4.8	8.9	7.9	9.2	8.5	6.1	7.2	6.6	8.2
8.3	7.7	8.1	6.1	8.3	3.9	7.6	8.8	9.6	5.2	4.7	7.1
4.9	7.2	5.5	7.6	9.9	8.7	4.6	6.8	8.5	7.5	5.6	6.3
5.1	9.7	7.3	8.3	12.1	6.8	9.1	7.2	7.7	8.9	4.2	7.6
8.1	7.2	5.7	7.1	8.1	7.4	6.5	8.3	9.2	10.3	7.4	6.4
8.2	7.9	6.3	8.4	9.2	6.6	7.8	8.8	7.3	9.2	6.2	5.4
7.1	7.2	9.4	6.1	7.4	7.9	10.5	6.9	8.5	6.7	10.1	10.2
10.5	9.9	12.2	10.2	11.5	11.1	10.8	11.1	11.2	10.1	9.4	9.1

解：(1) 实测车速分布频率见表3-8。

表3-8 车速分布频率

速度分组/(m/s)	3~4	4~5	5~6	6~7	7~8	8~9	9~10	10~11	11~12	12~13
观测频数 f_i	3	6	8	16	27	20	14	8	4	2

(2) 统计地点车速频率分布表见表3-9。

表3-9 地点车速频率分布表

速度分组/(m/s)	组中值 u_i	观测频数 f_i	累计频数 f	观测频率/(%)	累计频率/(%)
3~4	3.5	3	3	2.8	2.8
4~5	4.5	6	9	5.5	8.3
5~6	5.5	8	17	7.4	15.7
6~7	6.5	16	33	14.8	30.5
7~8	7.5	27	60	25.0	55.5
8~9	8.5	20	80	18.5	74.0
9~10	9.5	14	94	13.0	87.0
10~11	10.5	8	102	7.4	94.4
11~12	11.5	4	106	3.7	98.1
12~13	12.5	2	108	1.9	100
总计		108		100	

(3) 绘制地点车速频率分布直方图，如图 3.6 所示。

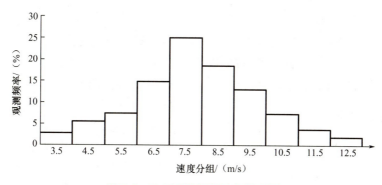

图 3.6　地点车速频率分布直方图

(4) 绘制地点车速累计频率曲线，如图 3.7 所示。

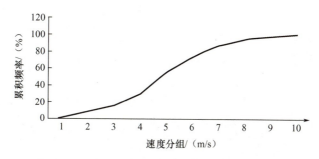

图 3.7　地点车速累积频率曲线

(5) 第 85% 位车速及第 15% 位车速。

根据表 3-9、图 3.7 可得

$$v_{85\%} = \left[9.0 + \frac{85-74}{87-74} \times (9.5-8.5)\right] \text{m/s} \approx 9.85 \text{m/s}$$

$$v_{15\%} = \left[5.0 + \frac{15-8.3}{15.7-8.3} \times (5.5-4.5)\right] \text{m/s} \approx 5.90 \text{m/s}$$

3.3.4　行程车速和平均车速调查

1. 行程车速的调查目的

行程车速是指车辆在道路某一区段内行驶的平均速度。 行程车速的调查目的通常有以下几种。

(1) 了解道路交通现状或交通改善方案的效果。

(2) 用于研究路段交通改善方案。

(3) 建立车速模型，进行理论研究。

车辆在区段内行驶时，往往受到各种因素的影响，如道路线型、横断面组成及车行道宽度、路面状况、车辆性能、交通组成、交通流量、交通管理措施、停靠站位置、交叉口交通状况及气候条件等。这些因素增加了行程车速调查的复杂性。

2. 调查方法

(1) 车牌号码登记法。

在调查路段的起终点设置观测点,起终点断面各配三个观测员,一个观测车型、车牌号码(后3位数字),一个观测车经过本断面的时间,另一个记录。测完后,将两处的车型及车牌号码进行对照,选出相同的车牌号码,计算通过起终点断面的时间差即为行程时间,路段距离除以行程时间,得到行程车速。车牌号码登记法车速调查表见表3-10。

表 3-10　车牌号码登记法车速调查表

道路名称：　　　　　起始时间：　　　　　日期：
起终点：　　　　　　观测者：　　　　　　天气：

车型	车牌号码	起点时间 t_1	终点时间 t_2	行程时间 t_2-t_1	区间车速 v

车牌号码登记法的适用场合：路段上无主要交叉口,单向一车道或流量不太大的单向两车道公路,路段长度不宜超过500m,路段上的交通情况不太复杂,可与其他调查同时进行。

这种方法的优点是取样速度快,室外工作时间短,能较准确地测得不同时段的平均行程车速及各种类型车辆的平均行程车速、通过断面的单向交通量及车头时距,有利于交通工程中的微观分析。其主要缺点是所测得的只是起终点间的行程时间,无法知道车辆在行驶过程中的延误及交通阻滞情况,当路段中间有交叉口时,如果车辆在交叉口转向,会使起终点的车牌号码不完全一致；在多车道的路段,被观测车辆易受其他车辆遮挡,容易漏记车牌号码；现场观测的劳动强度大,不适宜做时间长于2h的观测。

(2) 跟车测速法。

测速前用图纸量测路段全长、各交叉口间及特殊地点(如道路断面宽度变化点、陡坡的起终点、隧道口、桥梁起终点)间的长度,并在实地做好标记。测速时,测试车辆必须跟踪道路上的车队行驶,一般不允许超车。车上配两个观测人员,一人观测沿线交通情况,并用秒表读出经过各标记的时间、沿线停车时间及停车原因,另一人做好记录并用表测试全程的行驶时间。为了提高测试的准确性,也可以采用五轮仪进行车速测定。五轮仪是测量车速的专用仪器,测速时将五轮仪安装在试验车上面,仪器能自动记下行驶距离、行驶时间、行程车速。

当试验车遇到阻塞或严重减速时,应记录减速次数或停车延误时间及原因。跟车测速次数一般要求往返6~8次,每次往返时间应尽量小于40min。

跟车测速法的主要优点是方法简单,能测到全程及各路段的行程时间、行驶时间、延误时间、沿途交通状况及交通阻塞原因等,而且所需的观测人员少,劳动强度小,适用于交通量大、交叉口多、线路上交通情况较复杂的道路。

跟车测速法的主要缺点是测速次数受行程时间的影响,测速次数不可能多,特别是在高峰小时内；而且当交通流量少时,往往发生测试车无车流可跟,测试中经常处于非跟踪状态。跟车测速法测得的车速常受到测试车性能及驾驶人习惯的影响。

(3) 浮动车测速法。

浮动车测速法是一种试验车测速的方法,可同时测得流量和车速。

① 测试方法。测试时需要一辆测试车和至少4个测试人员。如图3.8所示,一人驾驶测试车在道路上的两个断面间往复行驶;一人记录与测试车对向开来的车辆数;一人记录与测试车同向行驶的车辆数,被测试车超越的车辆数和超越测试车的车辆数;另一人报告和记录时间及停驶时间。

② 流量计算。在没有测试车超越其他车或其他车超越测试车的情况时,车辆由 A 到 B 的过程中所遇到的对向车辆数 x 由两部分 m 和 n 组成,其中 m 是 T_{AB} 时间内通过 A 断面的车辆数,n 是 T_{BA} 时间内通过 A 断面的车辆数,试验车到达 B 断面后立即调头,中间未插入任何车辆,则自 B 到 A 方向通过 A 断面的流量 Q_A 可由下式求得。

$$Q_A = \frac{x}{T_{AB}+T_{BA}} \times 60 (辆/小时) \quad (3-11)$$

式中,T_{AB} 与 T_{BA} 的单位为 min。

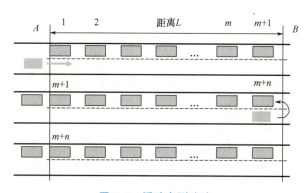

图 3.8 浮动车测速法

如果测试车在从 B 返回 A 的途中有 C 辆车超越试验车,则 T_{BA} 时间内自 B 至 A 方向驶过 A 断面的车辆数增加到 $n+C$ 辆。同理如有 D 辆车被测试车超越,则 T_{BA} 时间内自 B 至 A 方向驶过 A 断面的车辆数减少到 $n-D$ 辆。如果二者兼有之,则 T_{BA} 时间内通过 A 断面的车辆数为 $n+C-D$。

经过上述修正后,A 断面(自 B 至 A 方向)的流量计算公式为

$$Q_A = \frac{x+C-D}{T_{AB}+T_{BA}} \times 60 (辆/小时) \quad (3-12)$$

③ 行程时间计算。如果测试中没有车辆超过测试车或被测试车超越,则测试车的往返时间 T_{AB}、T_{BA} 就可以代表车流的往返时间。如果测试车由 B 到 A 的过程中有 C 辆车超越测试车,则 B 到 A 方向车流的平均车速高,即车流平均行程时间较 T_{BA} 短;反之,若测试车超越了车流中 D 辆车,则 B 到 A 方向车流的平均车速较测试车的车速低,即车流平均行程时间较 T_{BA} 长。因此,从 B 到 A 方向车流的平均行程时间需在 T_{BA} 的基础上进行修正,其计算公式为

$$T = T_{BA} - \frac{C-D}{\frac{Q_A}{60}} (\min) \quad (3-13)$$

④ 车流平均行程车速计算。设 v_{BA} 为 B 到 A 方向的平均行程车速，L 为 A 到 B 断面间的距离（km），则

$$v_{BA} = \frac{L}{T} \times 60 (\text{km/h}) \qquad (3\text{-}14)$$

与跟车测速法一样，为了使测算的流量和平均行程车速更接近实际，应当在相似的交通条件下，让测试车在 AB 路段来回次数不少于 6 次，并且同时测出车流穿越 B 断面的流量 Q_B 及 AB 段的平均行程时间和车速。浮动车测速观测表见表 3-11。

表 3-11 浮动车测速观测表

道路名称： 起点： 终点：
道路长度： 观测者： 日期： 天气：

行驶方向	出发及到达时间			对向来车速			超越试验车速			被试验车超越数			行驶状况描述
	时	分	秒	大	中	小	大	中	小	大	中	小	
→													

浮动车测速法适用于路线上无交叉口或有较少交叉口、道路两侧很少有车辆插入、车流均匀稳定的情况；但测量精度较低，不宜用于路段上有较多交叉口的情况。

⑤ 采用浮动车测速法进行观测的案例。

【例 3-4】 测试车在长为 1500m 的路段 AB 上往返行驶 6 次，观测数据列于表 3-12，试计算该道路上的车流由 A 到 B 和由 B 到 A 行驶的流量及车速。

表 3-12 浮动车观测数据

$L=1500\text{m}$	$A \to B$				$B \to A$			
	行程时间 T_{AB}/s	X	Y	Z	行程时间 T_{BA}/s	X	Y	Z
1	215.3	88	2	0	210.5	100	5	0
2	220.2	85	3	1	200.2	81	2	3
3	198.1	73	0	3	192.8	70	0	1
4	193.4	66	1	2	207.4	77	1	2
5	199.6	68	2	1	196.7	84	4	0
6	211.7	82	4	0	224.3	90	3	1

注：X 为与测试车对向行驶的车辆数。
　　Y 为在测定方向上超越测试车的车辆数。
　　Z 为在测定方向上被测试车超越的车辆数。

解：经计算，各参数的平均值计算见表 3-13。

表 3-13　各参数的平均值

A→B				B→A			
行程时间 $\overline{T}_{AB}$/s	$\overline{X}$	$\overline{Y}$	$\overline{Z}$	行程时间 $\overline{T}_{BA}$/s	$\overline{X}$	$\overline{Y}$	$\overline{Z}$
206.4	77	2	1.17	205.3	83.7	2.5	1.17

流量为

$$Q_A = \frac{X_A + Y_{B-A} - Z_{B-A}}{T_{AB} + T_{BA}} = \left(\frac{77 + 2.5 - 1.17}{206.4 + 205.3} \times 3600\right) \text{辆/小时} \approx 685 \text{ 辆/小时}$$

$$Q_B = \frac{X_B + Y_{A-B} - Z_{A-B}}{T_{AB} + T_{BA}} = \left(\frac{83.7 + 2 - 1.17}{206.4 + 205.3} \times 3600\right) \text{辆/小时} \approx 739 \text{ 辆/小时}$$

行程时间为

A→B　$T = T_{AB} - \frac{Y_{A-B} - Z_{A-B}}{Q_B/3600} = \left(206.4 - \frac{2 - 1.17}{739/3600}\right)\text{s} \approx 202.4\text{s}$

B→A　$T = T_{BA} - \frac{Y_{B-A} - Z_{B-A}}{Q_A/3600} = \left(205.3 - \frac{2.5 - 1.17}{685/3600}\right)\text{s} \approx 198.3\text{s}$

平均行程车速为

A→B　$v_{AB} = \frac{L}{T} = \frac{1500}{202.4}\text{m/s} \approx 7.4\text{m/s}$

B→A　$v_{BA} = \frac{L}{T} = \frac{1500}{198.3}\text{m/s} \approx 7.6\text{m/s}$

3. 道路路线及路网的车速特征分析

将一定范围区域内的道路路网上的调查数据进行统计，并分析路网的车速特征。

(1) 整理出路线行程车速、停车延误、行驶车速的图表，如图 3.9、表 3-14 所示。

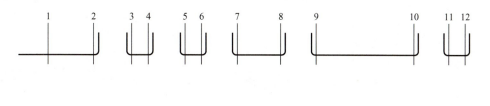

图 3.9　试验车测速路段划分

表 3-14　路段车速表

路段编号	路段长度/m	行程时间/s	停车延误/s	行驶时间/s	行程车速/(km/h)	行驶车速/(km/h)
1～2	71.5	17.8	0	17.8	14.44	14.44
2～3	54.5	10.1	0	0.1	9.40	9.40
3～4	56	29.7	17.2	12.5	6.77	16.13

续表

路段编号	路段长度/m	行程时间/s	停车延误/s	行驶时间/s	行程车速/(km/h)	行驶车速/(km/h)
4~5	63.5	17.3	0	17.3	13.21	13.21
5~6	142.5	32.9	4.3	28.6	15.59	17.93
6~7	62.2	16.2	0	16.2	13.79	13.79
7~8	325.8	60.1	6.8	53.3	19.51	22.00
8~9	57.5	8.9	0	8.9	23.26	23.26
9~10	867.7	136.8	0	136.8	22.82	22.82
10~11	51.5	13.5	0	13.5	13.72	13.72
11~12	445.0	66.4	3.8	62.6	24.12	25.59
总计	2197.7	409.7	22.1	377.6		

全程平均行程车速 $= \left(\dfrac{2197.7}{409.7} \times 3.6\right)$ km/h ≈ 19.31 km/h

全程平均行驶车速 $= \left(\dfrac{2197.7}{377.6} \times 3.6\right)$ km/h ≈ 20.95 km/h

上表仅是行驶一次时各路段的行程车速和行驶车速,共观测6个来回,6次各路段车速取平均值。

各路段的行程车速,还可以用时间-距离图来表示,如图 3.10 所示。

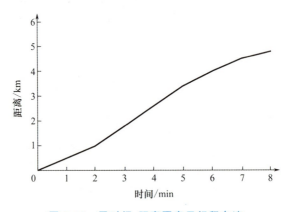

图 3.10 用时间-距离图表示行程车速

(2) 道路行程车速的时间分布特征。随着道路上全天交通量的变化,车速也随之变化,一般最重要的是三个时段的行程车速。

① 非机动车高峰小时车辆的行程车速,这对自行车多的城市,显得尤其重要。

② 机动车早高峰小时车辆的行程车速。

③ 机动车晚高峰小时车辆的行程车速。

第一个高峰时段由于机动车流量低,车速降低不显著或不降低,后两个时段的行程车

速一般较全天平均行程车速低,可以用速差比来表示,即

$$\gamma = \frac{\overline{v} - \overline{v}_t}{\overline{v}} \tag{3-15}$$

式中:γ 为速差比;$\overline{v}$ 为全天平均行程车速;$\overline{v}_t$ 为时段平均行程车速。

γ 为正时,全天平均行程车速较 t 时段的行程车速高;γ 为负时,全天平均行程车速较 t 时段行程车速低。

道路上不同时间的速差比可绘制成曲线,表示全天行程车速的分布情况。

(3) 路线上车辆行驶延误分析。车辆在道路上行驶的过程中,因受阻所造成的时间损失称为延误。产生延误的原因可能是红灯受阻、车辆和行人的干扰、停靠站使路段形成瓶颈或其他原因而造成的车辆停车延误。**延误的严重程度常用延误率 D 来表示**,即

$$D = \frac{\text{停车延误时间}}{\text{总行程时间}} \times 100\% \tag{3-16}$$

(4) 道路网上行程车速分布。道路网上行程车速分布指在某一时段(如高峰小时、全天)道路网上各路段的车速分布。将各路线的行程车速汇总于一张图上,就可以得到路网的行程车速分布图,并清楚地揭示道路上交通的通畅程度。

(5) 道路网上车速综合分析。全面评价路网上各道路的交通通畅情况,需要从路线和交叉口两个方面来考察。

① 路线情况。包括全天平均行程车速、全天平均行驶车速、高峰小时行程车速、延误率(延误时间/总行程时间)、全线各路段平均车速及占路线总长度的比例,沿线交叉口数。

② 交叉口情况。包括交叉口平均车速、交叉口平均受阻时间,交叉口分级车速所占比例。

3.4 密 度 调 查

3.4.1 概述

1. 密度的定义和有关术语

交通密度是指在单位长度车道上,某一瞬时所存在的车辆数,一般用(辆/千米·车道)表示。根据定义,交通密度基本上是在一段道路上测得的瞬时值,它不仅随时间的变化而变动,也随测定区间的长度而变化。为此,常将瞬时密度用某总计时间的平均值表示。此外,必须选择适当的区间长度,因为它与总计的时间有关。在选定的区间长度内,视不同的需要按不同的方向或不同的车道取值。

在实际应用中,往往还采用较易测量的车辆的道路占用率来间接表征交通密度,车辆占用率越高,交通密度越大。

道路占用率是指在单位长度车道上,汽车投影面积总和占车道面积的百分率。在实际测定中,一般用汽车所占的总长度与车道长度的百分比表示,即

$$R_s = \frac{1}{L} \sum_{i=1}^{N} l_i \, (\%) \qquad (3\text{-}17)$$

式中，R_s 为空间占用率；L 为观测路段总长度，m；l_i 为第 i 辆车的长度，m；N 为观测路段内的车辆数。

2. 密度特性与调查的必要性

反映交通流特征的三个基本参数是交通量、速度和交通密度。这三个参数之间有如下关系式。

$$K = \frac{Q}{v} \qquad (3\text{-}18)$$

式中，K 为交通密度，辆/千米；Q 为交通量，辆/小时；v 为空间平均车速，km/h。

与密度有关的有车速-密度曲线、流量-密度曲线及车速-密度曲线，如图 3.11 所示。

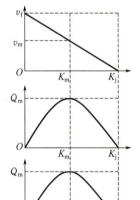

Q_m—最大流量（辆/小时）；K_j—阻塞密度（辆/千米）；v_f—自由行驶车速（km/h）；
K_m—最大流量时的密度（辆/千米）；v_m—最大流量时的车速（km/h）；

图 3.11　车速-密度、流量-密度及车速-密度关系图

图 3.11 表明，随着交通量的增长，车辆行驶时的相互干扰及相互制约增加，以致平均车速降低，密度增加。当跟随在慢车后面的车辆继续不断增加，使车辆近乎停止状态时，则流量趋近于零，而密度最大（阻塞密度）。

3.4.2　密度调查方法

观测密度主要有出入量观测法和摄影法，后者又可分为地面高处摄影观测法与航空摄影观测法。

1. 出入量观测法

出入量观测法是一种通过观测取得中途无出入交通的区段内现有车辆数或行驶时间的方法，又分为试验车法及车牌号码法等。

现讨论图 3.8 中 AB 区间的密度。

在某一时刻上游地点 A 处的交通量是同一时刻 AB 区间内新增加的车辆数；反之，这

时下游地点 B 处的交通量等于从 AB 区间内减少的车辆数。AB 区间内车辆数的变化值应等于驶入量与驶出量之差。因此，只要知道最初 AB 区间的原始车辆数，就能求得每单位时间内的实有车辆数，则在 t 时刻的密度可由下式表示。

$$E_{(t)} = Q_{A(t_0)} + E_{(t_0)} - Q_{B(t_0)} \tag{3-19}$$

式中，$E_{(t)}$ 为在 t 时刻 AB 区间内的车辆数；$Q_{A(t_0)}$ 为从观测开始到 t_0 时刻通过 A 处的累加交通量；$E_{(t_0)}$ 为从观测开始到 t_0 时刻，在 AB 区间内的原始车辆数；$Q_{B(t_0)}$ 为从观测开始到 t_0 时刻通过 B 处的累加交通量。

2. 地面高处摄影观测法

用动态录像仪在高处进行摄影。测定区间的长度视地区内的状况和周围条件而变化，一般取 50～100m。

整理现场观测结果。在各条录像的每一画面中，读取摄影观测区间内存在的车辆数，计算总观测时间内区间内的平均车辆数，用区间长度求算每千米道路内存在的车辆数，即密度值。

减少误差的注意事项：如测定区间过长，则测定精度将受到影响，所以不能过长，以不超过 100m 为宜。

3. 航空摄影观测法

测定密度，使用航空摄影观测法最佳，它是能取得准确数值的唯一方法。

航空摄影观测法利用无人机或直升机从空中向下摄影进行观测。目前无人机技术发展迅速，成本较低，并且具有低速并在某种程度上能停在空中的性能，因此被广泛采用。

3.4.3 密度资料的应用

1. 研究交通流理论的重要基础数据

早期研究道路通行能力遵照两个主要途径：一个是探讨交通密度小时的速度-流量关系式；另一个是探讨交通密度大时的车头时距现象。而流量-密度曲线（图 3.12）能把两者统一起来，除表明流量、密度外，还作为表明车间时距和车速的手段，有人称流量-密度曲线为交通基本图表。

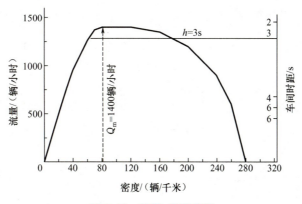

图 3.12 流量-密度曲线

2. 划分服务水平的依据

通过流量-密度曲线可确定道路的通行能力。

3. 分析瓶颈交通

瓶颈的通行能力小于道路的通行能力。瓶颈路段对通行能力的影响可由流量-密度曲线表示出来。

3.5 交通延误调查

3.5.1 交通延误的定义

交通延误的基本定义主要有以下内容。

（1）行车时间。行车时间指汽车沿一定路线在实际交通条件下，从一处到达另一处行车所需的总时间（包括停车时间和延误时间）。

（2）延误。延误指车辆在行驶中，由于受到驾驶人无法控制的或意外的其他车辆的干扰或交通控制设施等的阻碍所损失的时间。由于形成原因和着眼点不同，有以下几种延误。

① 固定延误。由交通控制装置所引起的延误，与道路交通量及其他车辆干扰无关的延误。

② 运行延误。由于各种交通组成间相互干扰而产生的延误。一般它含纵向、横向与外部和内部的干扰，如停车等待横穿、交通拥挤、连续停车及由于行人和转弯车辆影响而损失的时间。

③ 停车延误。由于某些原因使车辆停止不动而引起的延误。

④ 排队延误。排队时间与以畅行车速驶过排队路段的时间之差。排队时间是指车辆第一次停车到越过停车线的时间。排队路段是第一次停车断面到停车线的距离。

⑤ 引道延误。引道时间与车辆畅行行驶越过引道延误段的时间之差。在入口引道上，从车辆因前方信号或已有排队车辆而开始减速行驶之断面至停车线的距离叫引道延误段。车辆受阻排队通过引道延误段的时间，叫引道时间。

3.5.2 延误产生的原因

（1）基本延误主要产生在车辆通过交叉口时，这种延误与交通流动特性无关，是由信号、停车标志、让路标志及平交道口等原因造成的。

（2）运行延误是因受其他车辆或行人干扰而产生的。

① 车辆干扰。如车辆停止、起动、转弯、故障及行人过街等的干扰。

② 交通内部干扰。如交通量增大产生拥挤、道路通行能力不足、合流及交织交通等的影响。

3.5.3 交通延误调查的方法

交通延误调查通常采用跟车法、输入-输出法。其中跟车法观测交通延误往往和区间车速调查同时进行,采用的调查方法也基本相同。这里重点介绍输入-输出法。

输出-输入法适用于调查交叉路口、引道及瓶颈路段的行车延误。该方法的假设前提为车辆出入是均一的。车辆排队现象存在于某一持续时间内,在其中某一时段,若到达的车辆数大于道路的通行能力,则开始排队;若到达车辆数小于道路的通行能力,则排队将逐渐消散。调查在两个断面同时进行,即在瓶颈路段的起、终点各设一个观测员,用调查交通量的方法,以5min或15min为间隔累计交通量。要求两断面的起始时间同步,当车辆受阻排队有可能超过瓶颈起点时,该断面的位置要根据实际情况后移。若该路段的通行能力已知,瓶颈终点(出口)断面可以不予调查。

表3-15所列为某公路的瓶颈路段发生阻塞时的调查结果。已知该处通行能力为360辆/小时,或每15min平均通过90辆车。

表3-15 某公路的瓶颈路段发生阻塞时的调查结果

时间	到达车数		离去车数		阻塞情况	时间	到达车数		离去车数		阻塞情况
	到达	累计	离去	累计			到达	累计	离去	累计	
16:00—16:15	80	80	80	80	无阻塞	16:45—17:00	90	390	90	350	阻塞
16:15—16:30	100	180	90	170	阻塞开始	17:00—17:15	70	460	90	440	阻塞消散
16:30—16:45	120	300	90	260	阻塞	17:15—17:30	70	503	90	530	阻塞结束

从表3-15可见,最初的15min内到达的车辆数少于道路通行能力,路上没有阻塞。第二个15min内因累计离去车辆数比累计到达车辆数少,有10辆车通不过,于是开始堵塞。16:15—16:45是高峰。16:45—17:00来车量已减少,但累计车辆数仍远远超过累计通行能力。这45min(16:15—17:00)是排队开始形成,并且其长度有增无减直至出现最大排队长度的一段时间。17:00以后到达车辆累计数和通行能力累计数的差距开始缩小,即表明阻塞开始消散,直至17:30累计车辆数小于路上累计通行能力,于是阻塞结束。

现在试求单个车辆,如第300辆车通过瓶颈段的分延误时间。它的位置在300辆—260辆=40辆排队车辆的末尾,瓶颈路段的通行能力是90辆/15min,故每辆车通过瓶颈路段所需要的时间为$\frac{15}{90}$min。因此第300辆车通过瓶颈段所需的时间为

$$\frac{15}{90}\text{min} \times 40 = 6\frac{2}{3}\text{min}$$

由此得知第300辆车是在16:45后的$6\frac{2}{3}$min即16:51:40驶出瓶颈段的。

第300辆车通过瓶颈段的延误应为实际行程时间与无障碍的行驶时间之差,即

$$\left(6\frac{2}{3} - \frac{15}{90}\right)\text{min} = 6.5\text{min}$$

输出-输入法调查延误很难得到平均每一辆受阻车占总数的百分比,并且无法确定产生延误的准确点和原因,也无法分清延误的类型,这是该法不如跟车法之处。另外,使用该法的前提是来车与离去车是均一的假设,与实际的交通状况不相符。因此计数交通量的

间隔取得越小，精度越高；瓶颈长度越短，精度也越高。

尽管这种方法存在上述缺点，但其简单，调查结果又能整理成十分直观的形式，因此，作为客观的研究瓶颈路段的行车延误方法，有一定的实用价值。

【习题】

一、名词解释题

交通量　第 30 小时交通量　高峰小时流量比　方向不均匀系数　高峰小时系数　地点车速　行驶车速　行程车速　交通密度　车头间距　延误

二、选择题

1. 某双向道路，两个方向的交通量分别为 400 辆/小时和 600 辆/小时，该道路的方向不均匀系数 K_D 应为_____。

  A. 40%　　　　　B. 60%　　　　　C. 50%　　　　　D. 66.7%

2. 某路段长度为 55m，测得该路段的行程时间为 29.5s，停车延误时间为 18.1s，则该路段的行程车速 v_1 和行驶车速 v_2 分别为_____。

  A. $v_1=6.71 \text{km/s}$，$v_2=13.71 \text{km/s}$

  B. $v_1=14.37 \text{km/s}$，$v_2=6.71 \text{km/s}$

  C. $v_1=17.37 \text{km/s}$，$v_2=6.71 \text{km/s}$

  D. $v_1=6.71 \text{km/s}$，$v_2=17.37 \text{km/s}$

3. 下列说法正确的一项为_____。

  A. ADT 代表年平均日交通量　　　　B. WADT 代表月平均日交通量

  C. MADT 代表周平均日交通量　　　　D. AADT 代表年平均日交通量

4. 交通量的月变是指_____。

  A. 一年内月交通量的变化　　　　B. 一年内周交通量的变化

  C. 一年内小时交通量的变化　　　　D. 一年内日交通量的变化

5. 设计小时交通量指_____。

  A. 将一年中测得的 8760h（或 8784h）交通量，按从大到小按序排列，排在第 29 位的小时交通量

  B. 将一年中测得的 8760h（或 8784h）交通量，按从大到小按序排列，排在第 30 位的小时交通量

  C. 将一年中测得的 8760h（或 8784h）交通量，按从大到小按序排列，排在第 20 位的小时交通量

  D. 将一年中测得的 8760h（或 8784h）交通量，按从大到小按序排列，排在第 1 位的小时交通量

6. 道路设计时，常选用_____作为确定道路建设规模的控制流量。

  A. 第 8 位最高小时交通量　　　　B. 年最大小时交通量

  C. 第 30 位最高小时交通量　　　　D. 高峰小时交通量

三、简答题

1. 交通量的定义是什么？有哪些特性？
2. 简述交通量的空间分布和时间分布特性。
3. 交叉口延误有哪些？如何调查？
4. 交通流中三个参数间的关系如何？在交通分析中有何用途？

四、计算题

1. 2019年3月20日（星期三）在某道路上观测到日交通量为1500辆/日，由历年观测资料得知：$K_{3月}=1.58$，$K_日=0.97$，求年平均日交通量AADT。

2. 表3-16是高速公路观测的交通量，计算：①小时交通量；②5min高峰流率；③15min高峰流率；④15min高峰小时系数。

表3-16　高速公路观测的交通量

统计时间	5min交通量/（辆）
17：00—17：05	201
17：05—17：10	208
17：10—17：15	217
17：15—17：20	232
17：20—17：25	219
17：25—17：30	220
17：30—17：35	205
17：35—17：40	201
17：45—17：50	195
17：50—17：55	190
17：55—18：00	195

3. 表3-17和表3-18分别为城市观测站观测的周交通量变化和月交通量变化记录的交通量，试由这些数据计算周交通量变系数、月交通量变系数。

表3-17　城市观测站观测的周交通量变化

月周日交通量/（辆）	周一	周二	周三	周四	周五	周六	周日
一月	2000	2200	2250	2000	1800	1500	950
四月	1900	2080	2110	1890	1750	1400	890
七月	1700	1850	1900	1710	1580	1150	800
十月	2100	2270	2300	2050	1800	1550	1010

表 3-18　城市观测站观测的月交通量变化

该月的第三周	一月	二月	三月	四月	五月	六月
平均日交通量/(辆)	2250	2200	200	2100	1950	1850
该月的第三周	七月	八月	九月	十月	十一月	十二月
平均日交通量/(辆)	1800	1700	2000	2100	2150	2300

4. 某 6 辆车通过公路上 4km 长的路段所需的时间分别为 2.6min、2.4min、2.5min、2.8min、2.2min、2.7min，试计算时间平均速度和空间平均速度。

第4章 交通流理论

本章教学要点

知识要点	掌握程度	相关知识
交通流特性的统计分布	掌握离散型分布的适用条件、公式和判断依据； 掌握连续型分布的适用条件、公式和判断依据	泊松分布的适用条件、公式和判断依据，二项分布的适用条件、公式和判断依据，负二项分布的适用条件、公式和判断依据，负指数分布的适用条件、公式，移位负指数分布的适用条件、公式，韦布尔分布的适用条件、公式
排队论及其应用	掌握排队论的基本原理和应用方法	排队论的基本原理，M/M/1系统，M/M/N系统的基本参数，状态判断和参数计算方法
跟车理论	掌握跟车理论的基本概念； 了解车辆跟驶特性分析方法； 掌握线性跟车模型	跟车理论的基本概念，车辆跟驶特性分析，线性跟车模型的内容
交通流的流体力学模拟理论	了解交通流的流体力学模拟理论与流体动力学的关联； 掌握车流连续方程； 掌握车流波动理论的应用	车流波动理论的建立，车流连续方程的建立，车流波动理论的应用

上海市普陀区真北路铜川路路口交通拥堵改善设计

1. 案例分析

上海市普陀区真北路铜川路路口左转、左转掉头（北向北）车辆多，导致左转车辆在路口占用直行车道并强行变道而引发交通拥堵。

2. 交通改善措施

交警部门在对该路段的交通流特征分析和交通排队特征分析的基础上，利用中环路高架投影下道路空闲面积，新辟延伸左转车道，关闭了原左转进入投影主线通道（距路口 50m 左右），调整到距铜川路口约 200m 处，并设置两个进投影主线的入口（一个供中环路进入，一个供地面进入），以减少交通压力，增加左转车道的蓄车能力。改造后，北进口车辆排队长度明显缩短，排队长度平均缩短，路口交通秩序得到改善。

4.1 概 述

交通流理论是运用数学和力学定律，研究道路交通流运行规律的理论，是交通工程中主要研究课题之一。在交通规划和交通管理中，应用这种理论对道路和各种交通设施的使用效果进行科学分析并提出改进措施。

传统交通流理论的主要内容有概率论的应用、排队论的应用、车流波动理论和跟车理论。

1. 概率论的应用

交通流理论主要应用概率论研究车流的分布规律。车流的统计分布是用概率论研究交通现象的基础，同时也直接应用在转弯车道长度的设计、行人过街控制信号的设计、通行能力及车速标准的确定等方面。

2. 排队论的应用

排队论是研究分析服务对象发生排队拥挤现象的一种数学理论，是运筹学的一个重要内容。排队论主要研究等待时间，排队长度的概率分布，以便合理协调服务对象与服务系统之间的关系，使之既能满足服务对象的要求，又能最大限度地节省服务系统的经费。1936 年，亚当斯首先应用排队论研究无信号道路交叉口的行人延误问题。此后，在交通工程领域，把信号交叉口、停车场、加油站等交通设施都看作服务系统，把到达的车辆看作服务对象，因而排队论在这些交通设施的设计和管理方面得到广泛的应用。近年来，用排队论研究信号交叉口前的车辆排队现象及其所造成的车辆延误，并根据交叉口车辆延误时间量最小的目标来确定交通信号的配时方案，或根据整个地区各交叉口车辆延误时间总量最小的目标来实现区域交通控制的最优方案，这是排队论在交通工程中应用的一个重要方面。

3. 车流波动理论

将交通流比拟为流体，把车流密度的疏密变化比拟为水波的起伏而抽象为车流波。车流波动理论就是假设车流因道路或交通状况的改变而引起车流密度的改变时，在车流中产生车流波的传播，分析车流波的传播速度可寻求车流流量和密度同车速之间的关系的一种理论。这种理论把整批车辆作为考察对象，所以是一种宏观的分析方法。车流波动理论假定车流中每辆车的行驶状态完全一样，所以有远离实际的缺点。尽管如此，这种理论在"流"的状态较明显的场合，如在分析瓶颈路段的车辆拥堵等问题时，还是有其独特之处。

4. 跟车理论

跟车理论是运用动力学方法探究在无法超车的单一车道上车队列队行驶时，后车跟随前车的行驶状态，并用数学模式表达加以分析阐明的一种理论。在后面章节会详细介绍这部分内容。

现代交通流理论是指以现代科学技术和方法（如模拟技术、神经网络、模糊控制等）为主要研究手段而形成的交通流理论，其特点是所采用的模型和方法不追求严格意义上的数学推导和明确的物理意义，而更重视模型或方法对真实交通流的拟合效果。这类模型主要用于对复杂交通流现象的模拟、解释和预测，而使用传统交通流理论要达到这些目的显得很困难。

传统交通流理论和现代交通流理论并不是截然分开的两种交通流理论体系，只不过是它们所采用的主要研究手段有所区别，在研究不同的问题时它们各有优缺点。在实际研究中常常是两种模型同时使用效果更好。

4.2 交通流特性的统计分布

4.2.1 引言

在设计新的交通设施或新的控制方案时，为增强使用效果，预估某些交通特性的数据很有必要。例如在信号灯配时设计时，需预测一个信号周期到达的车辆数；又比如在设计交叉口左转弯用地时需预估在 1h，一个信号周期内车辆到达数大于 4 的次数。通过统计分布理论，可用少量资料预估所需要的资料。

交通的到达在某种程度上具有随机性，描述这种随机性的统计规律有两种方法。一种是以概率论中的离散型分布为工具，考察在一段固定长度的时间内到达某场所的交通数量的波动性；另一种是以概率论中的连续型分布为工具，研究上述事件发生的间隔时间的统计特性，如车头时距的概率分布。

描述车速和可穿越空档这类交通特性时，也用到连续分布理论。在交通工程学中，离散型分布有时也称计数分布。连续型分布根据使用场合的不同而有不同的名称，如间隔分布、车头时距分布、速度分布和可穿越空档分布等。

4.2.2 离散型分布

在一定时间间隔内到达的车辆数,或在一定的路段上分布的车辆数,是所谓的随机变量,描述这类随机变量的统计规律用的是离散型分布。

离散型分布

离散型分布根据交通流的不同状况,常用泊松分布、二项式分布和负二项式分布来表示。

1. 泊松分布

(1) 适用条件。车辆(或人)的到达是随机的,相互间的影响微弱,也不受外界因素干扰,具体表现在交通流密度不大,即车流是随机的。

(2) 基本公式。

$$P_k = \frac{(\lambda t)^k e^{-\lambda t}}{k!} = \frac{m^k e^{-m}}{k!}, k=1,2,\cdots,n \tag{4-1}$$

式中,P_k 为在计数周期 t 期间到达 k 辆车的概率,用泊松公式表达;λ 为平均到达率(辆或人/秒);m 为在计数间隔 t 内平均到达的车辆数或人数,$m=\lambda t$;e 为自然对数底,取 2.71828。

(3) 递推公式。

若令 $m=\lambda t$ 为计数间隔 t 内平均到达的车辆数,则 m 又称泊松分布参数。

$$P_0 = e^{-m}, P_{k+1} = mP_k/(k+1) \tag{4-2}$$

(4) 分布的均值与方差皆等于 λt,这是交通流到达规律是否服从泊松分布的判断依据。

(5) 运用模型时的注意事项。关于参数 m 可理解为时间间隔内的平均到达车辆数,也可以理解为距离 l 内的平均车辆数。

(6) 应用案例。

【例 4-1】 某路段全长 15 000m,在某一时刻随机分布着 180 辆车,对其中任意 500m 长的一段,试求:①有 5 辆车的概率;②有大于 5 辆车的概率。

解:Q 辆车独立而随机地分布在一条道路上,若将这条道路均分为 Z 段,则一段中包括的平均车辆数 m 为

$$m = \frac{Q}{Z}$$

在本例中 $Q=180$,$Z=15\,000/500=30$

所以
$$m = \frac{180}{30} = 6$$

① 有 5 辆车的概率为

$$P_5 = \frac{6^5 e^{-6}}{5!} \approx 0.160$$

② 有大于 5 辆车的概率为

$$P(>5) = 1 - P(\leq 5) = 1 - P_0 - P_1 - P_2 - P_3 - P_4 - P_5 \approx 0.5554$$

【例 4-2】 某信号灯交叉口的周期 $T=97s$,有效绿灯时间 $g=44s$,在有效绿灯时间内排队的车流以 $s=900$ 辆/小时的流率通过交叉口,在有效绿灯时间外到达的车辆要停车排队。设信号灯交叉口上游车辆的到达率 $q=369$ 辆/小时,服从泊松分布,求使到达车辆

不致两次排队的周期占周期总数的最大百分率。

解：由于车流只能在有效绿灯时间内通过，因此一个周期能通过的最大车辆数 $A=gs=(44\times900/3600)$ 辆 $=11$ 辆，如果某周期到达的车辆数 N 大于 11，则最后到达的（$N-11$）辆车就不能在本周期内通过而发生两次排队。在泊松分布公式中

$$\lambda t = \frac{369\times 97}{3600} \approx 9.9$$

查累积的泊松分布表，可得到达车辆大于 11 辆的周期出现的概率为

$$P(>11)=0.29$$

即不发生两次排队的周期最多占 71%。

2. 二项分布

（1）**适用条件**。交通量大，拥挤车流，车辆自由行驶的机会减少，车流到达数在均值附近波动。

（2）**基本公式**。

$$P_k = C_k^n \left(\frac{\lambda t}{n}\right)^k \left(1-\frac{\lambda t}{n}\right)^{n-k}, (k=0,1,2\cdots,n) \tag{4-3}$$

式中，P_k 为在计数间隔 t 内到达 k 辆车的概率；λ 为平均到达率（辆或人/秒）n 为正整数。

$$C_k^n = \frac{n!}{k!(n-k)!} \tag{4-4}$$

通常计 $p=\dfrac{\lambda t}{n}$，则二项分布可写成

$$P_k = C_k^n p^k (1-p)^{n-k}, (k=0,1,2\cdots,n) \tag{4-5}$$

式中，$0<p<1$，n、p 称为分布的参数。

（3）**递推公式**。

由参数 n 及数量 k 和 p 可递推出 p_{k+1}，即

$$P_{k+1} = \frac{n-k}{k+1} \cdot \frac{p}{1-p} \cdot P_k, (k=0,1,2\cdots,n) \tag{4-6}$$

（4）**分布的均值与方差分别为**

$$M=np,$$
$$D=np(1-p)$$

（5）**运用模型时的注意事项**。

① $D<M$ 是二项分布区别于泊松分布的显著特征。

② 基于观测数据可估计出样本均值 m 和方差 s^2，并分别替代 M 和 D，由此反求出分布参数 p 和 n。

$$p = \frac{m-s^2}{m}, n = \frac{m^2}{m-s^2} \tag{4-7}$$

其中，m 和 s^2 可按下面的公式计算。

$$m = \frac{1}{N}\sum_{i=1}^{N} x_i, \quad s^2 = \frac{1}{N-1}\sum_{i=1}^{N}(x_i-m)^2 \tag{4-8}$$

（6）**应用案例**。

【**例 4-3**】 在某条公路上，上午高峰期间，以 15 秒间隔观测到达车辆数，得到的结果

列入表 4-1，试用二项分布拟合之。

解：$m = \frac{1}{N}\sum_{i=1}^{N} x_i = \frac{3\times 3 + 4\times 0 + \cdots + 12\times 1}{3 + 0 + \cdots + 1} \approx 7.469$

$$s^2 = \frac{1}{N-1}\sum_{i=1}^{N}(x_i - m)^2 = \frac{1}{N-1}\left(\sum_{i=1}^{N} x_i^2 - Nm^2\right)$$

$$= \frac{1}{64-1}(3^2\times 3 + 4^2\times 0 + \cdots + 12^2\times 1 - 64\times 7.469^2) \approx 3.999$$

因为 $s^2 < m$，所以用二项分布拟合是合适的。可计算出分布的两个参数。

$$p = (7.469 - 3.999)/7.469 \approx 0.465$$

$$n = m/p = 7.469/0.465 \approx 16.06$$

取为 16。

因此，拟合表中数据的二项分布的分布函数为

$$P_k = C_k^{16} \times 0.465^k \times 0.535^{n-k}$$

表 4-1 用二项分布拟合交通拥挤车辆到达的数据表

车辆到达数 n_i	<3	3	4	5	6	7	8	9	10	11	12	>12
包含 n_i 的间隔出现的次数	0	3	0	8	10	11	10	11	9	1	1	0

【例 4-4】 一交叉口，设置了专供左转的信号相位，经研究得出：来车符合二项分布，每一周期内平均到达 20 辆车，有 25% 的车左转但无右转。求：①到达 3 辆车有 1 辆左转的概率。②某一周期不使用左转信号相位的概率。

解：① 已知 $n=3$，$k=1$，$p=0.25$，求到达 3 辆车有 1 辆左转的概率。根据式（4-5），有

$$P_1 = \frac{3!}{1!\times 2!}\times 0.25\times (1-0.25)^{3-1} \approx 0.442$$

② 已知 $n=20$，$k=0$，$p=0.25$，$P_1 = \frac{20!}{0!\times 20!}\times (0.25)^0\times (1-0.25)^{20-0} \approx 0.0032$

注：本题中①由于计算的是到达 3 辆车中的左转概率，所以 $n=3$；②由于计算的是一个周期内的左转概率，故 $n=20$。

3. 负二项分布

(1) 适用条件。到达量波动大的车流。

(2) 基本公式。

$$\begin{cases} P_0 = \left(1 + \dfrac{\lambda t}{\beta}\right)^{-\beta} \\ P_k = \dfrac{k+\beta-1}{k}\dfrac{\lambda t}{\beta + \lambda t}P_{k-1}, (k=0,1,2\cdots,n) \end{cases} \quad (4\text{-}9)$$

式中，λ，β 为分布的参数，取正实数；P_k 为在时间间隔 t 内到达 k 辆车的概率；λ 为平均到车率（辆或人/秒）。

若令 $p = \left(1 + \dfrac{\lambda t}{\beta}\right)^{-1}$，$q = 1-p$，则 $0 < p < 1$，式（4-9）可改写成

$$\begin{cases} P_0 = p^{-\beta} \\ P_k = \dfrac{k+\beta-1}{k} \cdot q \cdot P_{k-1}, k=0,1,2\cdots,n) \end{cases} \quad (4\text{-}10)$$

(3) 分布的均值和方差分别为

$$M = \frac{\beta(1-p)}{p}, D = \frac{\beta(1-p)}{p^2}, D > M \quad (4\text{-}11)$$

分布的方差大于均值是负二项分布的特性。它表征在所述三种离散型分布中，服从负二项分布的车流，其汽车到达的不均匀程度最高。

用样本的均值 m 和方差 s^2 估计分布参数的计算式为

$$p = \frac{m}{s^2}, \quad \beta = \frac{m^2}{s^2 - m} \quad (4\text{-}12)$$

4. 拟合优度检验——χ^2 检验

前述的各种交通特性统计分布，都有各自的适用场合。当现场实测一组交通数据后，要确定它是否拟合某种分布，分布的参数值是多少，就需要进行拟合优度检验。交通工程中常用的是 χ^2 检验。

根据数理统计理论，任何假设检验都应有下列步骤。

① 建立原假设 H_0，随机变量 x 服从给定的概率分布。

② 选择适宜的统计变量。

由于样本频率分布在一定条件下可作为假设概率分布的估计。如果 H_0 成立，那么假设的概率分布应与频率分布相差不太远。反之，如果样本频率分布与假设的频率分布相去甚远，就有理由否定 H_0。

设样本频率分布第 i 组的频率为 f_i，假设的频率分布在该组区间上相应的频率为 p_i，若 N 是样本容量，则 Np_i 就是假设的频率分布在第 i 组的频率，记为 F_i，称它为理论频数。如果 H_0 确实成立，那么 f_i 与 $F_i (i=1, 2, \cdots, g)$ 应相差不大。这样，可以建立统计量 χ^2。

$$\chi^2 = \sum_{i=1}^{g} \frac{(f_i - F_i)^2}{F_i} = \left(\sum \frac{f_i^2}{F_i} \right) - N \quad (4\text{-}13)$$

③ 确定统计量临界值。

可以证明，在 $N \to \infty$，$g \to \infty$ 时，上述统计量趋向于自由度为 $g-1$ 的 χ^2 分布。在实际应用中，当 N 相当大时，就可应用 χ^2 分布确定上述统计量的临界值 χ_α^2，作为取舍 H_0 的依据。

当选定了显著水平 α 后，根据自由度 DF 的值，可以由表 4-2 查出临界值 χ_α^2。

表 4-2　临界值 χ_α^2

DF	α			DF	α		
	0.10	0.05	0.01		0.10	0.05	0.01
1	2.706	3.841	5.412	8	13.362	15.507	20.090
2	4.605	5.991	7.824	9	14.684	16.919	21.666
3	6.251	7.815	11.345	10	15.987	18.307	23.209
4	7.779	9.488	12.277	11	17.275	19.675	24.725
5	9.236	11.070	15.068	12	18.549	21.026	26.217
6	10.645	12.592	16.812	13	19.812	22.362	27.688
7	12.017	14.067	18.475	14	21.064	23.685	29.141

④ 统计检验结论。

比较 χ^2 的计算值与临界值 χ_α^2，若 $\chi^2 < \chi_\alpha^2$，则接受 H_0；若 $\chi^2 > \chi_\alpha^2$，则不接受 H_0。

在应用 χ^2 检验法时应注意以下问题。

a. 样本容量 N 应较大。

b. 分组应连续，各组的 p_i 值应较小，意味着分组数 g 应较大。

c. 各组内的理论频数 $F_i \geq 5$。

d. 统计量的自由度 $DF = g - q - 1$。

e. 置信水平 α 通常取 0.05。

常用离散型分布的约束数 q 及 DF 取值见表 4-3。

表 4-3　常用离散型分布的约束数 q 及 DF 取值

分布	q	DF
泊松分布	1	$g-2$
二项分布	2	$g-3$
负二项分布	2	$g-3$

⑤ 应用案例。

【例 4-5】　在某路段上以 30s 为间隔对一个方向的车流到达数作连续观测，得到 232 个观测值，列于表 4-4（以表上角按行从左到右为时序）。试求其统计分布并检验。

表 4-4　某路段车流到达数观测值

2	4	2	4	3	10	5	6	2	2	5	8	5	4	5	3	1
7	10	6	6	3	2	11	7	8	5	10	6	5	7	3	3	1
0	1	1	1	10	5	8	6	10	3	4	2	6	3	9	9	8
1	5	3	4	6	6	4	6	3	10	4	4	7	10	6	7	6
6	8	6	2	11	7	3	3	7	8	9	9	6	5	4	9	9
5	9	7	2	7	7	8	2	1	5	8	3	9	6	5	6	4
7	8	5	7	5	7	5	7	9	5	6	1	5	7	4	12	6
5	2	8	4	3	4	6	9	3	8	3	5	5	1	8	4	8
2	10	5	9	5	8	2	4	2	6	7	11	6	5	7	7	8
6	3	8	3	6	3	2	4	7	5	8	1	5	7	3	4	3
1	2	2	5	6	5	4	6	4	6	5	5	4	8	6	1	5
1	8	2	5	6	0	3	3	4	11	3	2	6	9	7	4	6
8	5	9	3	1	3	4	3	7	6	7	7	5	2	4	6	7
4	5	1	4	3	5	9	5	7	2	11						

解：按各到达数出现的频数，把表 4-4 整理成表 4-5 的第一列和第二列。算出样本均值 m 和方差 s^2 为

$$m \approx 5.254, s^2 \approx 6.753$$

从 s^2 与 m 的比值看，用负二项分布或泊松分布做拟合可能是合适的。

若用泊松分布做拟合，分布参数 $t=m=5.254$。

表 4-5 某路段车流到达数观测值整理

车辆到达数	实测频数	泊松分布的理论频数	负二项分布的理论频数
0	2 ⎱ 17	1.2 ⎱ 7.6	2.4 ⎱ 12.1
1	15 ⎰	6.4 ⎰	9.7 ⎰
2	20	16.7	20.7
3	28	29.3	31.0
4	27	38.5	36.5
5	37	40.5	36.0
6	31	35.4	30.9
7	24	26.6	23.7
8	21	17.5	16.5
9	13	10.2	10.7
10	8 ⎫	5.4 ⎫	6.4 ⎫
11	4 ⎬ 14 ⎱ 6	2.6 ⎬ 9.8	3.7 ⎬ 7.5
12	2 ⎭	1.1 ⎭	2.0 ⎭
>12	0	0.7	1.8
总计	232	232	232

若用负二项分布做拟合，可算出它的两个参数为

$$p = m/s^2 \approx 0.78, \beta = m^2/(s^2 - m) \approx 18.42$$

用递推公式可分别算出这两种分布各到达数出现的频数，列于表 4-5 的第三列和第四列。

用 χ^2 检验判别这两种分布拟合的优劣。

对于泊松分布，把理论频数小于 5 的到达数合并后，并成 10 组，可算得

$$\chi^2 = 17^2/12.1 + 20^2/20.7 + \cdots 14^2/9.8 - 232 \approx 20.04$$

$$\text{DF} = 10 - 1 - 1 = 8$$

查表得：$\chi^2_{0.05} = 15.51 < \chi^2$

可见泊松分布拟合是不可接受的。

同理计算负二项分布，负二项分布是可以接受的。

4.2.3 连续型分布

连续型分布

车流到达的统计规律也可以采用车头时距分布来描述，这种分布属于连续型分布。常用的连续性分布有负指数分布、移位负指数分布和韦布尔分布等。

车头时距的定义：前后两辆车的前端通过同一地点的时间差，一般可用前后车的车头间距除以后车速度来计算。

1. 负指数分布

（1）**适用条件**。存在充分超车机会的单列交通流与密度不大的多列车流的车头时距分布可采用负指数分布，常与计数的泊松分布相对应。

（2）**基本公式**。车流平均到达率为 λ（辆/秒）时，到达的车头时距 h 大于 t 秒的概率为

$$P(h>t)=(\lambda t)^0 e^{-\lambda t}/0! = e^{-\lambda t} = \exp(-Qt/3600) \quad (4-14)$$

而车头时距小于等于 t 的概率则为

$$P(h\leqslant t)=1-e^{-\lambda t} \quad (4-15)$$

（3）**公式应用的局限性**。

负指数分布的概率密度函数为

$$p(t)=\frac{d}{dt}[1-P(h>t)]=\lambda e^{-\lambda t} \quad (4-16)$$

负指数分布的概率密度函数曲线是随车头时距 h 单调递减的，这说明车头时距越小，其出现的概率越大。这种情况在限制超车的单列车流中是不可能出现的，因为车头间距至少应为一个车身长，车头时距必须有一个大于零的最小值 τ，这就是负指数分布的局限性。

2. 移位负指数分布

（1）**适用条件**。用于描述不能超车的单列车流的车头时距分布和车流量低的车流的车头时距分布。

（2）**基本公式**。车流平均到达率为 λ（辆/秒），最小车头时距为 τ 时，到达的车头时距 h 大于 t 秒的概率为

$$P(h>t)=e^{-\lambda(t-\tau)}, \quad t\geqslant \tau \quad (4-17)$$

$$P(h\leqslant t)=1-e^{-\lambda(t-\tau)}, \quad t\geqslant \tau \quad (4-18)$$

其概率密度函数为

$$p(t)=\begin{cases}\lambda e^{-\lambda(t-\tau)}, & t\geqslant \tau \\ 0, & t<\tau\end{cases} \quad (4-19)$$

（3）**分布的均值与方差**。

$$M=1/\lambda+\tau\approx m(样本均值), D=1/\lambda^2\approx s^2(样本方差)$$

用样本均值 m 代替 M，样本方差 s^2 代替 D，则可算出移位负指数分布的两个参数 λ 和 τ。

3. 韦布尔分布

（1）**适用条件**。韦布尔分布适用范围较广，交通流中的车头时距分布、速度分布等一般都可用韦布尔分布来描述。实践也表明，对具有连续型分布的交通流参数进行拟合，韦布尔分布常常具有与皮尔逊Ⅲ型分布、复合指数分布、对数正态分布和正态分布同样的效力。

（2）**基本公式**。到达的车头时距 h 大于 t 秒的概率为

$$P(h>t) = \exp\left[-\left(\frac{t-\gamma}{\beta-\gamma}\right)^\alpha\right], \gamma \geqslant \infty \qquad (4\text{-}20)$$

式中，β，γ，α 为分布参数，取正值，且 $\beta > \gamma$。

β 为尺度参数，γ 为起点参数，α 为形状参数。显而易见，负指数分布和移位负指数分布是韦布尔分布的特例。

(3) **拟合方法**。设定样本为 t_1，t_2，t_3，…，t_n，则拟合步骤如下。

① 计算样本均值 m 和方差 s^2 及样本的偏倚系数 C_s。

$$C_s = \sum_{i=1}^{n} \frac{(t_i - m)^3}{(n-3)s^3} \qquad (4\text{-}21)$$

② 由韦布尔分布拟合用表（表 4-6），可查出与 C_s 相对应的 $1/\alpha$，$B(\alpha)$ 和 $A(\alpha)$，从而计算出参数 α。

③ 计算参数 β，γ 的估计值。

$$\beta = m + sA(\alpha) \qquad (4\text{-}22)$$
$$\gamma = \beta - sB(\alpha) \qquad (4\text{-}23)$$

表 4-6 韦布尔分布拟合用表

$1/\alpha$	$B(\alpha)$	$A(\alpha)$	C_s
0.28	3.573	0.3547	0.0075
0.29	3.468	0.3501	0.0383
0.30	3.370	0.3455	0.0687
0.31	3.277	0.3408	0.0989
0.32	3.190	0.3361	0.1287
0.33	3.108	0.3313	0.583
0.34	3.030	0.3265	0.1876
0.35	2.955	0.3217	0.2167
0.36	2.885	0.3168	0.2455
0.37	2.818	0.3119	0.2741
0.38	2.754	0.3069	0.3024
0.39	2.692	0.3019	0.3306
0.40	2.634	0.2969	0.3586
0.41	2.578	0.2919	0.3865
0.42	2.524	0.2868	0.4141
0.43	2.472	0.2817	0.4417
0.44	2.422	0.2766	0.4691
0.45	2.376	0.2715	0.4963
0.46	2.328	0.2663	0.5235

续表

$1/\alpha$	$B(\alpha)$	$A(\alpha)$	C_s
0.47	2.283	0.2612	0.5505
0.48	2.241	0.2560	0.5775
0.49	2.199	0.2508	0.6043
0.50	2.159	0.2456	0.6311
0.51	2.120	0.2404	0.6578
0.52	2.082	0.2352	0.6844
0.53	2.045	0.2299	0.7110
0.54	2.009	0.2247	0.7376
0.55	1.975	0.2195	0.7640
0.56	1.941	0.2142	0.7905
0.57	1.909	0.2090	0.8169
0.58	1.877	0.2038	0.8433
0.59	1.846	0.1985	0.8697
0.60	1.815	0.1933	0.8960
0.61	1.786	0.1881	0.9224
0.62	1.757	0.1829	0.9488
0.63	1.729	0.1777	0.9751

4.3 排队论及其应用

4.3.1 排队论简介

排队论（Queuing Theory）又称随机服务系统理论（Random Service System Theory），是一门研究拥挤现象（排队、等待）的科学。具体地说，**它是在研究各种排队系统概率规律性的基础上，解决相应排队系统的最优设计和最优控制问题**。排队是我们在日常生活和生产中经常遇到的现象。例如，上下班搭乘公共汽车；顾客到商店购买物品；病人到医院看病；旅客到售票处购买车票；学生去食堂就餐等就常常出现排队和等待现象。除了上述有形的排队之外，还有大量的所谓"无形"排队现象，如几个顾客打电话到出租汽车站要求派车，如果出租汽车站无足够车辆，则部分顾客只得在各自的要车处等待，他们分散在不同地方，却形成了一个无形队列在等待派车。排队的不一定是人，也可以是物。例如，通信卫星与地面间若干待传递的信息；生产线上的原料、半成品等待加工；因故障停止运转的机器等待工人修理；码头的船只等待装卸货物；要降落的飞机因跑道繁忙而在空中盘旋等。

在交通工程中,排队论可应用于交通延误、通行能力、交通信号配时、停车场、收费站、加油站等交通设施的设计与管理分析,方案制定等。

显然,上述各种问题虽不相同,但却都有要求得到某种服务的人或物和提供服务的人或机构。

4.3.2 排队论的基本原理

1. 基本概念

(1) 排队与排队系统的概念。

排队单指等待服务的,不包括正在被服务的。

排队系统既包括等待服务的,又包括正在被服务的车辆。

(2) 排队系统的三个组成部分。

一般的排队系统都可用图 4.1 加以描述。

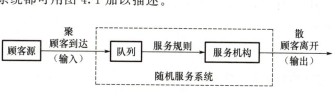

图 4.1 排队系统

① 输入过程。输入过程是指各种类型的顾客(汽车或行人)按怎样的规律到达。有各式各样的输入过程。

a. 定长输入过程。顾客等时距到达。

b. 泊松输入过程。顾客到达时距符合负指数分布。这种输入过程最容易处理,因而应用最广泛。

c. 爱尔朗输入过程。顾客到达时距符合爱尔朗分布。

② 排队(服务规则)。排队是指到达的顾客按怎样的次序接受服务。

a. 损失制。顾客到达时,若所有服务台均被占,该顾客就自动消失,永不再来。

b. 等待制。顾客到达时,若所有服务台均被占,顾客就排成队伍,等待服务,服务次序有先到先服务(这是最通常的情形)和优先权服务(如急救车、消防车优先)等多种规则。

c. 混合制。顾客到达时,若队伍长小于 L,就排入队伍;若队伍长等于 L,顾客就离去,永不再来。

③ 服务方式(输出)。服务方式是指同一时刻有多少服务台可接纳顾客,为每一位顾客服务了多少时间。每次服务可以接待单个顾客,也可以接待成批顾客,如公共汽车一次就装载大批乘客。

服务时间的分布主要有如下几种。

a. 定长分布。每一顾客的服务时间都相等。

b. 负指数分布。各顾客的服务时间相互独立,服从相同的负指数分布。

c. 爱尔朗分布。各顾客的服务时间相互独立,具有相同的爱尔朗分布。

为叙述方便,引用下列符号。

M 代表泊松分布输入或负指数分布服务。

D 代表定长分布输入或定长分布服务。

E_k 代表爱尔朗分布的输入或服务。

于是泊松输入、负指数分布服务,N 个服务台的排队系统可以写成 M/M/N。

泊松输入、定长服务、单个服务台的系统可以写成 M/D/1。

同样可以理解 $M/E_k/N$、D/M/N 等符号的含义。

如果不附其他说明,则这种符号一般都指先到先服务,单个服务通道的等待制系统。

(3) 排队系统的主要数量指标。

最重要的数量指标有如下三个。

a. 等待时间。从顾客到达时起到他开始接受服务时止这段时间。

b. 忙期。服务台连续繁忙的时期,这关系到服务台的工作强度。

c. 队长(顾客数)。有排队顾客数与排队系统中顾客数之分,这是排队系统提供的服务水平的一种衡量。

2. M/M/1 系统——单通道服务系统

M/M/1 系统的结构如图 4.2 所示。

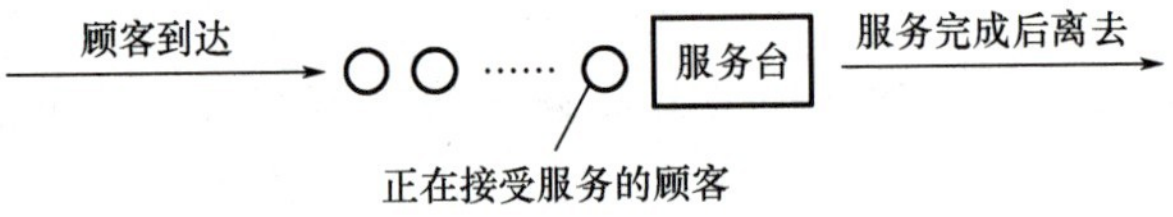

图 4.2 M/M/1 系统的结构

(1) **基本参数**。平均到达率 λ(辆/秒);到达的平均时距 1/λ(s);平均服务率 μ(辆/秒);平均服务时间 1/μ(s);交通强度(利用系数)ρ= λ/μ。

(2) **状态判断**。通过交通强度(利用系数)ρ 可以判断系统状态的性质。所谓状态是指排队系统的顾客数。ρ<1,排队系统的顾客数不出现排队;ρ≥1,排队长度将会变长;排队消散的条件为 λ<μ。

(3) **M/M/1 系统的参数计算**。

在系统中没有顾客的概率为

$$P_0 = 1 - \rho \tag{4-24}$$

在系统中有 n 个顾客的概率为

$$P_n = \rho^n(1-\rho) \tag{4-25}$$

系统中的平均车辆数为

$$\bar{n} = \frac{\rho}{1-\rho} = \frac{\lambda}{\mu-\lambda} \tag{4-26}$$

系统中的平均方差为

$$\sigma^2 = \frac{\rho}{(1-\rho)^2} \tag{4-27}$$

平均排队长度为

$$\bar{q} = \bar{n} - \rho \qquad (4\text{-}28)$$

非零平均排队长度为

$$\bar{q_w} = \frac{1}{1-\rho} \qquad (4\text{-}29)$$

系统中的平均消耗时间为

$$\bar{d} = \frac{\bar{n}}{\lambda} \qquad (4\text{-}30)$$

排队中的平均等待时间为

$$\bar{w} = \bar{d} - \frac{1}{\mu} \qquad (4\text{-}31)$$

（4）应用案例。

【例 4-6】 某条道路上设一调查统计点，车辆到达该点是随机的，单向车流量为 800 辆/小时。所有车辆到达该点要求停车领取 O-D 调查卡片，假设工作人员平均能在 4s 内处理一辆汽车，符合负指数分布。试计算在该点排队系统中的平均车辆数、平均排队长度、非零平均排队长度、系统中的平均消耗时间及排队中的平均等待时间。

解：这是一个 M/M/1 排队系统，则

$\lambda = 800$ 辆/小时；

$\mu = \frac{1}{4}$ 辆/秒 = 900 辆/小时；

$\rho = \frac{800}{900} \approx 0.89 < 1$；

系统是稳定的。

系统中的平均车辆数：$\bar{n} = \frac{\rho}{1-\rho} = \frac{\lambda}{\mu - \lambda} = \frac{800}{900 - 800}$ 辆 = 8 辆；

平均排队长度：$\bar{q} = \bar{n} - \rho = (8 - 0.89)$ 辆 = 7.11 辆；

非零平均排队长度：$\bar{q_w} = \frac{1}{1-\rho} = \frac{1}{1-0.89}$ 辆 ≈ 9.09 辆；

系统中的平均消耗时间：$\bar{d} = \frac{\bar{n}}{\lambda} = \frac{8}{\frac{800}{\text{辆}}}$ 小时 = 36 秒/辆

排队中的平均等待时间：$\bar{w} = \bar{d} - \frac{1}{\mu} = (36 - 4)$ 秒/辆 = 32 秒/辆。

【例 4-7】 有一个停车场，到达车辆数是 60 辆/小时，停车场服务能力为 100 辆/小时，其单一的出入道可存 6 辆车，问该数量是否合适？

解：这是一个 M/M/1 排队系统问题，则

$\lambda = 60$ 辆/小时；

$\mu = 100$ 辆/小时；

$\rho = \frac{\lambda}{\mu} = \frac{60}{100} = 0.6 < 1$；

系统是稳定的。

因出入道存车量为 6 辆，如果超出 6 辆的概率很小（一般认为小于 5%），则认为合适，否则认为不合适。

$P_0 = 1 - \rho = 1 - 0.6 = 0.4$，$P_1 = \rho(1-\rho) = 0.6 \times 0.4 = 0.24$，
$P_2 = \rho^2 (1-\rho) = 0.6^2 \times 0.4 \approx 0.14$，$P_3 = 0.6^3 \times 0.4 \approx 0.09$，
$P_4 = 0.6^4 \times 0.4 \approx 0.05$，$P_5 = 0.6^5 \times 0.4 \approx 0.03$，
$P_6 = 0.6^6 \times 0.4 \approx 0.02$，

$$P(>6) = 1 - P(\leq 6) = 1 - \sum_{n=1}^{6} P_n = 1 - 0.97 = 0.03$$

计算结果表明排队车辆数超过 6 辆的可能性极低，故可认为该出入道的存车量是合理的。

3. M/M/N 系统——多通道服务系统

（1）**基本参数**。在 M/M/N 系统中，服务通道有 N 条，所以也称多通道服务系统。设 λ 为进入 M/M/N 系统车辆的平均到达率，排队行列从每个服务台接受服务后的平均输出率为 μ，则每个服务台的平均服务时间是 $1/\mu$。仍记 $\rho = \lambda/\mu$，则 ρ/N 称为 M/M/N 系统的服务强度或交通强度，也可称为饱和度。和 M/M/1 相仿，当 $\rho/N < 1$ 时，系统是稳定的，否则不稳定，排队长度将趋于无穷大。

M/M/N 系统根据车辆排队方式的不同，可分为单路排队 M/M/N 系统和多路排队 M/M/N 系统。

① 单路排队 M/M/N 系统。排成一个队等待数条通道服务的情况，排队中头一辆车可视哪条通道有空就到哪里去接受服务，如图 4.3 所示。

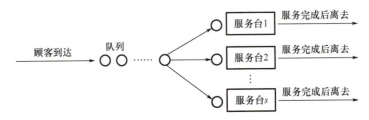

图 4.3 单路排队 M/M/N 系统

② 多路排队 M/M/N 系统。每个通道排一个队，每个通道只为其相应的一队车辆服务，车辆不能随意换队，如图 4.4 所示。此种情况相当于 N 个 M/M/1 系统组成的系统，其计算公式也相同。

图 4.4 多路排队 M/M/N 系统

(2) **计算公式**。对于单路排队 M/M/N 系统,计算公式如下。

系统中没有车辆的概率为

$$P_0 = \frac{1}{\sum_{k=0}^{N-1} \frac{\rho^k}{k!} + \frac{\rho^N}{N!(1-\rho/N)}} \quad (4\text{-}32)$$

系统中有 k 辆车的概率为

$$\begin{cases} P_k = \frac{\rho^k}{k!} P_0, k < N \\ P_k = \frac{\rho^k}{N!N^{k-N}} P_0, k > N \end{cases} \quad (4\text{-}33)$$

系统中的平均车辆数为

$$\bar{n} = \rho + \frac{\rho^{N+1}}{N!N} \cdot \frac{P_0}{(1-\rho/N)^2} \quad (4\text{-}34)$$

平均排队长度为

$$\bar{q} = \bar{n} - \rho \quad (4\text{-}35)$$

平均消耗时间为

$$\bar{d} = \frac{\bar{q}}{\lambda} + \frac{1}{\mu} \quad (4\text{-}36)$$

平均等待时间为

$$\bar{w} = \frac{\bar{q}}{\lambda} \quad (4\text{-}37)$$

【**例 4-8**】 一个加油站,现有 2400 辆/小时的车流量通过四个通道引向四个加油泵,平均每辆车加油时间为 5s,服从负指数分布,试分别按 M/M/4 系统和四个相同的 M/M/1 系统计算各相应指标并进行比较。

解:按四个平行的 M/M/1 系统计算。

根据题意,每个加油泵有它各自的排队通道,排队车辆不能从一个通道换到另一个通道。把总车流量四等分,就是引向每个加油泵的车流量,则对每个加油泵有

$$\lambda = \frac{600}{3600} \text{辆/秒} = \frac{1}{6} \text{辆/秒}, \mu = \frac{1}{5} \text{辆/秒}, \rho = \frac{5}{6} < 1, \bar{n} = \frac{\frac{5}{6}}{1-\frac{5}{6}} \text{辆} = 5 \text{辆},$$

$$\bar{q} = \bar{n} - \rho = \left(5 - \frac{5}{6}\right) \text{辆} \approx 4.17 \text{辆}, \bar{d} = \frac{\bar{n}}{\lambda} = \frac{5}{\frac{1}{6}} \text{秒/辆} = 30 \text{秒/辆},$$

$$\bar{w} = \bar{d} - \frac{1}{\mu} = (30-5) \text{秒/辆} = 25 \text{秒/辆}$$

而对于四个加油泵构成的系统有

$\bar{n} = 5 \text{辆} \times 4 = 20 \text{辆}, \bar{q} = 4.17 \text{辆} \times 4 = 16.68 \text{辆}, \bar{d} = 30 \text{秒/辆}, \bar{w} = 25 \text{秒/辆}$

按单路 M/M/N 系统(M/M/4)计算,有

$$\lambda = \frac{2400}{3600} \text{辆/秒} = \frac{2}{3} \text{辆/秒}, \mu = \frac{1}{5} \text{辆/秒}, \rho = \frac{\lambda}{\mu} = \frac{10}{3}, \frac{\rho}{N} = \frac{10}{3 \times 4} = \frac{5}{6} < 1$$

$$P_0 = \frac{1}{\sum_{k=0}^{N-1} \frac{\rho^k}{k!} + \frac{\rho^N}{N!\left(1-\frac{\rho}{N}\right)}} \approx 0.0213, \bar{n} = \left(\rho + \frac{\rho^{N+1}}{N!N} \cdot \frac{P_0}{\left(1-\frac{\rho}{N}\right)^2}\right) 辆 \approx 6.6 辆$$

$\bar{q} = (\bar{n} - \rho)$ 辆 $= 3.3$ 辆，$\bar{d} = \frac{\bar{q}}{\lambda} + \frac{1}{\mu} = 10$ 秒/辆，$\bar{w} = \frac{\bar{q}}{\lambda} = 5$ 秒/辆

两种系统的计算结果比较见表4-7。

表4-7 M/M/4系统和四个相同的M/M/1系统的计算结果比较

系统指标	四个相同的 M/M/1	M/M/4
平均车辆数	20	6.6
平均排队长	16.68	3.3
平均耗时	30	10
平均等候时间	25	5

4. 简化的排队延误分析方法案例

对于交通拥挤现象还可以采用简化的方式进行分析，前提是假定在某一持续时间内车辆的出入是均一的。

【例4-9】 有一个公路与铁路的交叉口，火车通过时，栅栏关闭的时间 $t_r = 0.1\text{h}$。已知公路上车辆以均一的到达率900辆/小时到达交叉口，而栅栏开启后排队的车辆以均一的离去率1200辆/小时离开交叉口。试计算由于关闭栅栏而引起的：①单辆车的最长延误时间t_m；②最大排队车辆数Q；③排队疏散时间t_0；④排队持续时间t_j；⑤受限车辆总数n；⑥平均排队车辆数；⑦单辆车的平均延误时间；⑧车时总延误D。

解：① 关闭时到达的那辆车的延误时间最长，即$t_m = t_r = 0.1\text{h}$。

② 栅栏关闭期间，车辆只有到达没有离去，因此栅栏刚开启时排队的车辆最多。

$$Q = \lambda t = (900 \times 0.1) 辆 = 90 辆$$

③ 栅栏开启后，排队车辆的头车以离去率μ疏散离去，而队尾以到达率λ向后延长，因此排队的净疏散率为$\mu - \lambda$，疏散时间为

$$t_0 = \frac{Q}{\mu - r} = \frac{90}{1200 - 900}\text{h} = 0.3\text{h}$$

④ 排队持续时间等于栅栏关闭时间加疏散时间，即

$$t_j = (0.1 + 0.3)\text{h} = 0.4\text{h}$$

⑤ 疏散时间内离去的总车数为受阻车辆总数。

$$n = (0.3 \times 1200) 辆 = 360 辆$$

⑥ 平均排队车辆数为

$$\bar{Q} = 0.5Q = 45 辆$$

⑦ 单辆车的平均延误时间为

$$\bar{d} = 0.5 t_r = 0.05\text{h}$$

⑧ 车时总延误为

$$D = n\bar{d} = (360 \times 0.05)\text{辆·小时} = 18 \text{ 辆·小时}$$

将上例的车辆到达、离去情况绘成车辆到达-离去曲线图，如图4.5所示。

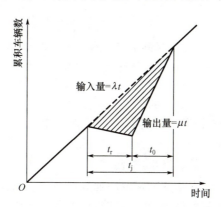

图 4.5 车辆到达-离去曲线图

图中虚线为到达车辆累积数，实线为离去车辆累积数。两曲线的水平间隔即为某车的延误时间，垂直间隔为某一时刻的受阻（排队）车辆数。两曲线围成的面积即为总延误车时数。在此图上用几何方法也不难求出上例的各项指标。用类似的方法还可以分析信号灯交叉口车辆的排队和延误。但应该指出的是，用此法求出的最大排队车辆数偏低。其原因是栅栏关闭期间，车辆的停车位置是向上游延伸的，各车的停车时刻早于栅栏开启情形下到达交叉口的时刻，这样，排队的延长率就大于λ，最大排队车辆数也就大于λt_r。

4.4 跟 车 理 论

4.4.1 跟车理论简介

跟车理论是运用动力学方法探究在无法超车的单一车道上车队列队行驶时，后车跟随前车的行驶状态，并用数学模式表达加以分析阐明的一种理论。跟车理论研究的目的是试图通过观察各辆车跟驶的方式来了解单车道交通流的特性。它用来检验管理技术和通信技术，以使追尾事故减到最低程度。

4.4.2 跟车特性分析

非自由流行驶状态是指高密度状态的车流，车间距不大，车队中任一辆车都受到前车速度的制约，驾驶人只能按前车所提供的信息采用相应的车速。智能汽车的交通流前后车可以实现通信。

非自由流行驶状态的车队具有如下特性。

1. 制约性

（1）紧随要求。驾驶人不愿落后很多。

(2) 车速条件。后车在前车车速附近摆动。

(3) 间距条件。前后车之间必须保持一个安全距离。

2. 延迟性

后车对前车运行状态的改变有一个反应过程：感觉—认识—判断—执行（四个阶段所需要的时间称为反应时间），若反应时间为 T，前车在 t 时刻的动作，后车要经过 $(t+T)$ 时刻才能做出动作。

3. 传递性

第 n 辆车制约着第 $n+1$ 辆车的运行状态的特性。由于传递具有延迟性，所以，信息沿车队向后传递是间断连续的。

模型的建立可以描述跟车的刺激反应现象。

(1) 关于刺激与反应。前导车的加速或减速，以及随之发生的两车之间的速度差和车间距离的变化；反应为后车所做的加速或减速动作及其实际效果。

(2) 建模条件。两车间距 $s(t)$（行驶中前导车制动时，后车可不撞车停下的间距）；反应时间 T 内后车车速不变；后车及前导车在减速期间行驶的距离相等。

(3) 基本模型。从图 4.6 可以得到

$$s(t)=x_n(t)-x_{n+1}(t)=d_1+d_2+L-d_3 \tag{4-38}$$

$$d_1=u_{n+1}(t) \cdot T=u_{n+1}(t+T) \cdot T=\dot{x}_{n+1}(t+T) \cdot T \tag{4-39}$$

假设两车的制动距离相等，即 $d_2=d_3$，则有

$$s(t)=x_n(t)-x_{n+1}(t)=d_1+L \tag{4-40}$$

由式(4-39)和式(4-40)可得

$$s(t)=x_n(t)-x_{n+1}(t)=\dot{x}_{n+1}(t+T) \cdot T+L \tag{4-41}$$

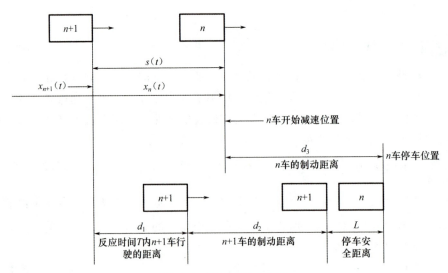

图 4.6　车辆跟驶示意图

图 4.6 中各参数意义：$s(t)=x_n(t)-x_{n+1}(t)$ 为 t 时刻车间的车头间距；$d_1=T \cdot u_{n+1}(t)$

为反应时间 T 内 $n+1$ 车行驶的距离；$x_{n+1}(t)$ 为 t 时刻 $n+1$ 车的位置；$x_n(t)$ 为 t 时刻 n 车的位置；T 为反应时间或称反应迟滞时间；d_2 为 $n+1$ 车的制动距离；d_1 为 n 车的制动距离；L 为停车安全距离。

4.4.3 线性跟车模型

式(4-41)两边对 t 求导，得到

$$\dot{x}_n(t) - \dot{x}_{n+1}(t) = \ddot{x}_{n+1}(t+T) \cdot T \qquad (4\text{-}42)$$

也即

$$\ddot{x}_{n+1}(t+T) = \lambda [\dot{x}_n(t) - \dot{x}_{n+1}(t)], \quad n=1,2,3,\cdots \qquad (4\text{-}43)$$

或写成

$$\ddot{x}_{n+1}(t) = \lambda [\dot{x}_n(t-T) - \dot{x}_{n+1}(t-T)], \quad n=1,2,3,\cdots \qquad (4\text{-}44)$$

其中 $\lambda = T^{-1}$。与式(4-37)对比，可以看出式(4-44)是对刺激—反应方程的近似表示：刺激为两车的相对速度；反应为跟驶车的加速度。

式(4-42)是在前导车制动、两车的减速距离相等及后车在反应时间 T 内速度不变等假定下推导出来的。实际的情况要比这些假定复杂得多，比如刺激可能是由前导车加速引起的，而两车在变速行驶过程中驶过的距离也可能不相等。为了考虑一般的情况，通常把式(4-43)或式(4-44)作为线性跟车模型的形式，其中 λ 不一定取值为 T^{-1}，也不再理解为灵敏度或灵敏系数，而看成与驾驶人动作强度相关的量，称为反应强度系数，量纲为 s^{-1}。

4.5　交通流的流体力学模拟理论

4.5.1　引言

1. 流体动力学模拟理论的建立

1955 年，英国学者莱托希尔和惠特汉将交通流比拟为一种流体，对一条很长的公路隧道，研究了在车流密度高的情况下的交通流规律，提出了流体动力学模拟理论。该理论运用流体动力学的基本原理，模拟流体的连续性方程，建立车流的连续性方程。把车流密度的变化，比拟成水波的起伏而抽象为车流波。当车流因道路或交通状况的改变而引起密度的改变时，在车流中产生车流波的传播，通过分析车流波的传播速度，以寻求车流流量和密度、速度之间的关系，并描述车流的拥挤—消散过程。因此，该理论又称车流波动理论。流体动力学系统与交通流系统的比较见表 4-8。

表 4-8　流体动力学系统与交通流系统的比较

物理特性	流体动力学系统	交通流系统
连续体	单向不可压缩流体	单车道不可压缩车流
离散元素	分子	车辆

续表

物理特性	流体动力学系统	交通流系统
变量	质量 m	密度 k
	速度 v	车速 u
	压力 p	流量 q
动量	mv	ku
状态方程	$p=CmT$	$q=ku$
连续性方程	$\dfrac{\partial m}{\partial t}+\dfrac{\partial(mv)}{\partial x}=0$	$\dfrac{\partial k}{\partial t}+\dfrac{\partial(ku)}{\partial x}=0$
运动方程	$\dfrac{dv}{dt}+\dfrac{c^2}{m}-\dfrac{\partial m}{\partial x}=0$	$\dfrac{du}{dt}+k\left(\dfrac{du}{dk}\right)^2\dfrac{\partial k}{\partial x}=0$

流体动力学模拟理论是一种宏观模型,它假定车流中各辆车的行驶状态与它前面的车完全一样,这与实际是不相符的。尽管如此,该理论在分析交通流流体状态比较明显的场合,比如在分析瓶颈路段的车辆拥挤问题时,还比较实用。

2. 车流连续性方程的建立

假设车辆顺次通过断面Ⅰ和Ⅱ的时间间隔为 Δt,两断面的间距为 Δx。

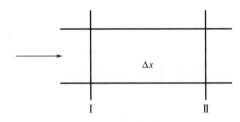

图 4.7 车辆通过两断面

车流在断面Ⅰ的流入量为 q,密度为 k。车流在断面Ⅱ的流出量为 $(q+\Delta q)$,密度为 $(k-\Delta k)$。Δk 前面加一负号,表示在拥挤状态,车流密度随车流量的增加而减小。

根据物质守恒定律:流入量－流出量＝ Δx 内车辆数的变化,即

$$[q-(q+\Delta q)]\Delta t=[k-(k-\Delta k)]\Delta x \tag{4-45}$$

或

$$\frac{\Delta k}{\Delta t}+\frac{\Delta q}{\Delta x}=0 \tag{4-46}$$

取极限可得

$$\frac{\partial k}{\partial t}+\frac{\partial q}{\partial x}=0 \tag{4-47}$$

又

$$q=ku \tag{4-48}$$

故

$$\frac{\partial k}{\partial t}+\frac{\partial(ku)}{\partial x}=0 \tag{4-49}$$

上式表明,当车流量随距离降低时,车流密度随时间增大。

4.5.2 车流波动理论

交通流和一般的流体一样,当道路具有瓶颈形式路段时,车流会发生紊乱拥挤现象,产生一种与车流方向相反的波,好像声波碰到障碍物时的反射一样,阻止车流前进,降低车速,如图4.8所示。

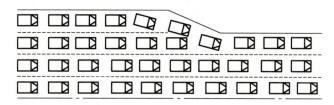

图4.8 交通流回波现象

1. 集散波的定义

列队行驶的车辆在信号灯交叉口遇到红灯后,即陆续停车排队而集结成密度高的队列;绿灯变亮后,排队的车辆又陆续起动而疏散成一列具有适当密度的车队。

车流密度经过了由低到高,再由高到低两个过程,**车流中两种不同密度部分的分界面经过一辆辆车向车队后部传播的现象,称为车流的波动。车流波动沿道路移动的速度称为波速**。

车队运行状态变化图为在时间-空间坐标系下表示的一队 n 辆车的运行状态变化图,如图4.9所示。图中每根曲线表示一辆车运行的时间-空间轨迹,曲线间的水平距离表示车头时距,垂直距离表示车头间距,两条虚线分隔出Ⅰ、Ⅱ和Ⅲ三个时间-空间区域。在区域Ⅰ内,车速最高而密度最低。进入区域Ⅱ后,车速明显降低而密度明显升高。进入区域Ⅲ后,速度有所回升而密度有所下降。虚线与运行轨迹的交点就是车队密度不同的两部分的分界(对某一确定时刻而言),而虚线则表示此分界既沿车队向后一辆辆地传播下去,又沿着道路而移动,虚线的斜率就是波速。虚线 AB 是低密度状态向高密度状态转变的分界,它所体现的车流波称为**集结波**;而 AC 是高密度状态向低密度状态转变的分界,它所体现的车流波称为**疏散波**,两种不同的车流波可统称为**集散波**。

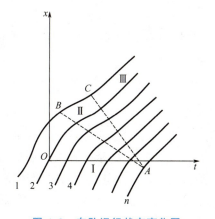

运行状态变化图

图4.9 车队运行状态变化图

2. 波速（集散波集结和消散的速度）

车队从速度 v_1、密度 k_1（对应于车间距离 l_1），转变到速度 v_2、密度 k_2（对应于车间距离 l_2）。O 为第一辆车的变速点，A 为第二辆车的变速点、虚线 OA 的斜率就是集散波的波速。车队前三辆车运行轨迹如图 4.10 所示。

设变速点 A 的时刻为 t，位置为 x，则

$$l_2 + v_1 t = v_2 t + l_1 \tag{4-50}$$

故集散波从第一辆车传到第二辆车所需时间为

$$t = \frac{l_2 - l_1}{v_2 - v_1} \tag{4-51}$$

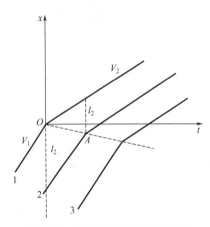

图 4.10 车队前三辆车运行轨迹

又因 $x = tv_1 - l_1$，于是有波速

$$w = \frac{x}{t} = -\frac{l_1}{t} + v_1 = -\frac{l_1(v_2-v_1)}{l_2-l_1} + v_1 = \frac{l_2 v_1 - l_1 v_2}{l_2 - l_1} = \frac{\dfrac{v_1}{l_1} - \dfrac{v_2}{l_2}}{\dfrac{1}{l_1} - \dfrac{1}{l_2}} = \frac{k_1 v_1 - k_2 v_2}{k_1 - k_2} = \frac{q_1 - q_2}{k_1 - k_2} \tag{4-52}$$

如果车流前后两行驶状态的流量和密度非常接近，则

$$w = \frac{dq}{dk} \tag{4-53}$$

集散波总是从前车向后车传播的，把单位时间内集散波所掠过的车辆数称为波流量。

$$q_w = \frac{3600}{t} = \frac{3600}{\dfrac{l_2 - l_1}{v_2 - v_1}} = \frac{3600(v_2 - v_1)}{l_2 - l_1} = \frac{v_2 - v_1}{\dfrac{1}{k_2} - \dfrac{1}{k_1}} \tag{4-54}$$

在流量-密度相关曲线上，集散波的波速就是割线的斜率，微弱波（流量和密度非常接近）的波速就是切线的斜率。如图 4.11 所示，当车流从低密度低流量的 A 状态转变到高密度高流量的 B 状态时，集散波的波速是正的，即波沿道路前进。当车流从低流量高密度的 C 状态转变到高流量而密度相对较低的 B 状态时，集散波的波速是负的，即波沿道路后退。从 A 状态到 B 状态的波是集结波，而从 B 状态到 A 状态的波是消散波，两者都

是前进波。从 B 状态到 C 状态的波是集结波，而从 C 状态到 B 状态的波为消散波，两者都是后退波。

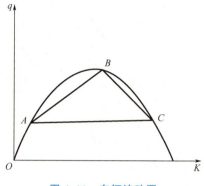

图 4.11 车辆波动图

3. 车流波动理论的案例

【例 4-10】 已知某快速干道上车流速度（km/h）与密度（辆/千米）的关系 $u^{0.103}=1.547-0.00256K$。现知一列 $u_1=50$km/h 的车流中插入一辆 $u_2=12$km/h 的低速车，并因不能超车而集结形成速度为 u_2 的拥挤车流。此低速车在行驶 2km 后离去，拥挤车队随之离散形成具有速度 $u_3=30$km/h 的状态。试求：

① 拥挤车队消散的时间 t_s；
② 拥挤车队持续的时间 t_j；
③ 拥挤车队最长时的车辆数 N_m；
④ 拥挤车辆的总数 N；
⑤ 拥挤车辆所占用过的道路总长度 L；
⑥ 车流速度从 u_1 降低至 u_2 而延误的总时间 D。

例4-10

解： 把车流经历的疏散—密集—疏散这三个阶段的状态记为状态 1、2、3，相应的流量、速度、密度分别记为 q_i、u_i、k_i，其中 $i=1,2,3$，则由已知车流模型可算出。

$$q_1=1000, u_1=50, k_1=20$$
$$q_2=1200, u_2=12, k_2=100$$
$$q_3=1500, u_3=30, k_3=50$$

由状态 1 转变到状态 2 形成集结波，记其波速为 w_1，则

$$w_1=\frac{q_2-q_1}{k_2-k_1}=\frac{1200-1000}{100-20}\text{km/h}=2.5\text{km/h}$$

由状态 2 转变到状态 3 形成消散波，记其波速为 w_2，则

$$w_2=\frac{q_3-q_2}{k_3-k_2}=\frac{1500-1200}{50-100}\text{km/h}=-6\text{km/h}$$

受拥挤的 N 辆车的时间-空间运行轨迹线如图 4.12 中的 N 条折线所示。虚线 OB 的斜率等于 w_1，虚线 AB 的斜率等于 w_2，以 x_B、t_B 表示图中 B 点的空间坐标和时间坐标，其他各点亦然。由图看出，从 t_0 到 t_A，拥挤车队越来越长，最长时占路长度等于 x_A-x_C，过了时刻 t_A，拥挤车队越来越短，到时刻 t_B 拥挤完全消除，很自然应把时段 t_B-t_A 称为消散时间 t_s。

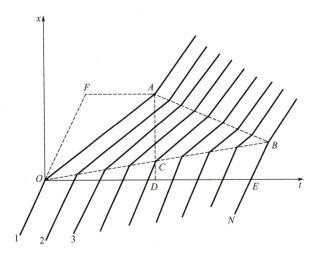

图 4.12 车辆运行时间-空间轨迹图

由于 N 条折线的斜率表示车速，可得

$$t_A = \frac{x_A}{u_2} = \frac{2}{12}\text{h} \approx 0.167\text{h}$$

又

$$x_B = w_1(t_A + t_s) = 2 + w_2 t_s$$

可得

$$t_s = \frac{2 - w_1 t_A}{w_1 - w_2} = \frac{2 - 2.5 \times 0.167}{2.5 - (-6)}\text{h} \approx 0.186\text{h}$$

$$t_j = t_A + t_s = 0.353\text{h}$$

由图可知拥挤车队从 A 点开始消散，所以落在路段 AC 上的车数就是拥挤车队最长时的车数 N_m，它等于波 w_1 在时段 $t_C - t_0$ 内掠过的车数，根据波流量公式，可得

$$N_m = Qw_1(t_C - t_0) = Qw_1 t_A$$

$$= \frac{u_2 - u_1}{\frac{1}{k_2} - \frac{1}{k_1}} \cdot t_A = \left(\frac{12 - 50}{\frac{1}{100} - \frac{1}{20}} \times 0.167\right)\text{辆} \approx 158 \text{ 辆}$$

w_1 掠过的车辆总数就是拥挤过的车辆总数 N。

$$N = qw_1(t_B - t_0) = qw_1 t_B$$

$$= qw_1 t_j$$

$$= \frac{u_2 - u_1}{\frac{1}{k_2} - \frac{1}{k_1}} \cdot t_j = \left(\frac{12 - 50}{\frac{1}{100} - \frac{1}{20}} \times 0.353\right)\text{辆} \approx 335 \text{ 辆}$$

由图 4.12 可知拥挤车辆所占用过的道路总长度 L 即 AD 长。

$$L = L_{AD} = 2\text{km}$$

由于表示车辆行驶轨迹的各折线是分段等距平行的，不难得知遭遇拥挤的那些车辆的延误构成等差级数，于是总延误 D 为

$$D = N \cdot \frac{t_A - t_F}{2} = \left(335 \times \frac{0.167 - 2/50}{2}\right)\text{辆·小时} \approx 21.27 \text{ 辆·小时}$$

【例 4-11】 一条单向道路的一端伸进学校与居住区中,在此路段中车速限制为 13km/h,对应的通行能力为 3880 辆/小时,高峰从上游驶来的车流速度为 50km/h,流量为 4200 辆/小时,持续了 1.69h,然后上游车流量降到 1950 辆/小时,速度为 59km/h。试计算此路段入口的上游拥挤长度和拥挤持续时间。

解: 高峰时上游车流密度:$k_2 = \dfrac{4200}{50}$ 辆/千米 = 84 辆/千米

居住区路段上的密度:$k_1 = \dfrac{3880}{13}$ 辆/千米 ≈ 298 辆/千米

在这两股车流之间形成了一集结波,其波速为

$$w_1 = \frac{q_2 - q_1}{k_2 - k_1} = \frac{4200 - 3880}{84 - 298} \text{km/h} \approx -1.495 \text{km/h}$$

这是后退波,表示居住区路段入口处向上游形成一列密度为 298 辆/千米的拥挤车流队列。图 4.13 中 $t_F - t_H = t_E - t_0 = 1.69$h,则 $t_E = 1.69$h,OF 为 w_1 的轨迹。在 F 点高峰流消失,出现流量为 1950 辆/小时,速度为 59km/h 的低峰流。

$$k_3 = \frac{1950}{59} \text{辆/千米} \approx 33 \text{ 辆/千米}$$

集结波波速为

$$w_2 = \frac{1950 - 3880}{33 - 298} \text{km/h} \approx 7.283 \text{km/h}$$

它的轨迹为 FG。

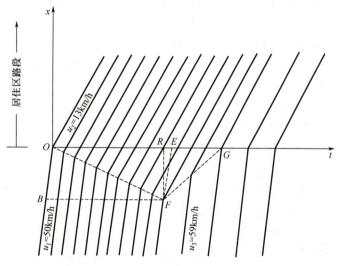

图 4.13 车辆运行时间-空间轨迹图

根据时间-空间轨迹图可获得如下方程组。

$$\begin{cases} t_R + (t_E - t_R) = 1.69 \\ t_R(-w_1) = (t_E - t_R)u_1 = x_R - x_F \end{cases}$$

将 $-w_1 = 1.495$km/h,$u_1 = 50$km/h 代入方程组,解得

$$t_R \approx 1.641\text{h}, t_E - t_R \approx 0.049\text{h}$$

$$x_R - x_F = t_R(-w_1) = (1.641 \times 1.495)\text{km} \approx 2.453\text{km}$$

即拥挤流向上游延长的距离为 2.453km，共包含车辆为（2.453×298）辆≈731 辆。集结波 w_2 推进到 G 点的历时为

$$t_s = t_G - t_R = \frac{x_R - x_F}{w_2} = \frac{2.453}{7.283}\text{h} \approx 0.337\text{h}$$

则拥挤持续的时间为

$$t_G = (0.337 + 1.641)\text{h} = 1.978\text{h}$$

【习题】

一、选择题

1. 道路交通流中，车头时距可用_____来描述。
   A. 二项分布   B. 负指数分布
   C. 泊松分布   D. 负二项分布

2. 下面可以成为交通量到达泊松分布的参数 λ 的定量单位是_____。
   A. 辆   B. 辆/高峰小时
   C. 辆/千米   D. 辆/秒

3. 在排队论中，D/M/N 记号的含义是_____。
   A. 定长输入，负指数分布服务，N 个服务台
   B. 泊松输入，爱尔朗分布服务，N 个服务台
   C. 泊松输入，定长服务，N 个服务台
   D. 爱尔朗分布输入，定长服务，N 个服务台

4. 设 M/M/1 系统的利用系数为 ρ，则在系统中的平均顾客数为_____。
   A. $1-\rho$ B. $1/(1-\rho)$
   C. $\rho/(1-\rho)$ D. $\rho/(1-\rho)^2$

5. 关于移位负指数分布，正确的说法是_____。
   A. 适用于车辆到达波动大的车流
   B. 描述没有超车机会的单列车流
   C. 描述有充分超车机会的多列车流
   D. 描述有充分超车机会的单列车流

二、简答题

1. 离散型车流统计模型和连续型车流统计模型的作用各是什么？
2. 叙述常用的离散型车流统计模型的类型、表达式、适用条件、判断条件。
3. 叙述负指数分布、移位负指数分布的表达式、适用条件及局限性。
4. 为什么要进行拟合优度 χ^2 检验？
5. 简述排队论的基本原理、主要参数及在交通工程中的应用。
6. 一般的排队系统由哪几部分组成？
7. 跟车理论的依据、模型建立与非自由运行状态的特性是什么？
8. 叙述车辆跟车模型的一般表达式，并说明后车的反应与哪几个因素有关？

三、计算题

1. 某交通流属泊松分布，已知交通量为 1200 辆/小时，求：
① 车头时距 $t \geq 5s$ 的概率；
② 车头时距 $t > 5s$ 所出现的次数；
③ 车头时距 $t > 5s$ 车头间隔的平均值。

2. 已知某公路 $q = 720$ 辆/小时，试求某断面 2s 时间段内完全没有车辆通过的概率及其出现次数。

3. 拟修建一个服务能力为 120 辆/小时的停车场，只有一个出入通道。据调查每小时有 90 辆车到达，假设车辆到达服从泊松分布，每辆车服务时间服从负指数分布，试计算通道的平均排队长度和排队等候的车辆数超过 4 的概率是多少？

4. 流量为 400 辆/小时、车速为 20km/h 的车流因铁道口栅栏关闭 20min 而中断，启动后以 500 辆/小时的流率通过铁道，速度仍为 20km/h，如果停车排队的车头间距为 10m，试求最大停车数和停过的车辆总数？

5. 今有 1500 辆/小时的车流量通过三个服务通道引向三个收费站，每个收费站可服务 600 辆/小时，试分别按单路排队和多路排队两种服务方式计算各相应指标。

6. 有 60 辆车随意分布在 5km 长的道路上，对其中任意 400m 长的一段，试求：① 有 4 辆车的概率；② 大于 4 辆车的概率。

7. 已知某道路入口处车速限制为 15km/h，对应通行能力 3800 辆/小时；在高峰期间 1.2h 内，从上游驶来的车流 $u_1 = 50$km/h，$q_1 = 4200$ 辆/小时；高峰过后上游流量降至 $q_3 = 1900$ 辆/小时，$u_3 = 60$km/h，试计算此段道路入口前车辆拥挤长度和拥挤持续时间。

第 5 章 道路通行能力分析

本章教学要点

知识要点	掌握程度	相关知识
道路通行能力和服务水平	掌握通行能力的概念；掌握服务水平的概念	通行能力的定义与分类，服务水平的定义，服务水平的主要评价指标，各类交通设施服务水平的确定、服务水平分级
道路路段通行能力	掌握基本通行能力的概念和公式；掌握实际通行能力的概念和公式；掌握设计（或规划）通行能力的概念和公式	基本通行能力的概念和公式，实际通行能力的概念和公式，设计（或规划）通行能力的概念和公式
交织区与匝道的通行能力	掌握交织区基本概念；掌握交织区通行能力的概念和速度计算方法；掌握匝道通行能力的概念和计算方法	交织区基本概念，交织区通行能力和速度计算，匝道通行能力的概念和计算
匝道与主线连接处的通行能力	了解匝道分、合流点车流运行特征；掌握匝道服务水平标准；匝道通行能力计算方法	匝道分、合流点车流运行特征，匝道服务水平标准，匝道通行能力计算方法
交叉口通行能力	掌握无信号灯控制交叉口通行能力计算方法；掌握信号灯控制交叉口通行能力计算方法；了解环形交叉口的通行能力的计算方法	无信号灯控制交叉口通行能力，信号灯控制交叉口通行能力，环形交叉口通行能力

第5章 道路通行能力分析

西安市星火路—朱宏路路段通行能力改善案例

1. 案例分析

星火路—朱宏路一线，作为西安市贯穿南北方向通行的主干道，特别是在2018年3月15日之后，交通流量上升现象明显，道路通行能力大大降低，交通压力巨大。西安交警部门通过对交通大数据分析，并在实地调研的基础上，分析道路通行能力和服务水平，结合道路交通实际对星火路（红庙坡立交段至梨园路段）交通组织进行了优化调整。

2. 影响通行能力的因素分析

通过分析，西安交警部门判断是由多原因综合引发的通行能力下降。

(1) 道路断面多变。

西门下穿立交、玉祥门下穿立交、星火路下穿立交为主道双向四车道，而红庙坡下穿立交为双向六车道，出口处道路主道宽度11m，设置为三车道，辅道为非机动车道，宽4m。朱宏路梨园路十字（俗称鸵鸟王十字）南口由南向北道路断面为24m，七车道。由南向北出口处道路断面上下游不匹配（主辅道共有五条机动车道，下游仅有三条机动车道），形成交通节点，导致道路通行效率下降，而环城西路由南向北方向的车辆通过玉祥门下穿立交、星火路立交快速汇集，难以快速发散。

(2) 西二环占道施工导致流量激增。

西南二环立交工程施工、西二环（大庆路至丰镐东路段）辅道路面翻建工程施工，导致西二环通行能力大幅降低，大量交通流选择分流至星火路—朱宏路通行，导致交通流量激增。

(3) 区域路网尚未完善。

西二环至环城西路—星火路—朱宏路一线约3km区域内，桃园路、劳动北路跨陇海线市政道路还在施工中，区域路网尚未完善，西二环分流的车辆只能集中到环城西路—星火路—朱宏路一线通行，导致星火路—朱宏路一线交通压力进一步加大。

3. 通行能力优化措施

(1) 将星火路（红庙坡立交至梨园路段）由南向北方向的公交专用道（约100m）变更为社会车道，缓解因道路断面上下游不匹配引起的交通冲突，便于公交车和其他社会车辆通过交织段合流。

(2) 协调红庙坡立交项目施工方，进一步完善立交范围道路交通标线和标志，规范车辆通行秩序。

(3) 优化周边路口信号灯配时，均衡交通流量，实现路口分段有序放行。

(4) 增派警力加强巡逻疏导，快速处置各类交通突发事件。

通过一系列优化措施，道路通行能力有效提高，交通状况大大改善。

交通工程概论

5.1 道路通行能力和服务水平

5.1.1 通行能力概述

通行能力分析的主要目的是获得道路在一定交通运行条件下所能承载的最大交通量。对于不同类型的交通设施或道路条件,通行能力分析采用的分析方式、方法不相同。通行能力分析是进行道路规划、设计、设施改善及交通管理的一项重要工作。

1. 通行能力的定义与分类

通行能力又称为道路容量,是指在一定的道路、交通和管制条件下,道路的某一断面在单位时间内通过的最大车辆数。

由于道路、交通、管制条件及服务水平不同,通行能力可分为基本(理论)通行能力、可能(实际)通行能力、设计(规划)通行能力。

(1)基本通行能力。在理想的道路、交通、控制和环境条件下,公路组成部分一条车道或一车行道的均匀段上或一横断面上,不论服务水平如何,一小时所能通过标准车辆的最大辆数。

(2)可能通行能力。在实际或预计的道路、交通、控制及环境条件下,已知公路的某组成部分一条车道或一车行道对上述各条件有代表性的均匀段上或一横断面上,不论服务水平如何,一小时所能通过的车辆(在混合交通公路上为标准汽车)最大辆数。

(3)设计通行能力。在预计的道路、交通、控制及环境条件下,设计中公路的某组成部分一条车道或一车行道对上述各条件有代表性的均匀段上或一横断面,在所选用的设计服务水平下,一小时所能通过的车辆(在混合交通公路上为标准汽车)最大辆数。

一般来讲,**基本通行能力≥可能通行能力≥设计通行能力**。

2. 影响通行能力的因素

(1)道路条件。道路的几何特征包括交通设施的种类及其形成的环境、每个方向的车道数、车道和路间宽度、侧向净空、设计速度及平面和纵面线形等。

(2)交通条件。交通特征包括交通流中的交通组成、交通量、车道使用和交通量的方向性分布等。

(3)管制条件。交通控制设施的型式及特定设计和交通规则,如交通信号的位置、形式;停车和让路标志;限制路边停车及车道使用管制等。

(4)环境条件。环境条件包括横向干扰程度及交通秩序;气候、温度、地形、风力、心理等。

3. 道路通行能力分析的作用

(1)确定新建道路的等级、性质、主要技术指标和线形几何要素。

(2)确定现有道路系统或某一路段所存在的问题,针对问题提出改进方案和措施,为道路改建和改善提供依据。

(3) 作为交通枢纽的规划、设计及交通设施配置的依据。

(4) 为制定交通组织、交通疏导、交通引导、交通量均衡、交通总量控制和综合治理等交通系统管理方案提供依据。

(5) 为制定交通管理、交通控制方案,以及交通渠化、信号配时优化方案设计及选择等提供依据。

5.1.2　服务水平概述

道路通行能力的分析计算离不开交通运行质量。因此,通行能力的分析计算必须与服务水平的分析计算一起进行。

1. 服务水平的定义

服务水平是指道路使用者从道路状况、交通与管制条件、道路环境等方面可能得到的服务程度或服务质量。

2. 服务水平的主要评价指标

(1) 快捷性。行车速度和运行时间。

(2) 通畅性。车辆行驶时的自由程度。

(3) 安全性。事故率和经济损失。

(4) 舒适性。行车的舒适性和乘客满意的程度。

(5) 经济性。行驶费用。

3. 各类交通设施服务水平的确定

交通设施的服务水平常用等级来表示,在实际确定服务等级时,往往考虑其中的一个或几个指标,具体计算随道路交通设施而异,确定服务水平的效率度量可参考表 5-1。

表 5-1　确定服务水平的效率度量表

交通设施种类	效率量度
高速公路基本路段	交通密度/[小客车辆/(小时·车道)]
高速公路交织区	平均行程速度/(km/h)
高速公路匝道连接点	交通流率/(小客车辆/小时)
多车道公路	交通密度/[小客车辆/(小时·车道)]
双车道公路	时间延误/(%) 平均行程速度/(km/h)
信号交叉口	平均单车停车延误/(秒/车)
无信号交叉口	储备通行能力/(小客车辆/小时)
市区干道	平均行程速度/(km/h)

4. 服务水平分级

高速公路和一级公路主要以密度作为主要指标,其相应的服务水平与运行状态有关,一级为自由流,二级为稳定流上限,三级为稳定流下限,四级为饱和流。

双车道公路主要以车辆延误率作为服务水平分级的主要指标,延误率在数值上等于排队行驶车辆数与总流量之比,其相应的服务水平与运行状态应为一级自由流或较为自由,二级处于稳定流中间范围自由受到限制,三级处于稳定流的下限,接近饱和流,四级为处于不稳定的强制流状态。

在服务水平选用时,原则上高速公路与一级公路应采用二级服务水平设计,而其他公路一般应采用三级服务水平设计。

美国将服务水平分为 A 至 F 六级,各级服务水平的一般描述摘要如下。

(1)服务水平 A 级。交通量很小,交通为自由流,使用者不受或基本不受交通流中其他车辆的影响,有非常高的自由度来选择所期望的速度和进行驾驶,为驾驶人和乘客提供的舒适和便利程度极高。

(2)服务水平 B 级。交通量较 A 级增加,交通在稳定流范围内的较好部分。在交通流中,开始易受其他车辆的影响,选择速度的自由度相对来说还不受影响,但驾驶自由度比 A 级稍有下降。由于其他车辆开始对少数驾驶人的驾驶行为产生影响,因此所提供的舒适和便利程度较 A 级低一些。

(3)服务水平 C 级。交通量大于 B 级,交通处在稳定流动范围的中间部分,但车辆间的相互影响变得大起来,选择速度受到其他车辆的影响,驾驶时需相当留心部分其他车辆,舒适和便利程度有明显下降。

(4)服务水平 D 级。交通量继续增大,交通处在稳定交通流动范围的较差部分。速度和驾驶自由度受到严格约束,舒适和便利程度低下,当接近这一服务水平下限时,交通量有少数增加就会在运行方面出现问题。

(5)服务水平 E 级。此服务水平的交通常处于不稳定流动范围,接近或达到本水平最大交通量时,交通量有小的增加或交通流内部有小的扰动就将产生大的运行问题,甚至发生交通中断。此服务水平内所有车速降到一个低的但相对均匀的值,驾驶自由度极低,舒适和便利程度也非常低,驾驶人受到的挫折通常比较大。此服务水平下限时的最大交通量即为基本通行能力(理想条件下)或可能通行能力(具体公路)。

(6)服务水平 F 级。交通处于强制性流动状态,车辆经常排成队,跟着前面的车走走停停,极不稳定。在此服务水平中,交通量与速度同时由大变小,直到零为止,而交通密度则随交通量的减少而增大。

以上六级服务水平的描述主要针对非中断性交通流的公路设施。

我国公路服务水平现分为四级,一级相当于美国的 A、B 两级,二、三级分别相当于美国的 C、D 两级,四级相当于美国的 E、F 两级。

5.2　道路路段通行能力

5.2.1　概述

1. 道路组成

(1)按照交通流运行特性的变化,道路组成包括基本路段、交织区、匝道、通道连接点。

(2) 按道路结构物构造，道路组成包括路段交叉口、匝道。

(3) 按车辆运行形态，道路组成包括分流、合流、交织与交叉。

2. 基本路段定义

基本路段是指道路不受匝道立交及其附近合流、分流、交织、交叉影响的路段部分（道路的主干）。

5.2.2 基本通行能力

1. 定义

基本通行能力是指在道路和交通都处于理想条件下理论上能通行的最大交通量。

(1) 理想道路条件。车道宽度不小于3.75m，侧向余宽不小于1.75m，纵坡平缓并有足够的行车视距、良好的平面线形和路面状况。

(2) 理想交通条件。车流组成为单一的标准型汽车，在一条车道上，以相同的速度连续行驶，车与车之间均保持与车速相适应的最小安全车头间隔，并且流向分配均衡，无任何方向干扰。

基本通行能力

2. 基本公式

计算的最大交通量为

$$N_{\max}=\frac{3600}{t_0}=\frac{3600}{l_0/\frac{v}{3.6}}=\frac{1000v}{l_0}辆/小时 \tag{5-1}$$

式中，t_0为车头最小时距（s）；l_0为车头最小间隔（m）；v为行车速度（km/h）。

行驶车辆之间的最小安全间距为

$$l_0=l_反+l_制+l_安+l_车=\frac{v}{3.6}t+\frac{v^2}{254\varphi}+(2\sim5)+(5\sim12) \tag{5-2}$$

式中，$l_反$为驾驶人在反应时间内汽车行驶的距离（m）；$l_制$为汽车的制动距离（m）；$l_安$为汽车间的安全车距（m）；$l_车$为汽车的平均长度（m）；t为驾驶人反应时间（s）；φ为附着系数。

$l_安$一般取2m，t可取1s，附着系数φ与轮胎花纹、路面粗糙度、平整度、表面湿度及行车速度等因素有关。对于车辆长度，小客车采用6m，载货汽车采用12m。

单车道的计算通行能力见表5-2。各级公路的服务水平分级见表5-3～表5-5。

表5-2 单车道的计算通行能力

	计算车速v/(km/h)	120	100	80	60	50	40	30	20	10
按式（5-2）取车长6m	计算值/(辆/小时)	506	603	718	888	999	1121	1231	1256	857
	采用值/(辆/小时)	500	600	700	900	1000	1100	1200	1250	850

续表

计算车速 v/(km/h)		120	100	80	60	50	40	30	20	10
按式（5-2）取车长 8m	计算值/(辆/小时)		502	592	703	862	963	1062	1155	1065	695
	采用值/(辆/小时)		500	600	700	850	950	1050	1150	1050	700
按式（5-2）取车长 12m	计算值/(辆/小时)		494	589	681	815	893	959	1050	864	565
	采用值/(辆/小时)		500	600	700	800	900	950	1050	850	550

表 5-3　高速公路的服务水平分级

服务水平	密度/[pcu/(km·ln)]	设计速度/(km/h)								
		120			100			80		
		速度/(km/h)	V/C	最大服务交通量/[pcu/(h·ln)]	速度/(km/h)	V/C	最大服务交通量/[pcu/(h·ln)]	速度/(km/h)	V/C	最大服务交通量/[pcu/(h·ln)]
一	≤7	≥109	0.34	750	≥96	0.33	700	≥78	0.30	600
二	≤18	≥90	0.74	1600	≥79	0.67	1400	≥66	0.60	1200
三	≤25	≥78	0.88	1950	≥71	0.86	1800	≥62	0.78	1550
四	≤45	≥48	接近1.0	<2200	≥47	接近1.0	<2100	≥45	接近1.0	<2000
	>45	<48	>1.0	0~2200	<47	>1.0	0~2100	<45	>1.0	0~2000

注：V/C 是在理想条件下，最大服务交通量与基本通行能力之比。**基本通行能力是四级服务水平上半部的最大小时交通量**。pcu 为当量交通量，ln 为车道。

表 5-4　一般公路的服务水平分级

服务水平	密度/[pcu/(km·ln)]	设计速度/(km/h)								
		100			80			60		
		速度/(km/h)	V/C	最大服务交通量/[pcu/(h·ln)]	速度/(km/h)	V/C	最大服务交通量/[pcu/(h·ln)]	速度/(km/h)	V/C	最大服务交通量/[pcu/(h·ln)]
一	≤7	≥92	0.32	650	≥75	0.29	500	≥57	0.25	400
二	≤18	≥73	0.65	1300	≥60	0.61	1100	≥50	0.56	900
三	≤25	≥68	0.85	1700	≥56	0.78	1400	≥47	0.72	1150
四	≤40	≥50	接近1.0	<2200	≥46	接近1.0	<1800	≥40	接近1.0	<1600
	>40	<50	>1.0	0~2000	<46	>1.0	0~1800	<40	>1.0	0~1600

表 5-5 二级公路、三级公路的服务水平分级

服务水平	延误率/(%)	设计速度/(km/h)									
		80				60				40		
		速度/(km/h)	V/C			速度/(km/h)	V/C			速度/(km/h)	V/C		
			不准超车区/(%)				不准超车区/(%)				不准超车区/(%)		
			<30	30~70	>70		>70	30~70	>70		<30	30~70	>70
一	≤30	≥76	0.15	0.13	0.12	≥57	0.15	0.13	0.11		0.14	0.13	0.10
二	≤60	≥67	0.40	0.34	0.31	≥54	0.38	0.32	0.28		0.37	0.25	0.20
三	≤80	≥58	0.64	0.60	0.57	≥48	0.58	0.48	0.43		0.54	0.42	0.35
四	<100	≥48 <48	1.0	1.0	1.0	≥40 <40	1.0	1.0	1.0		1.0	1.0	1.0

注：1. 设计速度为 80km/h、60km/h、40km/h，路面宽度为 9m 时，其基本通行能力分别为 2500pcu/h、2300pcu/h、2100pcu/h。
2. 延误率为车头时距小于或等于 5s 的车辆数占总交通量的百分比。

5.2.3 实际通行能力

实际通行能力是在实际的道路和交通条件下，单位时间内通过道路上某一点的最大可能交通量。

根据美国《道路通行能力手册》提供的理论和方法，道路通行能力计算首先要确定道路在理想条件下的最大通行能力。理想最大通行能力是通过对各种类型道路进行观测，取得很多实测资料，绘制车速-流量关系曲线和密度-流量关系曲线图进行标定估计，其曲线峰值即为理想最大通行能力。当确定道路理想最大通行能力后，可以求出相应的交通量与通行能力比值（V/C）。先根据实际道路条件、交通条件和交通管制条件确定各种影响因素校正系数，将理想最大通行能力乘以 V/C，得到道路最大服务流量，再乘以各种影响因素的校正系数，即可求得现有道路相应某一服务水平的实际通行能力。

$$C_P = C_B \times (V/C) \times N \times f_1 \times f_2 \times f_3 \times \cdots \times f_i \quad (5-3)$$

式中，C_P 为可能通行能力；C_B 为基本通行能力；N 为单向车行道的车道数；f_i 为各项修正系数（道路和交通条件的修正系数）。

道路和交通条件包括如下各项。
(1) 车道数修正系数 f_N，参见后面具体的公路类型分析。
(2) 车道宽度和侧向净宽修正系数 f_W，参见表 5-6。
(3) 交通组成修正系数 f_{HV}。

交通组成修正系数 f_{HV} 的计算参见以下公式。

$$f_{HV} = \frac{1}{1+P_{HV}(E_{HV}-1)} \quad (5-4)$$

式中，P_{HV} 为大型车交通量占总交通量的百分比；E_{HV} 为大型车换成小客车的车辆折算系数，见表 5-7。

表 5-6 车道宽度和侧向净宽修正系数 f_W

侧向净宽/m	行车道一边有障碍物		行车道两边有障碍物	
	车道宽度/m			
	3.75	3.50	3.75	3.50
	有中央分隔带的四车道公路（每边有两车道）			
≥1.75	1.00	0.97	1.00	0.97
1.60	0.99	0.96	0.99	0.96
1.20	0.99	0.96	0.98	0.95
0.90	0.98	0.95	0.96	0.93
0.60	0.97	0.94	0.94	0.91
0.30	0.93	0.90	0.87	0.85
0	0.90	0.87	0.81	0.79

侧向净宽/m	行车道一边有障碍物		行车道两边有障碍物	
	车道宽度/m			
	3.75	3.50	3.75	3.50
	有中央分隔带的六或八车道公路（每边有三或四车道）			
≥1.75	1.00	0.96	1.00	0.96
1.60	0.99	0.95	0.99	0.95
1.20	0.99	0.95	0.98	0.94
0.90	0.98	0.94	0.97	0.93
0.60	0.97	0.93	0.96	0.92
0.30	0.95	0.92	0.93	0.89
0	0.94	0.91	0.91	0.87

注：1. 一些高级形式的中央带护栏如已为广大驾驶人所熟悉且基本上不影响其行驶时，可不作为障碍物。

2. 两边侧向净宽不足且不相等时，取两侧向净宽的平均值。

表 5-7 高速公路、一级公路车辆折算系数 E_{HV}

车型	平原		微丘	重丘		山区
	高速公路	一级公路		高速公路	一级公路	
大型车[①][③]	1.7	2.0		2.5	3.0	3.0
小客车[②]	1.0	1.0		1.0	1.0	1.0

注：① 大型车包括中型及重型载货汽车，单车通道式大客车。

② 小客车包括吉普车、摩托车、载重不超过2t的货车、面包车。

③ 对特定纵坡上坡路段应考虑坡值，坡长另行换算。

(4) 方向分布修正系数 f_d，见表 5-8。

表 5-8 方向分布修正系数 f_d

方向分布/(%)	50/50	55/45	60/40	65/35	70/30
修正系数	1.00	0.97	0.94	0.91	0.88

(5) 路侧干扰修正系数 f_f，见表 5-9。

表 5-9 路侧干扰修正系数 f_f

路侧干扰等级	1	2	3	4	5
修正系数	0.95	0.85	0.75	0.65	0.55

(6) 平面交叉修正系数 f_j，见表 5-10。

表 5-10 平面交叉修正系数 f_j

平面交叉间距/m	设计速度/(km/h)	平面交叉平均停车延误/s			
		15	30	40	50
2000	100	0.60	0.53	0.51	0.48
	80	0.68	0.61	0.59	0.57
	60	0.77	0.70	0.68	0.66
1000	100	0.42	0.36	0.34	0.32
	80	0.56	0.48	0.46	0.44
	60	0.63	0.54	0.51	0.48
500	100	0.28	0.23	0.20	0.18
	80	0.35	0.28	0.25	0.22
	60	0.46	0.37	0.33	0.30
300	100	0.18	0.15	0.13	0.12
	80	0.24	0.20	0.18	0.15
	60	0.35	0.26	0.23	0.20

(7) 驾驶人条件对通行能力的修正系数 f_p。根据驾驶人的技术熟练程度、遵守交通法规的程度、在高速公路上尤其是在所指高速公路或其相似的路段上的行驶经验及驾驶人的健康状况，在 1.00~0.90 范围内取 f_p 值。

交通条件修正的主要原因是车辆的组成，特别是混合交通情况下，车辆类型众多，大小不一，占用道路面积不同，性能不同，速度不同，相互干扰大，严重影响了道路的通行能力。为了使不同类型的车辆换算为同一车型，一般根据所占道路面积和行车速度的比值进行换算。

对具体的道路类型的实际通行能力计算如下。

(1) 高速公路路段实际通行能力。

$$C_P = C_B \times (V/C) \times N \times f_N \times f_W \times f_{HV} \times f_p \tag{5-5}$$

式中，N 为车道数（单向），f_N 为六车道及其以上时取 0.98～0.99，其余取 1；f_p 通常取 0.95～1.00。

其余参数参见本节前述内容。

（2）一级公路路段。

$$C_P = C_B \times (V/C) \times N \times f_N \times f_W \times f_{HV} \times f_p \times f_j \tag{5-6}$$

式中，f_N 取 0.95～0.97；f_p 通常取 0.95～1.00；f_j 参见表 5-10。

（3）二级公路、三级公路。

$$C_P = C_B \times (V/C) \times N \times f_N \times f_W \times f_{HV} \times f_d \times f_f \tag{5-7}$$

式中，f_W 参见表 5-6；f_d 参见表 5-8；f_f 参见表 5-9。

5.2.4 设计（或规划）通行能力

1. 基本公式

设计通行能力是由不同服务水平规定条件下的通行能力，也就是要求道路所承担的服务交通量，通常作为道路规划和设计的依据。

$$C_D = C_P \frac{V}{C} \tag{5-8}$$

式中，C_D 为设计通行能力；C_P 为可能通行能力；V/C 为服务交通量/通行能力，可根据道路的设计服务等级水平来确定。

在公路设计中，原则上：①高速公路和一级公路采用二级服务水平进行设计；②二级公路、三级公路和平面交叉采用三级服务水平设计；③四级公路为支线公路和地方公路，主要提供短途的可达性运输服务，因此，四级公路服务水平不做规定，可视其用途、作用、目的等需求而确定。

2. 多车道路段的设计通行能力

由于受对向车流（无中央隔离带）和同向车流的影响，多车道路段的通行能力往往要进行折减，这在城市道路中尤其明显。

$$C_{D多} = C_{D1} \times \sum_{i=1}^{n} k_i \text{（辆／小时）} \tag{5-9}$$

式中，$C_{D多}$ 为多车道的设计通行能力；C_{D1} 为单车道的设计通行能力；k_i 为不同位置车道的折减系数。从道路中线算起，$k_1=1$（第一条车道）、$k_2=0.80～0.89$（第二条车道）、$k_3=0.65～0.78$、$k_4=0.50～0.65$、$k_5=0.40～0.52$。

3. 工程案例

【例 5-1】某省平原地区有一条连接两大城市的四车道高速公路基本路段，设计车速为 120km/h，单方向高峰交通量为 2100 辆/小时，其中货车占 40%，高峰小时系数 $P_{HF}=0.95$，车道宽度 3.5m，路边和中央分隔带两侧障碍物离路面边缘距离为 0.60m，现场调查在交通高峰期 15min 内平均行程车速为 76km/h，试求该高速公路服务水平。

解：① 求高峰期服务流量和 V/C。

根据公式 $C_P = C_B \times (V/C) \times N \times f_N \times f_W \times f_{HV} \times f_p$

可知 $\left(\dfrac{V}{C}\right) = C_P / (C_B \times N \times f_N \times f_W \times f_{HV} \times f_p)$

根据题干，设计车速为 120km/h，$N=2$（单向），高速公路，则 $C_B=2200$pcu/h（根据表 5-3），

查表 5-6，得 $f_W=0.91$；查表 5-7，得 $E_{HV}=1.7$。

$$f_{HV} = \dfrac{1}{1+P_{HV}(E_{HV}-1)} = 1/[1+0.40\times(1.7-1)] \approx 0.78$$

$$f_p = 1.0,\ f_N = 1.0$$

实际高峰期服务交通量 V_i=实际高峰小时交通量/P_{HF}=（2100/0.95）辆/小时≈2211 辆/小时。

则得 $\left(\dfrac{V}{C}\right) = V_i/[C_B\times N\times f_W\times f_{HV}\times f_p] = 2211/(2200\times 2\times 0.91\times 0.78\times 1) \approx 0.71$

② 求该路段服务水平。

对照表 5-3，可知二级水平 $V/C=0.74$，所以该路段属二级服务水平。

现场调查在高峰期 15min 内平均车速为 76km/h，这时车流密度为

$K = Q/V = 2211/76 \approx 29$ 辆/（千米·两车道）=14.5 辆/（千米·车道）

由于货车占 40%，必须换算为小客车，$E_{HV}=1.7$。

则换算为小客车的车流密度为

$K = 14.5\times 0.4\times 1.7+14.5\times 0.6 \approx 18.6$ 辆小客车/（千米·车道）

此数与查表得到的二级服务水平规定的车流密度 18.0 相近，证明该高速公路符合二级服务水平。

【例 5-2】一四车道高速公路，设计速度为 80km/h，单向高峰交通量为 1800 辆/h，大型车占 40%，车道宽 3.50m，侧向净宽为 1.75m，紧挨行车道两边均有障碍物，重丘地形。分析其服务水平，问其达到可能通行能力之前还可增加多少交通量。实地观测的平均速度为 56km/h。

解：为求服务水平要计算 V/C。

① 查表 5-6～表 5-10，得各修正系数。

$f_W = 0.97$，$E_{HV} = 2.5$，$f_p = 1.0$，$f_{HV} = 1/[1+0.40\times(2.5-1)] = 0.625$

由于是四车道高速公路，$f_N = 1$，故此处忽略不计。

② 计算 V/C。

$$\dfrac{V}{C} = \dfrac{Q_P}{[C_B\cdot N\cdot f_W\cdot f_{HV}\cdot f_p]} = \dfrac{1800}{[2000\times 2\times 0.97\times 0.625\times 1.0]} \approx 0.74$$

③ 查表可知该公路服务水平属三级。

④ 求达到可能通行能力前可增加的交通量。

行车道的可能通行能力为

$$\begin{aligned}C_P &= C_B\cdot N\cdot f_W\cdot f_{HV}\cdot f_p \\ &= 2000\times 2\times 1.00\times 0.97\times 0.625\times 1.0 \\ &= 2425\ \text{辆/小时}\end{aligned}$$

达到可能通行能力前可增加的交通量 ΔV 为

$$\Delta V = (2425-1800)\ \text{辆/h} = 625\ \text{辆/小时}$$

5.3 交织区与匝道的通行能力

5.3.1 交织区基本概念

1. 定义

交织路段（图5.1）是指两股或两股以上交通流运行总方向基本相同的车流，先实现合流而后分流的整个运行过程所需的路段。

交织长度是指交织区入口三角端宽度为0.6m处到交织区出口三角端宽度为3.6m处之间的距离。

交织区的通行能力

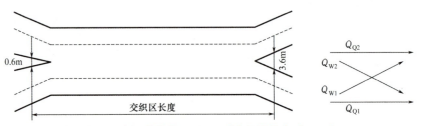

图5.1 交织路段图示（50m≤交织区长度≤600m）

2. 交织区分类

交织区分为简单交织区和多重交织区两类。

（1）简单交织区。由单一汇合点连着单一分离点形成。
（2）多重交织区。由一个汇合点连着两个分离点，或两个汇合点连着一个分离点。

交织区通常也可简单分为Ⅰ类和Ⅱ类，如图5.2所示。

（1）Ⅰ类交织区。出口处不增设车道。
（2）Ⅱ类交织区。出口处增设车道。

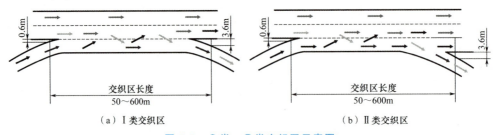

(a) Ⅰ类交织区　　　　　　(b) Ⅱ类交织区

图5.2 Ⅰ类、Ⅱ类交织区示意图

3. 交织运行特性

交织区的车流运行关键在于车辆运行的交织操作，它影响行驶车速、车头时距及行车安全。**交织长度和交织断面车道数是交织运行效率的两个主要参数。**

随交织流量的增加，交织区的运行效率会下降。

（1）**流量和。** 交织区所有交通量的和。

$$Q_{总}=Q_{Q1}+Q_{Q2}+Q_{W1}+Q_{W2} \tag{5-10}$$

(2) **交织流量比（V_R）**。交织交通量（单向）/总流量。

$$V_R=\frac{Q_{W1}+Q_{W2}}{Q_{总}} \tag{5-11}$$

(3) **交织比（r）**。交织流量中较小的交织交通量与较大的交织交通量之比。

$$r=\frac{Q_{W1}}{Q_{W2}} \tag{5-12}$$

5.3.2 交织区通行能力和速度计算

1. 通行能力的计算

交织区的通行能力和运行速度同交织区长度、车道数、交织流量比、总交通量及交织区车道构造等因素有关。

交织区通行能力的计算公式为

$$C_w=C_0\times r_s\times r_N\times r_L\times r_{VR} \tag{5-13}$$

式中，C_0 为单条车道理论通行能力（pcu/h）；r_s 为交织区类型修正系数，Ⅰ类交织区 r_s=0.95，Ⅱ类交织区 r_s=1.0；r_N 为交织区内车道数修正系数，对二、三、四和五条车道交织区，可分别取 1.8、2.6、3.4 和 4；r_L 为交织区长度修正系数，由公式 $0.128\text{Ln}(L)+0.181$ 计算，式中 Ln 为自然对数，L 为交织长度；r_{VR} 为交织区流量比修正系数，取值见表 5-11，中间值可内插。

表 5-11 交织区流量比修正系数

V_R	0	0.05	0.10	0.15	0.20	0.25	0.30	0.35	0.40	0.50
r_{VR}	1.000	0.980	0.971	0.966	0.959	0.942	0.909	0.853	0.768	0.647

2. 速度的计算

交织区内的车流运行速度计算公式为

$$S_W \text{或} S_{NW}=20+\frac{50}{1+\alpha(1+V_R)^\beta[\exp(V/NL)]^\gamma} \tag{5-14}$$

式中，S_W 为交织车辆的平均行驶速度；S_{NW} 为非交织车辆的平均行驶速度；V_R 为交织流量比；V 为交织区内总流量；N 为交织区内车道总数；L 为交织区段长度；α、β、γ 为回归系数，列于表 5-12。

表 5-12 两类交织公式回归系数标定结果

交织区类型	公式	α	β	γ
Ⅰ类	S_W	0.005	8.001	0.840
	S_{NW}	0.004	5.310	0.761
Ⅱ类	S_W	0.006	6.257	0.716
	S_{NW}	0.003	4.221	0.754

公式表明，交织区运行速度同交织区长度、车道数正相关，与交织流量比、总交通量负相关。

3. 交织区段服务水平

评价交织区运行质量的因素有密度、流速和流率，但最重要的是行车密度和 V/C。交织区服务水平标准分为四级，列于表 5-13。

表 5-13 交织区服务水平标准

服务水平等级	密度/[辆/(千米·车道)]	V/C
一级	≤7	0.35
二级	>7~18	0.75
三级	>18~25	0.90
四级	>25~40	1.00

一级服务水平代表不受限制的行驶，交织车辆对其他车流没有影响，交织时只需略微调整车速即可平稳地实现。

二级服务水平代表交织过程中，合流车辆要插入相邻车道间隙，需调整车速，分流车则可不受干扰，直行车辆也不会受到很大影响，通常行驶时车流稳定顺畅。在进口车流密集时，可能会出现排队，分流区也有可能出现减速。

三级服务水平代表所有交织车辆必须经常调整车速以避免冲突，分流区附近有明显的减速，实现交织是有困难的，有时引起紊乱，甚至影响相邻车道。

四级服务水平代表以通行能力运行，交织运行明显引起混乱，但未造成整个断面车辆排队，进口处车队明显，如有任何微小的突发事件都会引起交织区堵塞，使全部车流只能走走停停，车辆运行很不稳定。

【例 5-3】某交织区构造与高峰小时各方向流率如图 5-3 所示，由于地形限制交织区长度约为 300m，进出口主路车道数 3 条，车道宽度为 3.75m，交织类型为Ⅰ类，基本通行能力 $C=2200\text{pcu/h}$，试求其通行能力，行程车速与可达到的服务水平等级。

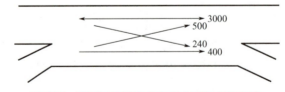

图 5-3 某交织区构造与高峰小时各方向流率

解：$Q_总 = Q_{Q1} + Q_{Q2} + Q_{W1} + Q_{W2} = (3000+400+500+240)\text{pcu/h} = 4140\text{pcu/h}$

$$V_R = \frac{Q_{W1} + Q_{W2}}{Q_总} = \frac{500+240}{4140} = 740/4140 \approx 0.179$$

① 计算通行能力。

取 $r_s = 0.95$，$r_N = 3.4$，$r_L = 0.128Ln(300) + 0.181 = 0.911$，$r_{VR}$ 根据表 5-11 插值计算为 0.962，则，

$$C_w = C_0 \times r_s \times r_N \times r_L \times r_{VR} = 2200 \times 0.95 \times 3.4 \times 0.911 \times 0.962 \approx 6227\text{pcu/h}$$

$V/C = 4140/6227 \approx 66.5\%$

②预测行程车速,由式(5-14)计算交织和非交织车流速度。

$$S_W = 20 + \frac{50}{1+\alpha(1+V_R)^\beta [\exp(V/NL)]^r}$$

$$= 20 + \frac{50}{1+0.005(1+0.179)^{8.001}[\exp(4140/4\times 300)]^{0.840}}$$

$$\approx 57.35 \text{km/h}$$

$$S_{NW} = 20 + \frac{50}{1+0.004(1+0.179)^{5.310}[\exp(4140/(4\times 300))]^{0.761}} \approx 64.15 \text{km/h}$$

其中 α、β、r 从表 5-12 中取值,$N=4$(3 条主车道和 1 条辅车道)。
断面平均车流速度采用加权计算。

$$S_W \times V_R + S_{NW} \times (1-V_R) \approx 62.93 \text{km/h}。$$

③校核服务水平。
计算车流密度:$4140/62.93/4 \approx 16.45 \approx 16 \text{pcu}/(\text{km} \cdot \text{ln})$

将上述计算结果同服务水平划分标准(表 5-13)中的指标进行比较,可得此条件下,其运行水平为二级标准。

5.3.3 匝道的通行能力

1. 匝道的定义

匝道是联系不同高程上两条交叉线路、供两线路车辆实现方向转换的连接道路。一般有一个入口和一个出口,由于线形变化较大且常有纵坡和小半径的转弯,故通行能力较正常路段要低。

2. 匝道的形式

匝道有多种形式,但就设计目的与功能而言,其基本形式为右转匝道、左转匝道;就特殊形式而言有定向匝道和对角线匝道,有单向单车道和单向双车道。

3. 运行特征

有出入口车辆的运行及其在匝道上的运行,包括分流、合流、交织运行,也有加速、减速运行,上坡、下坡,小曲线甚至反向曲线的运行。单向单车道匝道不允许超车。

4. 匝道通行能力计算

匝道通行能力计算的内容包括自由流速度、通行能力和服务水平。
(1) 匝道自由流速度分析。
实际条件下,自由流速度 FV 的可按下式计算。

$$FV = (FV_0 + FFV_W + FFV_V + FFV_{SL} + FFV_{UD}) \times FFV_S \qquad (5-15)$$

式中,FV_0 为按匝道转弯半径计算的行车速度(km/h);FFV_W 为行车宽度修正系数(km/h);FFV_V 为视距修正系数(km/h);FFV_{SL} 为纵坡修正系数(km/h);FFV_{UD} 为驶入道路修正系数(km/h);FFV_S 为分隔带修正系数。

由式(5-15)可见,计算匝道自由流速度需要确定按匝道转弯半径计算的行车速度

（FV_0）、行车宽度修正系数（FFV_W）、视距修正系数（FFV_V）、纵坡修正系数（FFV_{SL}）、驶入道路修正系数（FFV_{UD}）、分隔带修正系数（FFV_S）等参数。

① 按匝道转弯半径计算的行车速度 FV_0。

FV_0 与匝道最小曲率半径有关，利用线性设计的基本公式可得

$$FV_0 = [127R(u \pm i)]^{1/2} \qquad (5\text{-}16)$$

式中，R 为匝道最小曲率半径（m）；i 为匝道最大超高横坡度（％）；μ 为最大侧向力系数，一般采用 0.12。

公路匝道最小曲率半径的一般值见表 5-14。

表 5-14 公路匝道最小曲率半径表

匝道计算车速/（km/h）		80	60	50	40	35	30
最小曲率半径/m	一般值	280	150	100	60	40	30
	极限值	230	120	80	45	35	25

匝道最大超高横坡度 i 为了抵消车辆在曲线路段上行驶时所产生的离心力，而在该路段横断面上设置的外侧高于内测的单向横坡的横坡度。当汽车行驶在设有超高的弯道上时，汽车自重分离将抵消一部分离心力，从而提高行车的安全性和舒适性。最大超高横坡度 i 的取值通常为 2％。

汽车在平曲线上行驶时会产生离心力，其作用点在汽车的重心，方向水平背离圆心。将离心力与汽车重力分解为平行于路面的侧向力和垂直于路面的竖向力。侧向力是汽车行驶的不稳定因素。为了准确地衡量汽车在圆曲线上行驶时的稳定性、安全性和舒适程度，采用侧向力与竖向力的比值，称为侧向力系数。最大侧向力系数 μ 一般取值为 0.12。

② 行车道宽度修正值 FFV_W。

匝道通行能力分析将小型车的自由流速作为衡量交通运行状况的一个重要指标。故行车道宽度修正值 FFV_W 主要是对小型车自由流速的修正。参考路段通行能力研究中有关行车道宽度对自由流速的修正，确定匝道的行车道宽度修正值 FFV_W 取值见表 5-15。

表 5-15 行车道宽度修正值 FFV_W

匝道宽度/m	<6.0	6.5	7.0	7.5	>8.0
FFV_W/（km/h）	−8	−3	0	2	6

注：只考虑单向匝道宽度或双向匝道的单向部分宽度。

③ 视距修正系数 FFV_V。

由于匝道一般长度较短，且依托线性良好、视距充分的高速公路主干线，因此，匝道的视距要求大多都能得到满足。对于极个别的匝道由于地形特殊或是线型特别而使视距无法满足，可视情况对自由流速进行斟酌。考虑到一般驾驶员在视觉不良时的反应，根据不同的视距环境对行车速度的折减，建议单项单车道匝道的时距修正系数 FFV_V 取值见表 5-16。

表 5-16 视距修正系数 FFV_V

视距 S/m	速度折减值/(km/h)
$S>135$	0
$75\leqslant S\leqslant 135$	−3
$S<75$	−5

④ 纵坡修正系数 FFV_{SL}。

由于纵坡及圆曲线的影响，汽车牵引力损失掉一部分，因此汽车为保持爬坡能力就不许增大牵引力，换用低挡，从而降低了行车速度。纵坡修正系数 FFV_{SL} 见表 5-17。

表 5-17 纵坡修正系数 FFV_{SL} （单位：km/h）

坡长/m	上坡坡度/(%)					下坡坡度/(%)				
	<3	3	4	5	6	<3	3	4	5	6
≤500	0	0	−2.3	−5.4	−8.5	0	0	0	0	−0.3
500~1000	0	−0.3	−3.7	−7.7	−12.0	0	0	0	−0.3	−3.7
≥1000	0	−0.4	−4.6	−9.1	−13.7	0	0	0	−0.4	−4.6

⑤ 驶入道路修正系数 FFV_{UD}。

当车辆由高速公路驶入匝道时，由于驾驶员的惯性操作，刚开始仍会保持较高车速，逐渐过渡到与匝道相适应的速度，如果车辆连续由高速公路驶入匝道，则势必会提高整个匝道上的车辆速度。由于匝道长度较短，所以驶入车辆会在较短的时间内减速，因此，从整个车辆流速来看修正值不大。驶入道路修正系数 FFV_{UD} 见表 5-18。

表 5-18 驶入道路修正系数 FFV_{UD}

公路等级	FFV_{UD}/(km/h)
高速公路	5
一级公路	3

⑥ 分隔带修正系数 FFV_S。

绝大多数匝道均为单向单车道，不存在分隔带。但是，如果由于有收费站或特殊地形等客观因素的限制，不得不将出、入两条匝道合而为一时，就产生了双向匝道。分隔带修正系数只针对双向匝道而言，分有无分隔带两种情况来确定。

a. 有分隔带时。在其他条件为理想时，分隔带的设置会使车辆以近于自由流速的速度行驶，故 FFV_S 取值为 1.00。

b. 无分隔带时。在其他条件为理想时，匝道上的车辆将受到对向车流的干扰，速度减慢。分隔带修正系数的取值见表 5-19。

表 5-19 分隔带修正系数 FFV_S

类型	FFV_S
有分隔带	1
无分隔带	0.9

（2）匝道通行能力计算。

匝道通行能力

匝道通行能力定义为特定条件（一定时刻、地点、交通、管制条件）下，匝道上某一断面能通过的最大小时交通量。

$$C = C_0 \times C_W \times f_{HW} \tag{5-17}$$

式中，C 为匝道一条车道的通行能力（辆/小时）；C_0 为基本通行能力（pcu/h），按表 5-20 不同速度与坡度查得；C_W 为匝道断面总宽度修正系数，可按表 5-21 中匝道断面总宽度查得；f_{HW} 为大车混入率修正系数，按式(5-18)计算。

表 5-20　不同速度、坡度下匝道的基本通行能力 C_0（单位：pcu/h）

速度/(km/h)	坡度（%）						
	+9	+6	+3	-1.9	-3	-6	-9
10	720	719	717	716	714	712	710
15	923	920	917	913	908	905	900
20	1059	1054	1048	1041	1034	1027	1018
25	1147	1139	1130	1120	1110	1100	1087
30	1200	1189	1179	1166	1154	1140	1124
35	1230	1217	1203	1188	1165	1156	1138
40	1242	1227	1211	1194	1176	1157	1136
45	1242	1225	1208	1188	1168	1147	1124

表 5-21　匝道横断面总宽度修正系数 C_W

匝道横断面类型	匝道横断面总宽/m	匝道宽度修正系数
单向单车道（含有分隔带的双向单车道）	5.5	0.79
	6.0	0.88
	6.5	0.95
	7.0	1.00
	7.5	1.03
单向双车道	8.0	0.95
	8.5	1.00
	9.0	1.05
	9.5	1.12
	10.0	1.20

大车混入率修正系数 f_{HW} 根据各个交通中各车型所占的百分率计算。

$$f_{HW} = \frac{1}{[1 + P_{HV}(E_{HV} - 1) + P_{MHV}(E_{MHV} - 1)]} \tag{5-18}$$

式中，P_{HV} 为特大型车占总交通量的百分率；E_{HV} 为特大型车车辆折算系数；P_{MHV} 为大中型车占总交通量的百分率；E_{MHV} 为大中型车车辆折算系数。

行驶在匝道上不同车型的车辆换算系数见表5-22。

表5-22 行驶在匝道上不同车型的车辆换算系数

匝道类型	交通量/（辆/h）	小型车 E_V	大中型车 E_{MHV}	特大型车 E_{HV}
单向单车道 双向双车道 （有分隔带的）	0	1.0	1.00	1.00
	650	1.0	1.20	1.30
	1300	1.0	1.50	2.00
单向双车道 双向双车道 （无分隔带的）	0	1.0	1.05	1.05
	1300	1.0	1.15	1.20
	2600	1.0	1.40	1.80

（3）匝道服务水平。

评价服务水平的因素很多，一般均选用对本设施影响最大的几项因素作为服务水平等级划分的指标。对匝道服务水平，国内均选用 V/C 与车流密度作为基本依据，并划分为四个等级的服务水平。

①一级服务水平。代表不受限制或受限制较小的交通流，车流密度小，车辆在通畅条件下行驶，不存在或只有较小的相互干扰，基本上处于自由流状态，以接近于自由流速度行驶。

②二级服务水平。代表车辆成队行驶，但相互间的车头时距较大，车流状态处于部分连续，排队车辆比重很小，速度较快，匝道上车辆对加减速车道及高速公路主线上的交通运行基本无影响。

③三级服务水平。虽基本处于平稳状态，但在接近流量上限时的小变化，将导致运行质量的大变化，车头时距进一步减小，如有低速车出现，后续车辆会受很大影响，车流运行速度将明显下降，匝道上车辆对加减速车道及高速公路主线上的交通运行也有一定影响。

④四级服务水平。车速进一步降低，车辆排队长度超出匝道范围，交通量接近或达到通行能力，即使流量很小的变化，也会严重影响整个匝道的运行质量，车流状态为饱和流，匝道上车辆对加减速车道及高速公路主线上的交通运行有较大影响。

以上四级服务水平划分等级列于表5-23。

表5-23 匝道服务水平划分等级表

服务水平等级	饱和度 D_S（V/C）
一	<0.20
二	0.20～0.50
三	0.50～0.80
四	0.80～1.00

（4）工程案例。

【例5-4】 某平原地区高速公路互通立交的匝道最小半径 $R=150$m，最大超高横坡

2%，行车道宽度 6m，停车视距＞135m，纵坡度为 1.9%的下坡，匝道类型属于单向单车道，进入高速公路的匝道长 450m，交通量为小车 250 辆/小时，大中型车 100 辆/小时，特大型车为 20 辆/小时，求算匝道自由流速度、通行能力与服务水平。

解：先求转弯匝道基本自由流速 FV_0

$$FV_0 = [127R(u \pm i)]^{1/2} = [127 \times 150 \times (0.02 + 0.12)]^{1/2} \approx 51.6(\text{km/h})$$

自由流速度 FV 为

$$FV = (FV_0 + FFV_W + FFV_V + FFV_{SL} + FFV_{UD}) \times FFV_S$$

式中，FFV_W 为车道宽度修正值，由表 5-15 查得当车道宽度为 6m 时，$FFV_W = -8\text{km/h}$；FFV_V 为视距修正，由表 5-16，当停车视距＞135m 时，修正值为 0；FFV_{SL} 为纵坡度修正值，由表 5-17，纵坡为 -1.9%，修正值为 0；FFV_{UD} 为匝道驶入路性质，由表 5-18，高速公路为 +5km/h；FFV_S 为分隔带修正系数，因本例为单向匝道，由表 5-19，修正系数为 1。

以上各修正值代入得

$$FV = [51.6 + (-8) + 0 + 0 + 5] \times 1 = 48.6(\text{km/h})$$

再计算通行能力，$C = C_0 \times C_W \times f_{HW}$

由纵坡为 -1.9%，自由流速度大于 45km/h，按表 5-20 应采用 40km/h 的 C_0 值，故其基本通行能力 $C_0 = 1194\text{pcu/h}$。

匝道横断面总宽度修正 C_W 查表 5-21，得知修正系数为 0.88。大车混入率修正，查表 5-22，因交通量小于 650 辆/h，故各车型的车辆换算系数均为 1，代入公式(5-18)得 $f_{HW} = 1$。以上参数代入公式计算得到：$C = 1194 \times 0.88 \times 1 \approx 1051$ 辆/小时，采用 1050 辆/小时。

则经过修正的交通量为 $Q = 250 + 100 \times 1 + 20 \times 1 = 370$（辆/小时）

则有 $V/C = 370/1050 \approx 0.3523 \approx 0.35$

对照服务水平等级表 5-23，饱和度为 0.35 时应为二级服务水平。

5.4 匝道与主线连接处的通行能力

5.4.1 概述

匝道由以下三个部分组成。
(1) 匝道与高速公路连接处（以下称匝道-主线连接处）。
(2) 匝道车行道。
(3) 匝道与横交公路连接处。

匝道与主线连接处的设计通行能力是上述三个组成部分设计通行能力中的最小者，其中匝道与横交公路连接处一般设计成平面交叉，其通行能力和服务水平的分析计算不属于本节范围。这里只对匝道与主线连接处（包括高速公路相互间的互通式立交的匝道与两端主线连接处）及匝道车行道的通行能力和服务水平进行分析计算。

匝道与主线连接处的通行能力是指高速公路分、合流点处导引与疏通交通流的能力，它关系到高速公路外侧车道与进出口的正常运行。

通常要将匝道与主线连接处设计成为车辆能以高速汇入或分离，但对相邻接的高速公路过境交通流的干扰降至最低程度的几何构造。匝道车行道在不同地点也会相差很多。匝道车道数有变化，通常是单车道或两车道的差别。在匝道长度、设计速度、平纵线形方面都可能有变化。但匝道车行道的变化很少引起运行发生困难，除非在其上面发生交通事件可能引起交通扰乱甚至中断。匝道与支线连接处要设计成使从主线驶来的车辆能顺利汇入该连接处，这种连接处一般设计成平面交叉。

对于匝道与主线连接处的设计要强调交通安全。

只有当匝道的所有部分，即匝道与主线连接处、匝道车行道及匝道与支线连接处都进行正确恰当的设计，都达到要求的服务水平或设计通行能力，匝道上的交通运行才会是高效的。要注意的是，在三个组成部分中任何一部分交通受阻，都会对整个匝道上的运行产生不利影响。更要注意到，在匝道上交通受阻可能扩展到高速公路主线上或（和）支线（横交道路）上去。因此，应很好进行匝道各组成部分的通行能力和服务水平的分析计算。匝道和交织区是高速公路上干扰较大、运行易发生问题的两个组成部分，要小心处理。

匝道可分为非孤立匝道和孤立匝道。不论驶入匝道还是驶出匝道，当其与相邻匝道之间的间距小至足以影响其交通运行的就是非孤立匝道，就要考虑相邻匝道对其通行能力和服务水平的影响。上述间距因交通量和其他因素而定。对非孤立匝道进行通行能力和服务水平的分析计算时要考虑其他匝道的影响。

当匝道与相邻匝道的间距大于对匝道交通产生影响的间距时，此匝道就是孤立匝道。对孤立匝道要单独进行通行能力和服务水平的分析计算。

5.4.2 匝道分、合流点车流运行特征

根据匝道与主线连接处的交通流运行特征，可分为 **合流、分流和交织流**，如图 5.4 所示。

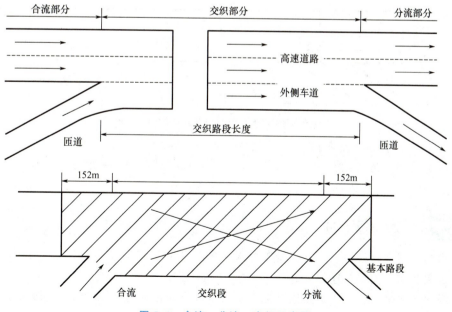

图 5.4 合流、分流、交织示意图

① 合流。两股或多股分开的车流运行于同一方向，合并成一股车流。
② 分流。一股单独的交通流分成两股或多股车流。
③ 交织流。不同股交通流汇合再分开。

合流、分流部分的通行能力是指高速公路与匝道连接部分的通行能力。

一般分析计算连接处通行能力时，要分析三个关键交通量。

① 汇合交通量V_m。相互汇合车流交通量之和。
② 分离交通量V_d。即将分离或分流的交通量。
③ 主线交通量V_f。匝道与高速公路连接处最大的主线单向交通量，即分流点上游或合流点下游高速公路单向交通量。

以上三个交通量是匝道与主线连接处的三个检验点交通量，如图 5.5 所示。

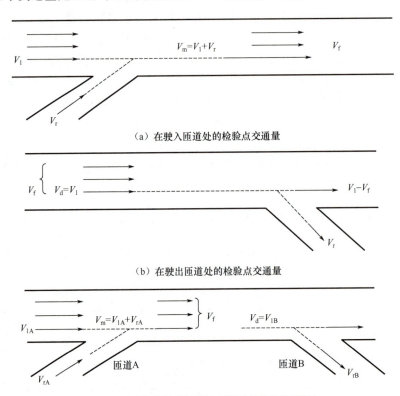

V_1—上游车道 1 交通量；V_r—匝道交通量；V_{1A}—驶入匝道 A 上游车道 1 交通量；V_{1B}—驶出匝道 B 上游车道 1 交通量；V_{rA}—驶入匝道交通量；V_{rB}—驶出匝道交通量

图 5.5 检验点交通量

5.4.3 服务水平标准

匝道与主线连接处检验点交通量服务水平标准见表 5-24。

各级服务水平简要描述如下。

一级服务水平，相当于道路通行能力手册（以下简称为《H.C.M》）的服务水平 A 级和 B 级。

服务水平 A 级，是不受约束的运行，汇入车辆和分离车辆对主线上的过境车流的影响很小。汇入时运行流畅，在进入过境交通流车辆间隙时仅需很小的车速调整；分离运行时不会遇到多大的扰动。

表 5-24 匝道与主线连接处检验点交通量服务水平标准

服务水平级别	汇合交通量[a,d] V_m/(puc/h)	分离交通量[a,d] V_d/(pcu/h)	以下计算行车速度（km/h）的主线单向交通量 V_f/(pcu/h)[a,d]							
			120		100		80		60	
			四车道	六车道	四车道	六车道	四车道	六车道	四车道	六车道
一	≤1000	≤1050	≤2200	≤3300	≤2000	≤3000	—[b]	—[b]	—[b]	—[b]
二	≤1450	≤1500	≤3200	≤4600	≤2600	≤4200	≤2600	≤3900	≤2300	≤3450
三	≤1750	≤1800	≤3800	≤5700	≤3400	≤5100	≤3200	≤4800	≤2900	≤4350
四	≤2000[c]	≤2000[c]	≤4000[c]	≤6000[c]	≤4000[c]	≤6000[c]	≤3800[c]	≤5700[c]	≤3600[c]	≤5400[c]

注：a. 在驶出匝道上游或驶入匝道下游主线一个行驶方向的总交通量。
b. 由于计算行车速度限制，不能达到该级服务水平。
c. 由于交通流动处于强制流状态，交通量在低于四级上半部分情况下变化高度不稳定。
d. 三个检验点交通量均换算成每小时小客车数。

服务水平 B 级，汇入的车辆驶进车道 1 的过境车辆间隙时需要稍调整它们的车速；分离出来的车辆仍然没有多大扰动。主线上的过境车辆受到的影响不大，交通流一般是流畅和稳定的。

二级服务水平，相当于《H.C.M》中的服务水平 C 级，仍然是稳定流，但接近车流有小的变化就会产生运行质量的大范围变化。车道 1 和驶入匝道上的车辆都必须调整它们的速度以达到流畅的汇入，并且当驶入匝道上的交通量大时还会有小的车队形成。在分离区车速也会有所降低。驶入车辆和驶出车辆所引起的扰乱扩展的范围更大些，并且这种扰乱可能延伸到与车道 1 相邻的主线其他车道上。高速公路总的速度和密度不会有大的变化。

三级服务水平，相当于《H.C.M》中的服务水平 D 级，在此水平范围内难以达到流畅的汇入，不论要汇入的车辆还是车道 1 中的过境车辆都必须频繁调整其车速以防止在汇入区内发生冲突。分离区附近的车辆车速降低得更多，汇入和分离运行所引起的扰乱将影响若干主线车道。在有大交通量的驶入匝道上，匝道车队可以变成对运行具有破坏性的因素。

四级服务水平，相当于《H.C.M》中的服务水平 E 级和 F 级。

服务水平 E 级，在此水平的下限交通量达到基本通行能力。在此水平汇入行为产生大的扰乱，但在主线上仍没有形成明显的车队。在驶入匝道上则会形成大的车队。分离运行的车速大为降低，并且在分离区内会形成一些车队。所有车辆均受到扰乱的影响，主线上的过境车辆则企图到靠近中央带一侧的其他车道上行驶以躲开扰乱。

服务水平 F 级，所有汇入基本上都是走走停停地进行，在匝道上广泛地形成车队，车道 1 中的过境交通被破坏。许多扰乱是由于过境车辆改变车道以避开汇入区和分离区而产生的。在匝道端部附近（并且可能在高速公路上游若干距离内）会发生相当大的交通延误，并且情况变化的范围很大，因为不稳定，就产生稍好的交通流和强制性交通流交替运行状态。

5.4.4 通行能力计算

1. 车道交通量 V_1 的计算

车道 1 的交通量 V_1 是紧挨汇合区或分离区上游右侧数起第一条车道的交通量。它是计算 V_m 和 V_d 的基础。计算 V_1 有 13 种图式。这里只介绍 3 种,其余计算图式读者可参考《交通工程手册》。

图 5.6 为四车道高速公路或一级公路单车道驶入匝道上游车道 1 交通量 V_1 的计算图式。

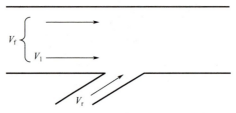

计算式: $V_1 = 136 + 0.345 V_f - 0.115 V_r$

使用条件如下:
① 四车道高速公路或一级公路上的单车道驶入匝道(非环形)有或无加速车道。
② 仅用于在上游 610 m 内无相邻驶入匝道的情况。
③ 一般使用范围

$$V_f = 360 \sim 3100 \text{ 辆/小时}$$
$$V_r = 50 \sim 1300 \text{ 辆/小时}$$

图 5.6　四车道高速公路或一级公路单车道驶入匝道上游车道 1 交通量 V_1 的计算图式。

图 5.7 为四车道高速公路或一级公路单车道驶出匝道上游车道 1 交通量 V_1 的计算图式。

计算式: $V_1 = 136 + 0.345 V_f - 0.115 V_r$

使用条件如下:
① 四车道高速公路或一级公路上的单车道驶出匝道有或无减速车道。
② 仅用于在上游 980 m 内无相邻驶入匝道的情况。
③ 一般使用范围

$$V_f = 360 \sim 3800 \text{ 辆/小时}$$
$$V_r = 50 \sim 1400 \text{ 辆/小时}$$

图 5.7　四车道高速公路或一级公路单车道驶出匝道上游车道 1 交通量 V_1 的计算图式

图 5.8 为四车道高速公路或一级公路上游有相邻驶入匝道的单车道驶出匝道上游车道 1 交通量 V_1 的计算图式。

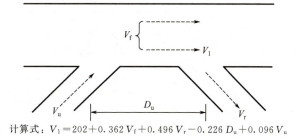

计算式：$V_1 = 202 + 0.362 V_f + 0.496 V_r - 0.226 D_u + 0.096 V_u$

使用条件如下：

① 四车道高速公路或一级公路上一单车道驶出匝道在其上游980m以内有一相邻的驶入匝道，该驶出匝道有或无减速车道。

② 一般使用范围

$$V_f = 65 \sim 3800 \text{ 辆/小时}$$
$$V_r = 50 \sim 1450 \text{ 辆/小时}$$
$$V_u = 50 \sim 810 \text{ 辆/小时}$$
$$D_u = 210 \sim 980 / \text{m}$$

图 5.8　四车道高速公路或一级公路上游有相邻驶入匝道的单车
道驶出匝道上游车道 1 交通量 V_1 的计算图式

2. 汇合交通量 V_m 和分离交通量 V_d 的计算

$$V_m = V_1 + V_r, \quad V_d = V_1 \tag{5-19}$$

式中，V_m 为汇合交通量（辆/小时）；V_d 为分离交通量（辆/小时）；V_1 为车道1交通量（辆/小时）；V_r 为匝道交通量（辆/小时）。

3. 交通量转换

（1）车道1中的大型车交通量。大型车在车道1中的交通量占单向行车道上大型车总交通量的百分比与高速公路单向交通量的关系曲线如图5.9所示。在使用图5.9过程中，如求得的车道1中的大型车交通量大于或等于单向行车道交通量，则仍用已得的车道1交通量，不过其中全部为大型车。

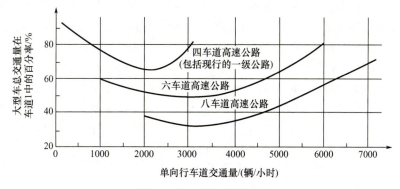

图 5.9　单向行车道交通量

（2）匝道中的大型车交通量。大型车对匝道通行能力的修正系数 f_{HV} 参见表5-25。

表 5-25　大型车对匝道通行能力的修正系数 f_{HV}

大型车交通量占总交通量的百分率/(%)	10	20	30	40	50	60	70	80
f_{HV}	0.88	0.81	0.77	0.74	0.72	0.71	0.704	0.70

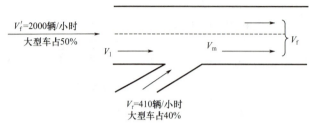

图 5.10　道路几何构造及交通量图

4. 工程案例

【例 5-5】 已知图 5.10 中的驶入匝道在 1800m 范围内无相邻匝道，可以作为一孤立匝道，处于平原地形中，设计速度为 120km/h，求其运行质量在几级服务水平之内。

解：① 计算车道 1 的交通量 V_1。孤立驶入匝道（四车道高速公路）用图 5.6 中的计算式来求 V_1（大型车转换为小型车的车辆折算系数 E_{HV} 取值为 1.7）。

$$V_1 = 136 + 0.345 V_f' - 0.115 V_r$$
$$= (136 + 0.345 \times 2000 - 0.115 \times 410) \text{辆／小时} \approx 778.85 \text{辆／小时} \approx 779 \text{辆／小时}$$

② 将所有以辆/小时为单位的交通量转换成理想条件下的以 pcu/h 为单位的交通量，见表 5-26。

表 5-26　交通量转换表

交通量/（辆/小时）	E_{HV}	大型车百分比 P_{HV}	f_{HV}	交通量/(pcu/h)
2000	1.7	0.50	0.741	2699
410	1.7	0.40	0.74	554
779	1.7	0.82	0.635	1227

a. 确定各车道中的大型车百分比 P_{HV}。已知 V_f' 中大型车占比 50%，匝道交通量 410 辆/小时，其中 40% 为大型车。再从图 5.9 查到，当四车道高速公路主线单向交通量为 2000 辆/小时时，车道 1 中大型车占单向总大型车交通量之百分比约为 0.64，即在车道 1 中有大型车（2000×0.50×0.64）辆=640 辆，640 辆占车道 1 交通量 779 辆的百分比为 640÷779=82%。将 P_{HV} 列于表 5-26 的第 3 列。

b. 计算各车道的 f_{HV}。匝道交通量 410 辆/小时，其中 40% 为大型车，其 f_{HV} 见表 5-25，取值 0.74。而对于表 5-26 中第 2 行和第 4 行的 f_{HV}，根据式（5-4）进行计算分别为

$$f_{HV} = \frac{1}{1 + 0.5 \times (1.7 - 1)} \approx 0.741$$

$$f_{HV} = \frac{1}{1 + 0.82 \times (1.7 - 1)} \approx 0.635$$

c. 计算转换后的交通量。将表 5-26 中第 1 列的数值分别除以第 4 列的数值，可得到转换后的交通量，列于第 5 列。

③ 计算检验点交通量 V_m 及 V_f。

$$V_m = V_1 + V_r = (1227 + 554) \text{pcu/h} = 1781 \text{pcu/h}$$
$$V_f = V_f' + V_r = (2699 + 554) \text{pcu/h} = 3253 \text{pcu/h}$$

④ 确定服务水平。

从表 5-24 对比得到：$V_f = 3253$ pcu/h 属于三级服务水平，但靠近二、三级服务水平交界处。汇合交通量 $V_m = 1781$ pcu/h 属于四级服务水平，靠近三、四级服务水平交界处。因此，汇合交通量所处位置的服务水平最差，最好设法加以改进，其措施之一是实行匝道调节。

5.5 交叉口的通行能力

5.5.1 无信号灯控制交叉口的通行能力

在无信号灯控制的交叉口，相交方向的车流按照交通规则的规定运行。次要道路上的车让主要道路上的车先行，拐弯的车让直行的车先行。因此，沿主干道行驶的车辆有优先通行权，它在通过路口时不需要停车，一直通过，其通行能力按路段计算。次要道路上行驶的车辆，通过路口时，要穿插主要道路上的车流空当，其通行能力的大小要受主要道路上车流车头间隔分布、次要道路上车辆穿越主干道上车流所需时间及次要道路上车流的平均车头时距等因素制约。

路口的通行能力等于主要道路上车流通过量加上次要道路上车流穿越主要道路上车流的数量。

假设主要道路上的车流量为 N，车辆到达服从泊松分布。主要道路上车流允许次要道路车辆穿插的最小车头时距为 t，次要道路上饱和车流的平均车头时距为 t_0，则每小时次要道路上的车辆能穿越过主要道路车流的总数为

$$N_{次} = \frac{Ne^{-Nt_0}}{1 - e^{-Nt}} \tag{5-20}$$

主要道路上车流允许车辆穿越的最小车头时距与次要道路的交通管理有关，若用停车标志，$t = 6 \sim 8$s；若用让路标志，$t = 5 \sim 7$s。一般 $N_{次}$ 小于 N 的一半。

5.5.2 信号灯控制交叉口的通行能力

当进入交叉口的车辆达到某种数量时，穿插通行有困难，需要在交叉口安装信号灯，从时间上将相交叉的车流分开，以便维持交通秩序，保证交通安全。

由于交通信号灯强制使道路上的连续交通流变成间断流，按照预定相位和绿灯时间分配不同方向车流的通行权，这样就使得各个方向车流的有效通行时间减少，因此通行能力也随之降低（与路段上车流连续运行相比较）。

十字形交叉口通行能力

1. 十字形交叉口的车道功能划分

十字形交叉口的车道按功能分为以下 7 类：直行车道、左转专用车道、右转专用车道、左右转混合车道、直行右转混合车道、直行左转混合车道、

直行左转右转混合车道。整个交叉口的设计通行能力等于各进口道设计通行能力之和，进口道设计通行能力等于各车道设计通行能力之和。

2. 一条直行车道的设计通行能力

$$C_s = \frac{3600}{T} \cdot \left(\frac{t_g - t_0}{t_i} + 1 \right) \tag{5-21}$$

式中，C_s 为一条直行车道的设计通行能力（pcu/h）；T 为信号灯周期（s）；t_g 为信号每周期内的绿灯时间（s）；t_0 为绿灯亮后，第一辆车启动并通过停车线的时间（s），如无本地实例数据，可采用 2.3s；t_i 为直行或右行车辆通过停车线的平均时间（s/pcu）。

车辆通过停车线的平均时间 t_i 与车辆组成、车辆性能、驾驶人条件有关，设计时，可采用本地区调查数据。如无调查数据，直行车队可参考下列数值取用。

小型车组成的车队，$t_i = 2.5s$；
大型车组成的车队，$t_i = 3.5s$；
拖挂车组成的车队，$t_i = 7.5s$；
混合车组成的车队，按表 5-27 选用。为计算方便，将拖挂车划归大型车。

表 5-27　混合车队的 t_i 值

大车：小车	2：8	3：7	4：6	5：5	6：4	7：3	8：2
t_i/s	2.65	2.96	3.12	3.26	3.30	3.34	3.42

3. 直右车道的设计通行能力

$$C_{sr} = C_s \tag{5-22}$$

式中，C_{sr} 为一条直右车道的设计通行能力（pcu/h）。

4. 直左车道的设计通行能力

$$C_{sl} = C_s (1 - \beta/2) \tag{5-23}$$

式中，C_{sl} 为一条直左车道的设计通行能力（pcu/h）；β 为直左车道中左转车所占比例。

5. 直左右车道的设计通行能力

$$C_{slr} = C_{sl} \tag{5-24}$$

式中，C_{slr} 为一条直左右车道的设计通行能力。

6. 交叉口进口道的设计通行能力

我们已经知道，进口道的设计通行能力等于该进口各车道设计通行能力之和。此外，也可以根据本进口车辆左、右转车道比例计算。

（1）进口设有专用左转与专用右转车道时，进口道的设计通行能力按式(5-25)计算。

$$C_{elr} = \frac{\sum C_s}{1 - \beta_l - \beta_r} \tag{5-25}$$

式中，C_{elr} 为设有专用左转与专用右转车道时，进口道的设计通行能力(pcu/h)；$\sum C_s$ 为直行车道的设计通行能力之和(pcu/h)；β_l、β_r 为左、右转车占进口道车辆的比例。

专用左转车道的设计通行能力为

$$C_l = C_{elr}\beta_l \tag{5-26}$$

专用右转车道的设计通行能力为

$$C_r = C_{elr}\beta_r \tag{5-27}$$

（2）进口设有专用左转车道而未设专用右转车道时，进口道的设计通行能力按式（5-28）计算。

$$C_{el} = \frac{\sum C_s + C_{sr}}{1-\beta_l} \tag{5-28}$$

式中，C_{el} 为设有专用左转车道时，进口道的设计通行能力（pcu/h）；$\sum C_s$ 为直行车道的设计通行能力之和；C_{sr} 为直右车道的设计通行能力。

专用左转车道的设计通行能力为

$$C_l = C_{el}\beta_l \tag{5-29}$$

（3）进口道设有专用右转车道而未设专用左转车道时，进口道设计通行能力按式(5-30)计算。

$$C_{er} = \frac{\sum C_s + C_{sl}}{1-\beta_r} \tag{5-30}$$

式中，C_{er} 为设有专用右转车道时，进口道的设计通行能力（pcu/h）；$\sum C_s$ 为直行车道的设计通行能力之和；C_{sl} 为直左车道的设计通行能力。

专用右转车道的设计通行能力为

$$C_r = C_{er}\beta_r \tag{5-31}$$

7. 通行能力折减

在一个信号周期内，对面到达的左转车超过 3~4 辆时，左转车通过交叉口将影响本面直行车。因此，应折减本面各直行车道（包括直行、直左、直右、直左右车道）的设计通行能力。
当 $C_{le} > C'_{le}$ 时，本面进口道折减后的设计通行能力为

$$C'_e = C_e - n_s(C_{le}C'_{le}) \tag{5-32}$$

式中，C'_e 为折减后进口道的设计通行能力（pcu/h）；C_e 为进口道的设计通行能力（pcu/h）；n_s 为各种直行车道数；C'_{le} 为不折减本面各种直行车道设计通行能力的对面左转车数（pcu/h），当交叉口小时为 $3n$，大时为 $4n$，n 为每小时信号周期数；C_{le} 为本面进口道左转车的设计通过量（pcu/h）。

$$C_{le} = C_e\beta_l \tag{5-33}$$

8. 工程案例

【例 5-6】已知某交叉口设计如图 5.11 所示。东西干道一个方向有三条车道，南北支路一个方向有一条车道。信号灯管制交通信号配时为周期 $T=120s$，绿灯 $t_g=52s$。车种比例是大车∶小车为 2∶8，东西方向左转车占该进口交通量的 15%，右转车占该进口交通量的 10%。求交叉口的设计通行能力。

解：先计算东西方向干道。东进口有三条车道，区分为专用左转、直行和直右三种车道。

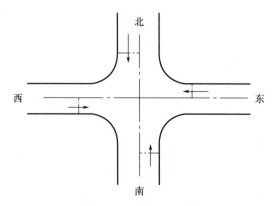

图 5.11 某交叉口设计

① 计算直行车道的设计通行能力。

取 $t_0 = 2.3s$;

根据车种比例为 2∶8,查表 5-27,得 $t_i = 2.65s$。将已知参数代入式中,则

$$C_s = \frac{3600}{120} \times \left(\frac{52-2.3}{2.65} + 1\right) \text{pcu/h}$$

$$\approx 533 \text{pcu/h}$$

② 计算直右车道的设计通行能力。

$$C_{sr} = C_s = 533 \text{pcu/h}$$

③ 东进口属于设有专用左转车道而未设右转专用车道的类型,其设计通行能力为

$$C_{el} = \frac{\sum C_s + C_{sr}}{1 - \beta_l} = \frac{533 + 533}{1 - 0.15} \text{pcu/h} \approx 1254 \text{pcu/h}$$

④ 该进口专用左转车道的设计通行能力用式(5-26) 计算。

$$C_l = C_{el}\beta_l = 1254 \text{pcu/h} \times 0.15 \approx 188 \text{pcu/h}$$

⑤ 验算是否需要折减。

当 $C_{el} > C'_{el}$ 时,应当折减。

不影响对面直行车辆行驶的左转交通量 C'_{el} 等于 $4n$,n 为一个小时内的周期数,因为 $T = 120s$,所以

$$n = \frac{3600}{120} = 30$$

因此

$$C'_{el} = (4 \times 30) \text{pcu/h} = 120 \text{pcu/h}$$

进口设计左转交通量 $C_{le} = C_l = 188 \text{pcu/h}$。本题情况,$C_{el} > C'_{el}$,需按下式折减。

$$C'_e = C_e - n_s(C_{le} - C'_{le}) = [1254 - 2 \times (188 - 120)] \text{pcu/h} = 1118 \text{pcu/h}$$

⑥ 西进口设计通行能力同东进口。

⑦ 南进口设计通行能力。该进口只有直、左、右混行车道,其设计通行能力为

$$C_{slr} = C_{sl} = C_s(1 - \beta_l/2) = 533 \times [1 - 0.15 \times 0.5] \text{pcu/h} = 493 \text{pcu/h}$$

⑧ 验算南进口的左转车是否影响对面行车。因为南北进口车道划分相同,所以验算北进口左转车是否影响南进口车的直行。

设计左转交通量 $C_1 = (493 \times 0.15)$ pcu/h ≈ 74 pcu/h。

设计左转交通量 $C_{el} < C'_{el} = 120$ pcu/h，不需要折减。

⑨ 交叉口设计通行能力。其等于四个进口设计通行能力之和。

东进口折减后的设计通行能力为 1118pcu/h；西进口同东进口，为 1118pcu/h；南进口和北进口都为 493pcu/h。故该交叉口的设计通行能力为

$$C = [1118 \times 2 + 493 \times 2] \text{pcu/h} = 3222 \text{pcu/h}$$

5.5.3 环形交叉口的通行能力

环形交叉口是自行调节的交叉口。这种交叉口是在中央设置中心岛，使进入交叉口的所有车都以同一方向绕岛行进。车辆行驶过程一般为合流、交织、分流，避免了车辆交叉行驶。环形交叉口的优点是车辆连续行驶、安全、不需要设置管理设施，避免停车，节省燃料，噪声低，污染小；同时，起到美化城市环境的作用。其缺点是占地大，绕行距离长；非机动车和行人较多及有轨道交通线路时，不宜采用。

环形交叉口的通行能力

1. 环形交叉口类型

环形交叉口按中心岛直径大小分为三类。

（1）**常规环形交叉口**。中心岛直径大于 25m，交织段比较长，进口引道不拓宽成喇叭形（图 5.12）。我国现有的环形交叉口大都属于此类。

（2）**小型环形交叉口**。中心岛直径小于 25m，进口引道加宽，做成喇叭形（图 5.13），便于车辆进入交叉口。

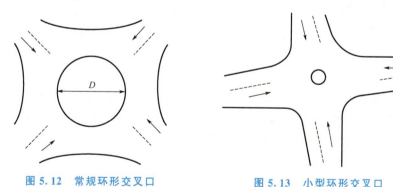

图 5.12 常规环形交叉口　　　　图 5.13 小型环形交叉口

③ **微型环形交叉口**。中心岛直径一般小于 4m，中心岛不一定做成圆形，也不一定做成一个，可用白漆画成圆圈，不用凸起。这种环形交叉口实际上是渠化交叉口。

2. 常规环形交叉口的通行能力

常规环形交叉口的通行能力计算参数图如图 5.14 所示，其通行能力按下列公式计算。

（1）沃尔卓普公式。

$$Q_M = \frac{354W\left(1+\dfrac{e}{W}\right)\left(1-\dfrac{P}{3}\right)}{\left(1+\dfrac{W}{l}\right)} \tag{5-34}$$

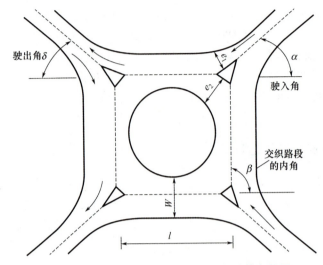

图 5.14 常规环形交叉口的通行能力计算参数图

式中，Q_M 为交织段最大通行能力（pcu/h）；l 为交织段长度（m）；W 为交织段宽度（m）；P 为交织段内参与交织车辆占全部车辆的比例；e 为入口引道平均宽度（m），$e = (e_1 + e_2)/2$。

沃尔卓普公式适用于下列条件。

① 引道上没有因故暂停的车辆。

② 环形交叉口位于平坦地区，纵坡坡度不超过 4%。

③ 各参数应在下列范围：$W = 6.1 \sim 18.0\text{m}$；$\dfrac{e}{W} = 0.4 \sim 1.0$；$\dfrac{W}{l} = 0.12 \sim 0.4$；$\dfrac{e_1}{e_2} = 0.34 \sim 1.41$；$P = 0.4 \sim 1.0$；驶入角 α 宜大于 30°；驶出角 δ 应小于 60°；交织路段的内角 β 不应大于 95°。

(2) 英国环境、食品和农村事务部暂行公式。

英国对环形交叉口素有研究。1966 年对环形交叉口实行了左侧优先的行驶法规，即规定行驶在环道上的车辆可以优先通行，进入环道的车辆让路给环道上的车辆，等候间隙驶进环道。这样，应采用下式计算交织段的设计通行能力。

$$Q = \dfrac{160W\left(1 + \dfrac{e}{W}\right)}{\left(1 + \dfrac{W}{l}\right)} \tag{5-35}$$

式中，Q 为交织段通行能力，再乘以 0.85，等于设计通行能力（pcu/h）；

其余各参数的意义、取值范围同沃尔卓普公式。当重车超过 15% 时，对该式应做修正。

(3) 常规环形交叉口工程案例。

【例 5-7】 某环形交叉口环道宽 12m，西北和东南象限中的交织距离长 48m，东北和西南象限中的交织距离长 42m，$e_1 = 6$m，$e_2 = 12$m，远景年设计交通量如图 5.15 所示。现要计算设计通行能力，验算能否通过设计交通量。

解：用英国环境、食品和农村事务部暂行公式分别计算四个象限交织段的设计通行

第5章 道路通行能力分析

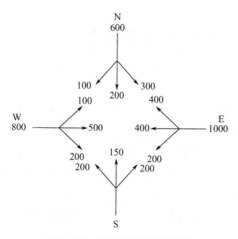

图 5.15 远景年设计交通量

能力。现列表计算，见表 5-28。公式中相关参数计算值列于 2~7 列，各象限交织段通行能力计算值列于第 8 列，设计通行能力计算值列于第 9 列。

表 5-28 环形交叉口通行能力计算表

象限	l	W/l	$\dfrac{e}{W}$	$1+\dfrac{e}{W}$	$160W\left(1+\dfrac{e}{W}\right)$	$1+W/l$	Q	$0.85Q$	远景流量
东北	42	0.286	0.75	1.75	3360	1.286	2612	2220	1450
西北	48	0.25	0.75	1.75	3360	1.25	2686	2283	1400
西南	42	0.286	0.75	1.75	3360	1.286	2612	2220	1500
东南	48	0.25	0.75	1.75	3360	1.25	2686	2283	1450

由计算结果可知，各象限的设计通行能力均大于相应象限的远景设计交通量。

我国长春、沈阳、哈尔滨、大连、长沙、南京、广州等城市都有不少环形交叉口，使用效果很好。特别是作为小区中心、城乡分界标志和解决复杂路口等很适用。

(4) 小型环形交叉口的通行能力。

小型环形交叉口的特点是环道较宽、进出口做成喇叭形，对进入环道的车辆提供较多的车道，车流运行已不存在交织现象。在所有进口引道都呈饱和状态条件下，经过试验，得到下列公式。

$$Q = K(\sum W + \overline{A}) \quad (5-36)$$

式中，Q 为环形交叉口实用通行能力，该值乘以 0.8 等于设计通行能力 (pcu/h)；$\sum W$ 为所有引道基本宽度的总和(m)，如图 5.16 所示；$\overline{A}$ 为引道拓宽增加的面积 (m²)，$\overline{A} = \sum a$，即图中阴影部分；K 为系数 [pcu/(h·m)]，三路交叉，$K=70$，四路交叉，$K=50$，五路交叉，$K=45$。

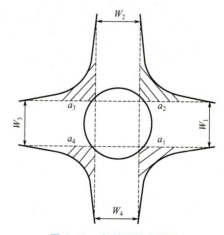

图 5.16 小型环形交叉口

【习题】

一、简答题

1. 道路通行能力的定义是什么？影响道路通行能力的因素有哪些？
2. 通行能力按影响因素可分为哪几种？
3. 什么叫服务水平？评定服务水平等级的主要指标有哪些？
4. 双车道一般公路路段车辆运行有何特征？其通行能力应如何计算？
5. 信号交叉口通行能力是如何确定的？
6. 合流部分、分流部分、交织段的通行能力是如何定义的？

二、计算题

1. 某城镇附近有一段无交叉口的双车道公路，车速为 60km/h，每车道宽度为 3.25m，一侧路肩宽 1.25m，另一侧路肩宽 0.75m，视距不足路段占 20%，沿路有少许建筑物，服务等级为二级。试求该道路通行能力。

2. 某环形交叉口，西北、东南象限区内的交织段长度为 48m，东北、西南象限区的交织段长度各为 42m，交织段宽度 W 为 12m，平均进口道宽度 e 为 9m，交叉口观测的实际流量 N，如图 5.17 所示，试计算该环形交叉口各交织段的实际通行能力和设计通行能力。

3. 某常规环形交叉口为四路交汇，如图 5.18 所示，主要参数为 $W=20$m，$L=50$m，$e=14$m。①求其交织段的通行能力；②判断图中东北方向的交织段的车流量是否超过其通行能力。

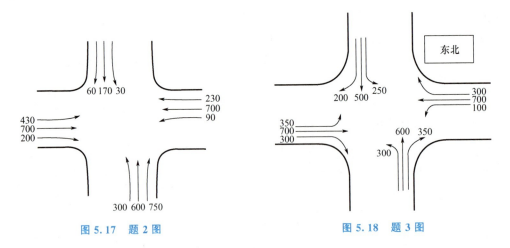

图 5.17 题 2 图　　　　　　　　图 5.18 题 3 图

第 6 章
城市交通规划

本章教学要点

知识要点	掌握程度	相关知识
城市交通规划的基本概念	掌握城市交通规划的定义； 了解城市交通规划的目的； 了解城市交通规划的类型； 了解城市交通规划的基本步骤	城市交通规划的定义、目的、类型、步骤
交通调查	掌握基本资料调查分析的概念、术语和方法； 了解交通设施和服务能力调查； 掌握起讫点调查分析方法	交通调查的基本概念和术语，基本资料调查分析（土地利用调查、社会经济调查、自然情况调查），起讫点调查分析，交通设施调查
交通预测	掌握出行发生预测的概念和分析方法； 掌握出行分布预测的概念和分析方法； 了解交通方式划分预测的概念和分析方法； 掌握交通分配的预测	出行发生预测，出行分布预测（增长率法、引力模型法），交通方式划分预测，交通分配的预测（全有全无分配法、多路线概率分配模型）
规划方案评价	了解评价内容； 掌握综合评价工作流程； 了解确定评价指标和评价方法的原则	评价内容，综合评价工作流程，确定评价指标和评价方法的原则

 交通工程概论

珠海市城市交通规划案例

1. 案例分析

为了使珠海市在跨世纪的发展中，交通能够成为支撑国民经济、城市社会、文化生活的支柱，珠海市政府在进行城市总体规划的同时，于1998年5月委托中国城市规划设计研究院交通所承担珠海市城市交通规划的编制工作。规划在交通调查的基础上，对城市交通发展战略和城市道路交通设施进行规划，在规划的过程中，与城市总体规划同时进行，要求交通发展战略与城市总体发展战略协调，以及城市交通与城市土地利用布局协调。

2. 措施

城市交通规划研究根据项目的特点及与城市总体规划的协调，主要分为六个阶段：交通调查和相关资料收集、现状分析、交通发展战略研究、与城市总体规划协调和交通设施规划等。研究人员开展了交通调查、现状交通分析、交通发展战略研究、城市总体规划路网测试、城市主要交通设施规划、城市交通与对外交通的衔接研究等工作。

在规划的基础上，通过建设，珠海市已建设成为珠江口西岸交通枢纽城市。

（引自：黄文忠. 珠海城市交通规划的思路及预期成果. 广东交通.）

6.1 概　　述

6.1.1　城市交通规划的定义

交通规划工作是交通工程中一个重要的工作内容，是城市规划和区域规划的一个关键组成部分。随着我国经济飞速发展和城市化速度加快，如何最大限度地降低交通建设投资成本和提高交通设施的运行效益是我们不可回避的问题，而要解决好这个问题就必须进行科学的交通规划。这里我们对交通规划的定义如下。

（1）规划（planning）。确定工作目标，并设计达到目标的工作方案。

（2）交通规划（traffic planning）。是交通工程学的组成部分，旨在确定公路和城市道路交通建设的发展目标，设计达到这些目标的策略、过程与方案。

6.1.2　城市交通规划的意义

城市交通规划主要有以下几点意义。

（1）交通规划是进行交通设施建设的不可或缺前期工作。

（2）解决交通问题的根本措施。因为交通问题其实是一个整体的、综合性的问题，只有从系统的、综合的观点出发，制定全面的、有科学依据的交通规划才是解决交通问题的根本措施。

(3) 交通规划是获得交通运输工作最佳效益的有效手段。

(4) 为交通建设的决策者提供决策的科学依据，减少决策的盲目性、短视性和狭隘性，最大限度地降低交通投资的浪费。

6.1.3 城市交通规划的类型

城市交通规划的类型划分如下。

(1) 按规划范围的大小来分，有大范围的、全市性的或市域的交通规划和小范围的市中心区或某一小区的交通规划。

(2) 按不同目的和要求分，有全面性的综合交通规划和某一行业、某一内容的专业性规划。

(3) 按规划期限长短分，有超远期、远景期的宏观战略规划。

(4) 按规划的深浅或粗细程度分，有宏观的总体规划与微观的实施性详细规划。

案例1：临港新片区交通规划

6.1.4 城市交通规划的步骤

交通规划包含四个工作阶段：数据调查、分析与预测、规划设计、评价。

1. 数据调查

数据调查包括交通运行、运输设施、土地利用、环境、经济等方面的调查。从交通规划的数据调查上来说，主要是指交通供应和需求两方面的数据，具体地说，是调查现有交通设施的使用情况，调查交通工具的现状，调查分别以个人和车辆为单位的交通需求量（简称 OD 调查），还要调查分别以个人、家庭、分区为单位的特性数据资料。其中以 OD 调查和特性数据调查最为重要。调查结束后，还要对这些数据进行初步的处理、统计和分析。

案例2：虹桥枢纽规划

2. 分析与预测

根据相关基本模型进行分析预测。模型包括对象区域的人口预测模型、家庭结构模型、土地利用模型等，这些模型是计算规划年交通需求量的基础。

分析与预测包含两个工作内容：**一是对现状的分析**，即分析对象区域现状年的人口、产业、用地布局的状况，分析这些社会经济要素对交通需求量的决定关系，建立数学模型，并应用到现状交通网络上以发现其存在的问题；**二是对未来的预测**，即运用上述数学模型来预测对象区域未来的交通需求量。具体地说，交通预测包括以下工作。

案例3：上海迪士尼交通规划

① 交通发生预测。预测规划年各交通分区产生的出行量，以及各分区吸引的出行量，这个也称交通需求量预测。

② 交通分布预测。预测一个分区的交通发生量分别到达或来自哪个分区。

③ 方式划分预测。就一批出行量，预测选择各种交通工具的比例。

传统交通规划中还包括交通分配预测，它是将每两个分区之间的出行量（标准小汽车为单位）分配到现状路网的各条路段上，从而帮助发现现状路网中通行能力紧张的路段，为下一步方案设计提供依据。

交通系统的分析与预测往往是结合在一起进行的,预测是重点。

3. 规划设计

调查、分析和预测都只是发现问题,最终还需要解决问题,规划设计就是根据交通预测的结果和现状存在的问题,提出可行的规划方案,求出交通规划问题的解。交通规划的方案设计与微观层面的设计不同,其着眼点不是单独的一个点或一条线,而是全盘考虑整个交通网络,属于中观层面的设计。规划设计包括网络设计和枢纽设计。

① 交通网络设计要回答的主要问题。对已存在的交通网络,在现状网络上,哪些路段应该增加通行能力?应提高到什么程度?还应该添加哪些新的路段?新添加的路段应具备多大的通行能力?对尚未存在的交通网络,新网络应该是什么规模、何种形态?一般对一个规划问题可以提出多个规划方案。

② 交通枢纽设计要回答的问题。枢纽的选址、规模。这里不考虑具体的工程设计,那是属于建筑学和相关工程专业的问题。交通枢纽设计也应该是以数学模型和定量分析为主。

在方案设计中,尤其是在网络设计中,交通分配是其理论基础和基本组成部分。

4. 评价

评价就是用一种适当的数学模型去评价这些方案的优劣,从中选择最优的方案。如果规划设计采用定性分析方法,不同的设计者由于其经验和偏好,设计出来的方案可能会迥然不同,这时究竟哪个方案最优,必须要用一个建立在定量分析基础上的评价方法加以评价,这时的方案评价尤为必要。如果规划设计采用定量分析方法,其科学性要强得多,就其模型中所考虑的因素来说,理论上甚至可以保证所得出的方案本身就是最优方案,但是由于在进行数学建模时,不可能将所有的与交通有关的因素都考虑进去,只能考虑其中少数几个主要的因素(如出行时间、费用)。另外,有时即使是用定量分析方法得出的解也只是"局部最优解",因此这样所算得的"最优"方案未必就是真正的最优方案,所以还有必要用评价模型加以评价选优。

6.2 交通调查

交通调查在交通规划中占有重要的地位。首先,交通系统的实际数据是进行科学的交通规划的不可或缺的必要条件,在规划过程的每个阶段都离不开各种各样来自实际系统的数据,以帮助建立模型或检验理论推导的正确性。另外,数据的调查是一件不轻松的工作,如前所述,交通规划所面临的是一些复杂的系统,正是由于系统的复杂性,所要调查的数据将是多样的和庞大的,需要耗费大量的人力和物力,一般交通调查要耗费整个交通规划 1/2～2/3 的费用。

6.2.1 交通调查概述

1. 意义和内容

在进行任何科学研究和处理任何工程技术问题时,必须要首先获取研究对象的一些状态参数和数据,以便分析它的特性。怎样获取这些数据?在许多专业领域是通过做实验,而在交通运输领域则主要是通过交通调查，规划的对象区域相当于实验室。交通运输领域包含的调查数据有多种，根据问题性质的不同，调查数据种类也不一定相同。本章将介绍交通规划所要用到的数据及其调查方法。

无论是什么区域范围何种交通方式的规划，要调查的内容有四大项：基础资料、交通需求、交通设施、交通现状。详细地说，交通规划的调查内容可用图 6.1 表示。

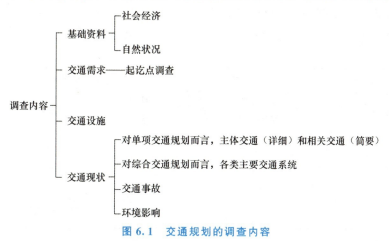

图 6.1　交通规划的调查内容

2. 基本概念和术语

下面介绍交通调查中常要用到的术语。

① 出行。车辆、行人、货物等由出发点向目的地移动称之出行，如汽车出行、自行车出行、货物出行、行人出行等。

② 出行端点。出行的出发地和目的地，又分别叫作起点和终点，或 O、D 点。

③ 调查区。整个被调查的区域，一般是规划的整个对象区域。调查区域界限：包围整个调查区的一条假象的边界线，又叫境界线。

④ 分区及其质心。规划时将调查区分成若干个分区，分区是调查的基本单元，以分区为单位的交通调查又叫起讫点调查。在每一分区内，选其几何中心或出行量最大的地点作为它的质心，近似地将质心看作分区内所有出行端点。

⑤ 境界线。调查区域的范围边界线。

⑥ 期望线。又称愿望线。它指连接各小区形心的直线，代表小区间发生出行的最短路线，一般它的形心连线粗细表示出行次数多少。

⑦ 境内出行。起讫点都在调查区范围之内的出行。

⑧ 过境出行。起讫点都在调查区范围之外的出行。

⑨ 境内外出行。起讫点一个在调查区范围之内另一个在调查区之外的出行。

6.2.2　基础资料调查分析

1. 土地利用调查

土地利用调查一般只在城市的交通规划中进行，在地区交通规划中一般不做这项工作。土地利用调查的内容包括整个城市和各分区现状用地状况及规划的土地开发计划，具体项目包括如下内容。

(1) 特殊用途（包括交通、绿化等）的用地量。

(2) 基础产业（包括工业、大型商贸公司、中央机关、大学等）用地量。

(3) 非基础产业（包括商业、服务业、地方政府、中小学、医院等）用地量。

(4) 住宅用地量及开发密度。

表 6-1 给出了土地利用率年度统计表。

表 6-1　土地利用年度统计表

年度

分区	特殊用途			基础产业					非基础产业					住宅	
	交通	绿化	其他	工业	大型商贸	中央机关	大学	其他	商业服务	地方政府	中小学	医院	其他	用地面积	开发密度
1															
2															
⋮															
N															
总计															

2. 社会经济调查

社会经济调查的目的是对调查区内的社会经济状况作出全面了解，收集有关基本资料。其任务是进行综合社会经济调查和局部对象的社会经济调查。

社会经济调查的内容如下。

(1) 行政区划、分区规划和隶属关系等。

(2) 人口总数、分布、构成和增长率等。

(3) 土地利用程度。

(4) 国民经济状况。

(5) 产业结构和分布、资源和运量。

(6) 客货运量和比例。

(7) 路网建设的资金来源。

(8) 各类价值：时间价值、劳力价值、美学价值、人文历史价值等。

表 6-2 为分区社会经济调查表。

表 6-2　分区社会经济调查表

分区：

年度	土地面积/km²			人口/万人			产值/万元							国民收入		主要产品产量/万吨									
	总面积	耕地		总人口	农业	非农业	总产值	农业	工业	商业	运输业	建筑业	服务业	总值	人均	煤炭	石油	矿石	木材	钢铁	建材	农药	化肥	粮食	棉花	蔬菜	其他
2011																											

续表

年度	土地面积/km²		人口/万人			产值/万元							国民收入		主要产品产量/万吨									
	总面积	耕地	总人口	农业	非农业	总产值	农业	工业	商业	运输业	建筑业	服务业	总值	人均	煤炭	石油	矿石	木材	钢铁	建材	农药	化肥	粮食	棉花	蔬菜	其他
2012																										
2013																										
⋮																										
2020																										

3. 自然情况调查

自然情况的内容包括气候、地形地貌、地质、自然资源、旅游资源等。气候、地形地貌和地质条件将很大程度上决定各种交通系统的布局。

6.2.3 交通设施和服务能力调查

交通设施和服务能力调查主要是调查有关对象的容量和服务水平。对道路网而言，需收集如下数据。

(1) 道路网总体状况的统计数据（如总长度、总面积、密度、面积率、各级道路的比例、质量等）。

(2) 路段状况统计数据（如长度、面积、线形、等级、车道划分、分隔带形式、路面质量、侧向净空、竖向净空等）。

(3) 交叉口统计数据（几何形状、控制方式、渠化措施、交叉口平面图等）。

(4) 公交网络统计数据（路线长度、走向、停靠站布设、车辆情况、服务人员等）。

(5) 交通管制设施（交通标志的设立状况、信号方式、标线、交警配置等）。

上述调查所用表格可按上述内容结合具体要求自制表格，满足数据齐全、正确的要求。

6.2.4 起讫点调查分析

起讫点调查是交通规划调查的核心部分，目的是对客、货流进行起讫点调查，能够为道路交通规划提供基础数据。

地区交通规划的调查项目如下。

(1) 机动车出行的调查。

(2) 主体交通系统的枢纽客流调查。

(3) 主体交通系统的枢纽货流调查。

1. 调查样本的选择

如果某项调查的范围不大，所涉及的调查对象不多，可以采用全样本调查，即对每个个体都进行调查。但是在许多情况下，起讫点调查所涉及的调查对象都是数量巨大的，由于人力、物力的限制，不可能进行全样调查，这时只抽取其中一小部分进行调查，这就叫抽样调查。样本率的选择与城市人口数量相关，城市人口数量越大，样本率取值越小。在进行居民出行调查时，根据国内外的经验，可参照表 6-3 确定样本率。

表 6-3 样本率确定表

城市人口/万人	<10	10~30	>30~50	>50~100	>100~300	>300
样本率/(%)	15	10	6	5	4	2~3

2. 起讫点调查的工作步骤

（1）建立调查机构。

（2）物质准备。设计、印刷调查表格。

（3）确定样本率和抽样方法。

（4）人员训练。

（5）制订计划。主要是确定调查内容、调查对象及调查实施的时间。特别要注意的是，无论对象区域范围多大，一定要在同一天同一个时段同时展开调查。

（6）典型实验。在调查全面展开之前，应先做小范围的调查实验，以暴露一些预先没能估计到的问题，进一步及时改进、完善工作计划。

（7）实地调查。进行全面的实地调查。

3. 调查方法

根据调查内容的不同，起讫点调查所采用的方法也不同。通常起讫点调查可分为客流起讫点调查、货流起讫点调查、机动车起讫点调查、非机动车起讫点调查等。

（1）客流起讫点调查。

客流起讫点调查即人的交通出行调查，是城市交通规划调查的主要内容，主要的方法有家访调查法、电话调查法。

① 家访调查法。家访调查法是指调查员对样本家庭登门拜访，进行面对面询问，由调查员自己逐项填写调查表，一户一表。此法的优点是回收率高、精度高；缺点是花费的人工多，耗时长。

② 电话调查法。采用打电话询问来代替家访调查，比家访调查法省时省力得多。

（2）货流起讫点调查。

货运是交通的一个重要组成部分。货流起讫点调查主要有两方面内容：关于一年的货源调查和关于一天的货物出行调查。调查对象一般是对货源单位，既可以采用发收表调查法，也可采用调查员上门调查法。

（3）机动车起讫点调查。

这里将机动车分作两大类：公交车和非公交车。城市公交车的行车路线、行车次数、行车时间都可从公交车公司的行车记录查得，因此公交车的起讫点调查比较简单。非公交车，除公交车外城市内各种机动车。机动车起讫点调查可采用发收表调查法、路边调查法、标签调查法等。

① 发收表调查法。通过有关政府职能机构（如交警队或交通局）向下分发调查表，一车一表（不是每个有驾驶证的人都有一张表），要求被调查者填写指定的某一天的出行情况。

② 路边调查法。在主要路上设调查站，让过往车辆停下询问有关数据，调查员填表。

③ 标签调查法。在车辆上粘贴可读写标签，记录出行信息。

（4）非机动车起讫点调查。

关于非机动车的调查一般只在城市交通规划中进行，要调查的内容包括起点、讫点、行车时间、距离等。这些数据可以由居民起讫点调查表经整理得到。如果单独或着重对自行车出行进行研究，也可专门对它进行调查。

4. 调查资料的整理分析

资料的统计分析结果，主要反映在各种能汇总基本出行数据的 OD 表或相关的统计图中，主要形式如下。

（1）OD 表。分矩形表和三角形表两种，见表 6-4 和表 6-5。

表 6-4 矩形 OD 表

讫点	起点			
	1	2	3	$\sum$
1	10	30	20	60
2	34	40	50	124
3	18	54	26	98
$\sum$	62	124	96	282

表 6-5 三角形 OD 表

讫点	起点			
1	20	64	38	122
2		80	104	184
3			52	52
$\sum$				358

矩形 OD 表中列出了调查的起讫点小区的标号及起讫点之间的交通量。起讫点之间的交通量可以用 Q_{ij} 表示，如表 6-4 中 $Q_{12}=30$，$Q_{21}=21$。起点合计栏内的交通量称为各区的发生交通量，讫点合计栏内的交通量称为集中交通量或吸引交通量。矩形表不仅反映了起讫点之间的交通量，也反映了交通量的方向性。

三角形 OD 表又称无向 OD 表，是两分区间双向出行量之和，这样就将分区内的出行做了一次不必要的翻倍，因此表 6-5 中的和数 358 大于表 6-4 中的和数 282（多 76），多出的部分正是矩形 OD 表中对角线上的各数之和。

这里需要注意的是，被统计的车辆是多种多样的，有大有小，有长有短，所以应该给车辆确定一个统一的标准。应根据各种车辆在道路上行驶时所占车道空间进行当量化换算。现在国际上通用的是以小汽车为标准，称为当量小汽车单位（PCU）。各国关于各种车辆对当量小汽车的换算系数不同，表 6-6 是参照我国的实际情况提出的一种换算系数，可供参考。

表 6-6 各种车辆的当量小汽车换算系数

车辆种类	大客车	双节大客车	中巴及小型汽车	摩托车	自行车
换算系数	1.5	2.0	1	0.5	0.3

（2）期望线图。用两分区之间的连线粗细大致代表出行量的大小，如图 6.2 所示。

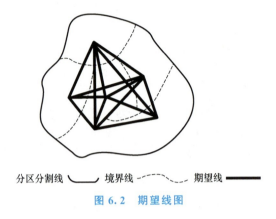

分区分割线 ——— 境界线 ------ 期望线 ━━━

图 6.2　期望线图

（3）统计图。用立柱体表示各分区中的出行量，如图 6.3 所示。

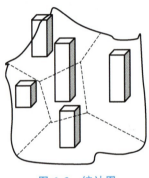

图 6.3　统计图

（4）相关曲线。影响起讫点出行量的因素很多，如出行距离、时间、出行方式、气候等。在客流中还有年龄、性别等因素。根据调查资料可以整理出不同因素与起讫点出行量的相关关系，在平面直角坐标系上用曲线表示出这种关系，就是相关曲线，如图 6.4、图 6.5 所示。

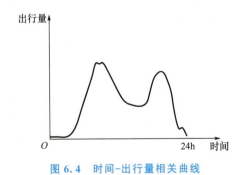

图 6.4　时间-出行量相关曲线

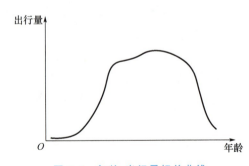

图 6.5　年龄-出行量相关曲线

起讫点调查所收集的大量数据可以借助计算机进行数据处理。对各项起讫点调查内容都要分别提出相应的计算分析结果，包括居民出行、流动人口出行、境内货物出行、公交车出行（只对城市交通规划）、机动车（除公交车外）出行、交通枢纽的客流和货流、自行车出行。对每项出行,都要分析出以下结果。

(1) 各分区的出行发生量,以及出行发生量与主要相关因素的关系,如居民出行量与职业、年龄、收入、分区的用地模式等因素之间的关系。

(2) 出行分布,即各分区之间的出行量。对某些项目还要得出分方式、分目的的出行分布情况,如居民出行采用各种交通方式的分布情况。

(3) 出行时间和距离。由此也就可以得出出行速度,这些都只要求出平均值。

6.3 交通预测

交通预测一般按交通发生、交通分布、交通方式和交通分配四个阶段进行,它与社会经济和交通的历史及现状有关。

6.3.1 出行发生预测

1. 基本概念

(1) **由家出行**。一个端点(既可以是起点,也可以是讫点)是家庭的出行。

(2) **非由家出行**。起、讫点都不是家庭的出行。

(3) **出行产生量**。由家出行的全部家庭端点数,与非由家出行和货物出行的全部起点数之和。

(4) **出行吸引量**。由家出行的全部非家庭端点数,与非由家出行和货物出行的全部终点数之和。

2. 出行产生量预测

关于出行产生量的预测常用的有<u>类型分析法</u>和<u>回归分析法</u>两种方法。

(1) 类型分析法。

使用类型分析法进行出行产生量预测的工作步骤如下。

① 家庭分类。将整个对象区域的家庭根据其特性(人口、收入、车辆拥有量等)分成若干类。在同一类型的家庭中,由于主要出行因素相同,各家庭的出行率基本相等。

② 确定出行率 a_s。从调查样本中统计出各类家庭每个单位时间的出行数,可采用分层随机抽样法,a_s 是不分分区的,而是全市统一的。

③ 计算家庭数目预测值 N_{si}。一般是计算出每一分区中不同类型家庭的比例 γ_{si};从有关数据资料中,求出分区 i 中的家庭数的预测值 N_i;然后,令

$$N_{si} = N_i \cdot \gamma_{si} \tag{6-1}$$

④ 计算出行产生量。类型分析法的模型为

$$P_i = \sum_s a_s N_{si} = N_i \sum_s a_s \gamma_{si} \tag{6-2}$$

式中,P_i 为分区 i 规划年每个单位时间出行产生量;a_s 为全市现年第 s 类家庭的出行率,为保证模型具有一定的精度,在统计各类家庭的出行率时应该抽取足够多的家庭样本;N_{si} 为第 i 分区规划年第 s 类家庭的数目;N_i 为第 i 分区规划年各类家庭的总数目;γ_{si} 为第

i 分区规划年第 s 类家庭的比例。

⑤ 出行产生量预测的工程案例。

【例 6-1】 我国某城市的交通规划将家庭分作 $3 \times 3 \times 3 = 27$ 类，出行率 a_s 见表 6-7，某分区各类家庭的比例见表 6-7 括号中的数值，该分区未来规划年份将有 8000 户居民，用式(6-2)求该分区的出行产生量的预测值 P_i。

表 6-7 例 6-1 的出行率情况

拥有车辆数	人口	人均收入水平		
		低	中	高
≤1	≤2	2.5 (0.02)	2.9 (0.05)	3.1 (0.03)
	3	3.4 (0.03)	3.7 (0.024)	3.9 (0.006)
	≥4	4.9 (0.028)	5.0 (0.012)	5.1 (0.00)
2	≤2	4.1 (0.00)	4.8 (0.075)	5.4 (0.0755)
	3	5.5 (0.1)	6.1 (0.25)	6.5 (0.13)
	≥4	6.9 (0.05)	7.3 (0.04)	8.0 (0.01)
≥3	≤2	5.8 (0.00)	6.8 (0.025)	7.5 (0.025)
	3	6.9 (0.05)	7.7 (0.03)	8.1 (0.02)
	≥4	7.8 (0.09)	8.4 (0.03)	9.0 (0.03)

注：括号中是各类家庭比例。

解： 由题设知 $N_i = 800$，由式(6-2)得

$$P_i = \sum_s a_s N_{si} = N_i \sum_s a_s \gamma_{si}$$
$$= 8000 \times (2.5 \times 0.02 + 2.9 \times 0.05 + \cdots + 9.0 \times 0.03) \approx 34678$$

(2) 回归分析法。

一个分区的出行产生量与多个因素有密切因果关系，主要有城市的经济发展水平、分区的居民数、平均收入、平均车辆拥有量、其中各类职业的人口数、分区距市中心的距离、非住宅用地面积等。我们选取其中主要的且各近似相互独立的因素作为自变量，分析每个自变量与产生量大致的函数关系，得出初步的线性回归模型（设其中非线性关系都已经转化为线性关系）

$$P = b_0 + b_1 X_1 + b_2 X_2 + \cdots + b_n X_n + \varepsilon \tag{6-3}$$

式中，P 是某分区的出行产生量；$b_k (k=0, 1, \cdots, n)$ 是待定的系数（偏回归系数）；$X_k (k=1, \cdots, n)$ 是被选出的自变量；ε 为残差项，是一个随机变量，表示其他影响因素对产生量的综合作用。

例如，用回归分析法表示出行产生量（吸引量）与有关指标（人口、户数、职工数等）之间关系的数学模型。

$$T = 257 + 0.85 X_1 + 46.18 X_2 + 5.81 X_3$$

式中，T 为出发与到达的车次总数（辆/日）；X_1 为建筑面积；X_2 为职工数；X_3 为人口数。

上式的 T 实质就是市区出发或到达的车次与市区建筑面积、职工数和人口数之间的数学模型。

3. 出行吸引量预测

出行吸引量的预测也有两种方法：类型分析方法和回归分析方法。类型分析方法主要用于人员出行的吸引量预测，而回归分析方法主要用于货物出行的吸引量预测。由于出行吸引量的回归分析方法与出行产生量的回归分析方法类似，因此这里只介绍类型分析方法。

类型分析方法的工作步骤如下。

(1) 将全市用地分为六类：商业、服务业、学校、制造业、办公楼、其他，预测规划年各分区中各类用地的岗位数 d_{ik}。

(2) 估算分区 i 第 k 类用地的岗位的吸引率 w_{ik}，它是现状值，假定不随时间变化。

(3) 计算理论吸引量。

$$B_i = \sum_k d_{ik} w_{ik} \tag{6-4}$$

式中，B_i 为分区 i 的理论吸引量；d_{ik} 为分区 i 的第 k 类岗位数；w_{ik} 为分区 i 每个第 k 类岗位的单位时间的平均出行吸引量，即吸引率。

(4) 计算全市理论吸引量之和 $\sum_i B_i$，并将之与总产生量 $\sum_j P_j$ 比较，若相差超过 3%，则计算修正吸引量，否则令 $A_i = B_i$，$(i=1, 2, \cdots, n)$。

由于理论吸引量公式中的各类岗位的吸引率 w_{ik} 是统计出来的，可能导致 B_i 出现误差，从而使总吸引量不等于总产生量，因此应该加以修正，修正吸引量为

$$A_i = \frac{B_i}{\sum_i B_i} \sum_j P_j \tag{6-5}$$

式中，P_j 为分区的产生量。

6.3.2 出行分布预测

1. 概念

(1) 出行分布量。

出行分布量：分区 i 与分区 j 之间平均单位时间内的出行量，单位时间可以是一天、一周、一月等，也可以是专指高峰小时。就一对分区 i 和 j 而言，它由 q_{ij}、q_{ji} 两部分组成。

① q_{ij}：以分区 i 为产生点（不一定是出行的起点），以分区 j 为吸引点（不一定是出行的终点）的出行量。

② q_{ji}：以分区 j 为产生点，分区 i 为吸引点的出行量。

如同一个分区的产生量不一定等于吸引量一样，q_{ij} 不一定等于 q_{ji}。

(2) 出行分布矩阵（PA 矩阵）。

出行分布矩阵是一个二维表（矩阵），行坐标为吸引分区号，列坐标为产生分区号，元素为出行分布量，见表 6-8。产生区和吸引区不一定相同。

这种基于产生点-吸引点的分布矩阵简称 PA 矩阵。

大庆市庆北新城道路交通需求预测与路网规划研究

表 6-8　出行分布矩阵

A	P				小计
	1	**2**	⋯	**n**	
1	q_{12}	q_{12}	⋯	q_{1n}	P_1
2	q_{21}	q_{22}	⋯	q_{2n}	P_2
⋮	⋮	⋮	⋯	⋮	⋮
n	q_{n1}	q_{n2}	⋯	q_{nn}	P_n
小计	A_1	A_2	⋯	A_n	Q

出行分布量 q_{ij} 是一个带有方向性的量（矢量），它有两个下标，第一个为产生分区号，第二个为吸引分区号。它们关系式是

$$P_i = \sum_j q_{ij}, A_j = \sum_i q_{ij} (i,j=1,2\cdots,n) \tag{6-6}$$

总出行量为

$$Q = \sum_i P_i = \sum_j A_j = \sum_i \sum_j q_{ij} = \sum_j \sum_i q_{ij} \tag{6-7}$$

2. 分布量预测

分布量预测是在得出的各分区产生量、吸引量预测值的基础上，求 PA 矩阵中各个元素 q_{ij}，即已知矩阵小计列和小计行中各元素的值。

通过对调查资料的分析和预测，可以找到和利用的数据有现状的 PA 矩阵 $[q_{ij}^0]$（$1 \leqslant i,j \leqslant n$）、两个分区之间的交通阻抗矩阵 $[R_{ij}]$。预测的方法有增长率法、引力模型法。

（1）增长率法。

增长率法是一种比较简单的预测方法，包括两大类：增长函数方法和 Fueness 约束条件方法。增长函数方法是指一大类方法，具体的又包括常增长率法、平均增长率法、底特律法、弗雷德法。这里仅介绍常增长率法和平均增长率法。

① 增长函数模型。

a. 常增长率法的增长函数。该方法认为，q_{ij} 的增长仅与 i 区的产生量增长率有关。增长函数为

$$f_常(F_{pi}, F_{aj}) = F_{pi} = \frac{P_i}{P_i^0} \tag{6-8}$$

b. 平均增长率法的增长函数。该方法认为，q_{ij} 的增长与 i 区产生量的增长及 j 分区吸引量的增长同时相关，而且相关的程度也相同，即

$$f_平(F_{pi}, F_{aj}) = \frac{1}{2}(F_{pi} + F_{ai}) \tag{6-9}$$

② 增长率法的计算流程。

步骤 1：用 q_{ij}^0 表示现状分布量，P_i^0、A_j^0 表示现状产生量、吸引量；P_i、A_j 表示由预测方法得到的规划年产生量、吸引量的预测值，令 $k=0$。

步骤2：计算各分区第 0 次产生增长率、吸引增长率。

$$F_{pi}^0 = \frac{P_i}{P_i^0}, \quad F_{aj}^0 = \frac{A_j}{A_j^0} \tag{6-10}$$

步骤3：设 $f(F_{gi}, F_{aj})$ 为增长函数，计算第（$k+1$）次预测值。

$$q_{ij}^{k+1} = q_{ij}^k \cdot f(F_{pi}^k, F_{aj}^k) \tag{6-11}$$

步骤4：检验预测结果：计算新的产生量和吸引量。

$$P_i^{k+1} = \sum_j q_{ij}^{k+1}, \quad A_j^{k+1} = \sum_i q_{ij}^{k+1} \tag{6-12}$$

令

$$F_{pi}^{k+1} = \frac{P_i}{P_i^{k+1}}, \quad F_{aj}^{k+1} = \frac{A_j}{A_j^{k+1}} \tag{6-13}$$

在允许一定误差率（如 3%）的前提下，对所有的 i 和 j 考察是否 $F_{pi}^k \approx 1$，$F_{aj}^k \approx 1$。若是，q_{ij}^{k+1} 为所求，令 $q_{ij} = q_{ij}^{k+1}$，停止；否则进行下一步迭代，令 $k = k+1$，转至步骤 3 继续。

③ 增长率法的工程案例。

【例 6-2】 表 6-9 是一个只有三个分区的现状 PA 表，表 6-10 给出了规划年各个分区的出行产生量和吸引量。试用平均增长率法求出规划年 PA 矩阵。

表 6-9 现状 PA 表

A	P			小计
	1	2	3	
1	200	100	100	400
2	150	250	200	600
3	100	150	150	400
小计	450	500	450	1400

表 6-10 规划年各个分区的出行产生量和吸引量

A	P			小计
	1	2	3	
1				1000
2				1000
3				1250
小计	1250	900	1100	3250

解：根据式（6-10）算得第 0 次的三个分区产生增长率 F_{pi}^0 分别为 2.500，1.667，3.125；三个分区的吸引量增长率 F_{aj}^0 分别为 2.778，1.800，2.444。从而，算得各个平均增长率，即平均增长率函数 $f_{平}(F_{pi}^0, F_{aj}^0)$，见表 6-11。由式（6-11）可得第 1 次迭代值，见表 6-12。从表 6-12 可见，第 1 次迭代值的行和列的小计与表 6-10 中规划年的产生量、吸引量差别较大，故须进一步进行第 2 次迭代运算。一直进行了 6 次迭代运算后，得到的结果与表 6-12 中的值基本一致，收敛误差小于 1%。结果见表 6-13，所以此表即为所求的规划年出行分布预测结果。

表 6-11 平均增长率函数

$f_{平}(F_{pi}^0, F_{aj}^0)$	1	2	3
1	2.639	2.150	2.472
2	2.223	1.734	2.056
3	2.952	2.463	2.785

表 6-12 平均增长率法第 1 次迭代结果

A	P			小计
	1	2	3	
1	525	215	250	990
2	335	435	410	1180
3	295	370	415	1080
小计	1155	1020	1075	3250

表 6-13 平均增长率法第 6 次迭代结果

A	P			小计
	1	2	3	
1	565	190	250	1005
2	310	330	360	1000
3	370	385	490	1245
小计	1245	905	1100	3250

(2) 引力模型法。

上述的增长率法的一个缺陷是没有考虑各个分区之间的交通阻抗,但一般对象区域的交通阻抗都会因交通设施改进或流量的增加而不断变化。引力模型法在进行分布预测时,加入了交通阻抗的因素。

引力模型是由 Casey 提出的,受物理学中牛顿万有引力定律的启发。

引力模型的函数为

$$q_{ij} = K \cdot \frac{P_i^\alpha \cdot A_j^\beta}{R_{ij}^\gamma} \tag{6-14}$$

式中,q_{ij} 为 i、j 分区之间的出行量(i 为产生区,j 为吸引区)预测值;R_{ij} 为两分区间的交通阻抗;P_i、A_j 分别为分区 i 的出行产生量、分区 j 的吸引量;α、β、γ、K 为待定系数,假定它们不随时间和地点改变。根据经验,α、β 取值范围为 0.5~1.0,多数情况下,可取 $\alpha = \beta = 1$,则函数简化为

$$q_{ij} = K \cdot \frac{P_i \cdot A_j}{R_{ij}^\gamma} \tag{6-15}$$

可采用线性回归方法,从现状调查数据中取若干个分区作为样本标定模型中的参数 K 和 γ。

交通阻抗 R_{ij} 可以是出行时间、距离、油耗等因素的综合,但大多数情况下,为了简便起见,只取其中某个主要指标作为交通阻抗,一般取距离的情况较多。

6.3.3 交通方式划分预测

出行者对出行方式服务属性的感知差异研究

我们把**出行者对交通工具的选择叫作交通方式划分**。交通方式划分就是把总的交通量分配到各种交通方式。在各交通区域之间的交通分布计算出来后,必须进行交通方式的划分,才能使交通量分配到不同的交通方式上去,然后才能进行道路网的分配。在道路网上不需进行货流的交通方式划分。交通方式可简单地理解为选择交通工具。各种交通工具的利用可从各种不同的角度来考虑交通方式的选择问题,这样就建立了各种各样的交通方式划分模型。按方式划分在整个交通预测过程中的位置,常将交通方式划分模型分为五类,如图 6.6 所示。

图 6.6 中第 I 类表示与出行生成预测结合在一起;第 II 类表示在出行生成和出行分布之间进行预测;第 III 类表示与出行分布结合在一起进行预测;第 IV 类表示在出行分布和交

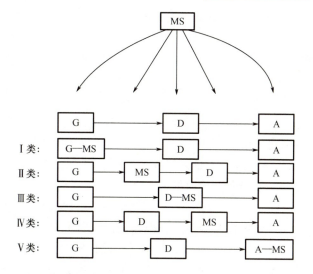

MS—方式划分；G—交通发生；D—交通分布；A—交通分配

图 6.6 五类交通方式划分模型

通分配之间进行预测；第Ⅴ类表示与方式划分结合在一起进行预测。第Ⅱ类又叫出行端点模型，第Ⅲ类又叫重力模型，第Ⅳ类又叫出行交换模型。常用的是第Ⅳ类，它的交通方式划分的多元线性回归方程表达式为

$$\frac{Q_{ij(m)}}{\sum_m ij(m)} = \alpha + \beta_1 L_{oi} + \beta_2 L_{dj} + \beta_3 T_{ij} \tag{6-16}$$

式中，$Q_{ij(m)}$ 为以交通方式 m 在 i 区到 j 区的出行量；L_{oi} 为起点 i 区的土地使用变量；L_{dj} 为终点 j 区的土地使用变量；T_{ij} 为 i 区与 j 区之间的交通行程时间阻抗；α 为回归常数；β_1、β_2、β_3 为偏回归系数。

根据最小二乘法可确定式中回归参数。

6.3.4 交通分配的预测

在传统交通规划中交通分配曾是四阶段交通预测的最后一步，在现代交通规划中它是方案设计的理论基础。最优化理论、图论、计算机技术的发展，为交通分配模型和算法的研究与开发提供了坚实的基础。

1. 概述

所谓交通分配是指将各分区之间出行分布量分配到交通网络的各条边上去的工作过程。其分配方法有全有全无分配法（又称最短路径法、捷径法）、容量限制分配法、多路概率分配法。交通分配时应全局考虑交通方式、行程时间和路段上的流速和流量变化等，使交通量合理分配到路网上。

2. 全有全无分配模型

分配步骤：先从调查区域内的道路网络中找出各区之间的最短行车路线，然后按全有（最短路径）和全无（其他路径）原则进行分配，最后累计得出各路段的总交通量。该方

法的优点是计算工作量不大,缺点是不够符合实际。以下结合工程案例来介绍全有全无分配模型的分配方法。

【例 6-3】 现有一棋盘式街道网,连线旁所标为两节点(交叉口)间的行驶时间,如图 6.7 所示。已知由起点 1 进入 1000 单位的交通量,终点是 16,试求该道路网上的交通量分配数据。

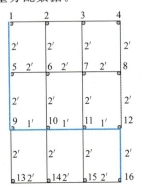

图 6.7 路段行驶时间

解: ①确定最短行程时间的路线。如图 6.7 中粗蓝线所示,经由 1—5—9—10—11—12—16 的路线共需时间 9min,为从 1 到 16 的有最短时间的路线。(实际工作中确定有最短时间的路线当然不会这样简单。)

②分配结果。这条路线上六个路段的交通量都是 1000 单位,而其余十八条路段上的交通量全部是零。

从此种模型中还可发现行驶时间作常数处理也是不尽合理的。一方面,当交通量接近通行能力时,行驶时间必然会增长。另一方面,驾驶人很自然地要找交通密度低的路段行驶,很难设想全部车辆会都挤到一条道路上。

3. 多路线概率分配模型

还是以上面的工程案例为例来介绍多路线概率分配模型的分配方法。

在计算前先要引入两个与路段和节点有关的定义。

① **线权**。以 L.W.(i,j) 表示。由起点 i 到 j 点的连线(路段)上的权重,是指打了折扣的起点 i 的点权,这个折扣以 $e^{\Delta t}$ 表示。线权将决定某路段上分配交通量的多少。

② **点权**。以 P.W.(i) 表示,起点 i 的点权是指进入节点 i 的全部连线的线权之和。计算公式为

$$\text{L.W.}(i,j) = e^{\Delta t} \text{P.W.}(i)$$
$$\Delta t = t_j - t_i - t_{ij} \tag{6-17}$$

式中,t_i 为起点到达 i 点的最短时间;t_j 为起点到达 j 点的最短时间;t_{ij} 为 i,j 路段间的行驶时间。

Δt 允许为负值,但必须 $t_i < t_j$,否则该连线通道不合理,取消分配资格。

另外,还规定起点的点权等于 1。

(1) 计算点权和线权。

线权计算结果如图 6.8 括号中值所示,与图 6.7 比较可知,待分配路段中线权重置和最大的路径正是最短路径。

计算演示如下。

$[1\rightarrow 2] \Delta t = t_j - t_i - t_{ij} = t_2 - t_1 - t_{12} = 2 - 0 - 2 = 0$

L.W.$(1,2) = e^{\Delta t}$P.W.$(1) = e^0 \times 1 = 1$

$[6\rightarrow 10] \Delta t = t_j - t_i - t_{ij} = t_{10} - t_6 - t_{6,10} = 5 - 4 - 2 = -1$

L.W.$(6,10) = e^{\Delta t}$P.W.$(6) = 0.37 \times [\text{L.W.}(2,6) + \text{L.W.}(5,6)]$
$= 0.37 \times (1+1) = 0.74$

$[6\rightarrow 7] \Delta t = t_j - t_i - t_{ij} = t_7 - t_6 - t_{6,7} = 6 - 4 - 2 = 0$

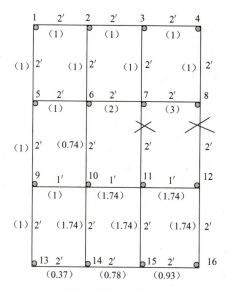

图 6.8　线权计算结果

L. W. $(6,7)=e^{\Delta t}$P. W. $(6)=e^0$[L. W. $(1+1)$]$=2$

$[7\rightarrow 8]\Delta t=t_j-t_i-t_{ij}=t_8-t_7-t_{7,8}=8-6-2=0$

L. W. $(7,8)=e^0\times(1+2)=3$

$[7\rightarrow 11]\Delta t=t_{11}-t_7-t_{7,11}$

$t_{11}=6$，$t_7=6$，t_7 不小于 t_{11}，故连线 $[7-11]$ 取消分配资格。

$[8\rightarrow 12]\Delta t=t_j-t_i-t_{ij}=t_{12}-t_8-t_{8,12}=7-8-2=0$

同上，t_8 不小于 t_{12}，故连线 $[8-12]$ 取消分配资格。

$[10\rightarrow 11]\Delta t=t_j-t_i-t_{ij}=t_{11}-t_{10}-t_{10,11}=6-5-1=0$

L. W. $(10,11)=1\times(1+0.74)$

　　　　$=1.74$

$[13\rightarrow 14]\Delta t=t_j-t_i-t_{ij}=t_{14}-t_{13}-t_{13,14}=7-6-2=-1$

L. W. $(13,14)=0.37$

$[14\rightarrow 15]\Delta t=t_j-t_i-t_{ij}=t_{16}-t_{14}-t_{16,14}=8-7-2=-1$

L. W. $(14,15)=0.78$

其余连线的线权计算从略。

(2) 计算路段交通量。

$$Q_{ij}=Q_i\left(\frac{\text{L. W. }(i,j)}{\text{P. W. }(i)}\right) \tag{6-18}$$

式中，Q_{ij} 为节点 i 至节点 j 连线上的分配交通量；Q_i 为进入节点 i 的交通量。

计算的顺序应从终点逆向进行。

计算演示如下。

$[16\rightarrow 15]$

$Q_{16,15}=Q_{16}\left(\dfrac{\text{L. W. }(16,15)}{\text{P. W}(16)}\right)=1000\times\left(\dfrac{0.93}{0.93+1.74}\right)\approx 348$

[16→12]

$Q_{16,12} = Q_{16} - Q_{16,15} = 1000 - 348 = 652$

[15→11]

$Q_{15,11} = Q_{15}\left(\dfrac{\text{L.W.}(15,11)}{\text{P.W}(15)}\right) = 348 \times \left(\dfrac{1.74}{1.74+0.78}\right) \approx 240$

[15→14]

$Q_{15,14} = Q_{15} - Q_{15,11} = 348 - 240 = 108$

其余计算从略。

最后计算结果列于图 6.9 括号内。从图 6.9 中的分配情况可以知道以下内容。

① 由于 7→11 和 8→12 不予分配，此路不通。因此 2→3，3→4，3→7，6→7，7→8，4→8 各路段上的交通量只能是零。

② 1→5→9→10→11→12→16 是最短路径，用多路径概率分配模型分配的结果表明，该条路径仍然拥有大部分的交通量。

③ 每个节点（交叉口）处的进出交通量保持平衡，最后回溯扫起点 1 的交通量必然还是 1000 单位，这也是检验计算有无错误的一个标准。

至于交通量分配的预测，只要把预测的交通量输入上述任一模型的程序就可以了。

除了前面介绍的两种模型外，还有转移曲线分配模型、通行能力限制分配模型、按时间比例分配模型、等时间分配模型、公共交通分配模型等，这里不再赘述。

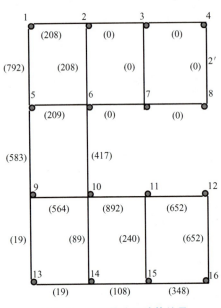

图 6.9　交通量分配计算结果

6.4　规划方案评价

6.4.1　概述

从若干套规划方案中，用数学方法去定量地评价这些方案的优劣，从中选择最优的方案，这就是规划方案评价。用定性的规划方案设计方法可以做出多套规划方案，不同设计者做出的方案可能完全不同。这样就出现了一个问题：哪一个方案最好？因此就有必要将各套方案进行综合比较，以评定出各个方案的优劣程度。如果规划方案设计采用定量分析方法，其科学性要强得多，就其模型中所考虑的因素来说，理论上甚至可以保证所得出的方案本身就是最优方案，但是由于在进行数学建模时，不可能将所有的与交通有关的因素都考虑进去，只能考虑其中少数几个主要的因素（如走行时间、成本）；另外，有时即使是用上述的定量分析方法得出的解也只是局部最优解，因此这样所算得的"最优"方案未必就是真正的最优方案，所以有必要用评价模型加以评价选优。

6.4.2 评价内容

交通规划方案评价主要包括三个方面：技术评价、经济评价和社会环境评价。

1. 技术评价

交通规划的技术评价是从交通网络的建设水平和技术性能方面，分析其建设规模与社会经济发展的适应性、交通网络的内部结构和功能。

2. 经济评价

交通规划的经济评价是指以交通网络为整体的经济效益分析。交通规划的根本目的和重要原则之一，就是要以最少的投资，获得交通系统的最佳经济效益。交通网络的经济评价正是通过比较各规划方案的建设、运营成本和效益，并结合规划期的未来资金预测，对方案的经济合理性进行分析论证。

3. 社会环境评价

交通规划的社会环境评价就是分析交通网络系统对规划区域社会环境方面的作用和影响，包括促进国土和自然资源的开发利用、水土保持和环境保护条件的改善及对区域政治、经济、文化古迹及风景名胜等方面的影响。相对技术评价和经济评价来说，社会环境评价具有宏观性、长期性、多目标性、间接效益多、指标定量难等特点，从定量分析要求出发，社会环境评价是难度较大的一类评价，还有待进一步探索。

以上三种评价各为一个评价子系统，分别以相应的多项单因素为指标，从不同方面对交通网络的性能和价值做出定量或定性的分析、判断。最后还要对交通规划方案的整体加以综合评价，称为总目标评价。总目标评价是在各部分各阶段各层次子系统评价的基础上，谋求规划系统整体功能的"最优"调节。现代科学技术理论，特别是系统工程的理论发展为综合评价提供了可能。

6.4.3 综合评价工作流程

综合评价分三大步：明确评价前提、研制评价指标体系、备选方案综合评价，工作流程如图 6.10 所示。

1. 明确评价前提

首先必须明确评价立场和出发点。交通规划是为政府决策部门制定决策提供服务的，因此，评价必须是以全体人民生活水平的提高、整个社会经济的发展和环境质量的改善为根本出发点。

其次要明确评价范围，即评价对象涉及哪些地区和部门。以城市交通为例，城市交通规划涉及面很广，如城建、公交、交警、环保、国土、文物、市场、绿化等部门。这些必须在评价前确定下来，以便尽可能组织各方参与工作。

2. 研制评价指标体系

综合评价指标体系通常具有多层次结构。首先要确定评价综合目标（总目标），这是

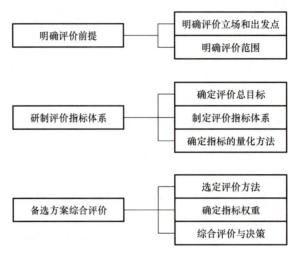

图 6.10 综合评价工作流程

评价的依据。技术、经济、社会环境三种评价各为一个评价准则，分别含多项单因素（为评价指标，评价指标可以说是总目标和准则的具体化）。这样就形成了"总目标→准则→指标"的三层评价体系。如果每个准则中的指标太多，我们又可把这些相近的指标归结于一个"子准则"下，最后形成"总目标→准则→子准则→指标"的多层评价体系。

其次，还要确定各项指标的量化方法。对于定量的指标，如经济指标、工程技术指标，可用货币、时间、几何参数等单位来度量它们；对于定性的指标，如社会、环境影响的指标，则是先做定性分析，然后人为确定量化标准。

3. 备选方案综合评价

首先，须选定评价方法，即根据各项指标间的关系及其对总目标的贡献确定各项指标的合并计算方法。下层指标值复合成上层指标值需借助一定的合并规则，常用的有加法规则、乘法规则、取大规则、取小规则等。

其次，根据各指标的重要性确定合并计算中相应的权重。然后，按选定的合并方法计算上层指标的值。如果评价指标体系有多个层次，则逐层向上计算，直至得到备选方案关于第一层总目标的评价值为止，并据此排出各备选方案的优劣顺序。常用的方法有层次分析法、模糊分析法等。

6.4.4 确定评价指标和评价方法的原则

（1）科学性原则。确立的评价指标必须科学地、合理地、客观地反映对象区域交通网络的技术性能、经济效益和社会环境影响。

（2）可测性原则。评价必须以价值为依据来考查不同方案之间的相对优劣，没有可测性的指标是难以比较的。因此，评价指标要尽量建立在定量基础之上。

（3）综合性原则。单指标只能从某一个侧面反映评价对象的性能，而不能反映系统的整体性能，而一个评价指标体系就应该力求包括所有各方面的评价指标，以全面地反映评价对象的性能。

(4) 独立性原则。各评价指标之间应尽可能独立，相关程度尽可能小。

(5) 相容性原则。综合评价的指标较多，各指标之间应该是相容的、不矛盾的。

【习题】

一、简答题

1. 交通规划的目的是什么？有哪些基本内容？
2. OD 表的形式有几种？适用条件如何？
3. 我国目前常用的远景交通量预测方法有几种？
4. 居民出行产生预测分哪几个部分？
5. 起讫点调查在交通规划中有哪些主要作用？具体包括哪几项？

二、计算题

1. 已知 A、B、C、D 四个区交通现状分布和增长系数，见表 6-14 所示。试用平均增长系数法推算未来分布，计算两次，并求调整系数。

表 6-14　四个区交通现状分布和增长系数

区号	起点出行生成量 P	增长系数 G	分区之间现状出行分布			
			A	B	C	D
A	40	2	—	25	10	5
B	50	1	25	—	15	10
C	30	4	10	15	—	5
D	20	3	5	10	5	—

2. 有 1、2、3、4 四个分区，1 区与其他区之间的行程时间，以及它们之间将来交通生成和吸引量如图 6.11 所示，假设交通分布预测模型为重力模型，模型常数 $n=2$，试计算 1 区至 2、3、4 区的出行量 t_{12}、t_{13}、t_{14}。

3. 如图 6.12 所示的交通网络图中，各边的行程时间已标出，现从节点 1 流向节点 4 的交通量为 3000。试按多路线分配法求出各边上的交通量。

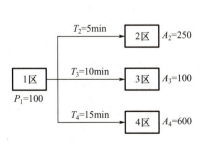

图 6.11　1 区与其他区之间的行程时间，以及它们之间将来交通生成和吸引量

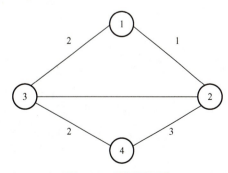

图 6.12　交通网络图

第 7 章 交通管理与控制

 本章教学要点

知识要点	掌握程度	相关知识
交通管理与控制的基本概念	了解交通管理与控制的目的；掌握交通管理与控制的定义；掌握交通管理与控制的内容；了解交通管理与控制的类别	交通管理与控制的目的、定义、内容、类别
道路交通法规与标志、标线	了解我国道路交通法规的内容；掌握道路交通标志的定义和制定的依据；掌握道路交通标志的类别和设置原则；掌握道路交通标线的定义和分类	我国道路交通法规的内容，交通标志的定义和制定的依据、类别和设置原则，道路交通标线的定义和分类
道路交通信号控制	了解交通信号控制的作用；掌握交通信号的含义和基本规定；掌握交通信号控制装置的基本方式；掌握交通信号灯的设置原则；掌握信号控制的基本参数；掌握交叉口单点信号控制方法；了解"线控"与"面控"系统	交通信号控制的作用，交通信号的含义和基本规定，交通信号控制装置的基本方式，交通信号灯的设置原则，信号控制的基本参数，交叉口单点信号控制，"线控"与"面控"系统

续表

知识要点	掌握程度	相关知识
道路交通组织管理	掌握单向交通管理方法； 掌握公交车辆管理方法； 了解自行车交通管理方法； 了解步行交通管理方法	单向交通管理、公交车辆管理、自行车交通管理、步行交通管理
高速公路的交通控制	了解高速公路的交通控制方法	高速公路的交通控制方法

导入案例

行人与信号灯"赛跑"

有天津市民反映气象台路与河沿路交口的行人过街信号灯灯时配置不合理,影响行人正常通过路口。

1. 原因分析

接到市民反映气象台路与河沿路交口的行人过街信号灯灯时配置不合理,影响行人通过路口的问题后,交警和平支队迅速到该路口对信号灯配时方案进行了调研。通过调研发现,气象台路与河沿路交口的行人过街信号灯灯时配置较短,特别是每日20:30分至次日6:00,行人过街通过河沿路时等候时间过长,行人与机动车易形成干扰,影响通行效率。

2. 措施

交警和平支队联合相关部门,根据市民实际需求优化了该处信号灯灯时配置方案,最大限度为市民出行提供便利条件。

(1) 变化一。

夜间时段——行人自控"按需过街"

通过调研发现,每日20:30至次日6:00,气象台路与河沿路交口车流量较小,行人过街需求量占路口主要交通出行方式。交警和平支队在该路口行人过街信号灯上设置了触碰式行人过街信号灯按钮,行人可在路口,通过自控按压按钮控制信号灯。夜间时段,市民可按出行需要,自行控制行人过街信号灯,解决了夜间行人过街通过河沿路时等候时间过长的问题。

(2) 变化二。

交通平峰时段——适当延长行人过街信号灯灯时

在交通平峰时段,因车流量较小,路口行人过街信号灯的配时还有可调配的空间。交警和平支队通过对路口交通流量的调研分析,适当延长了行人过街信号灯配时,确保行人过街安全。

7.1 概　　述

7.1.1　交通管理与控制的目的

道路交通是社会活动、经济活动的"纽带"和"动脉",对城市及区域经济发展和人民生活水平的提高起着极其重要的作用。近几年来,随着人口的增长、国民经济的高速发展及城市化进程的推进,道路交通需求量急剧增长,全国范围内的大中城市及沿海地区公路网基本上都出现了严重的交通阻塞现象。出现道路交通全面紧张的主要原因有两个方面。

（1）道路交通基础设施建设速度远远跟不上交通需求增长速度，道路交通设施运输能力不能满足交通需求而造成交通堵塞。

（2）道路交通管理设施落后，管理水平不高，道路交通结构不合理，现有道路交通设施的运输能力得不到充分利用而加重了交通阻塞。

一般来说，解决道路交通拥挤的方法是降低道路交通负荷，使道路通行能力能适应交通流的要求。降低交通负荷可通过三条途径去实现。

（1）道路交通建设。提高交通网络的交通容量，以达到降低道路交通负荷的目的，然而大量修筑新路需要占用大量土地，造价高昂，矛盾尖锐，土地资源方面矛盾日益突出。

（2）交通需求管理。通过控制、限制、禁止某些交通方式的出行，减少出行量，以达到降低道路交通负荷的目的。

（3）交通系统管理。通过一系列的交通管理与控制措施合理引导、控制交通流。使交通流在时间、空间上分布趋于均匀，有效地避开交通阻塞时刻及阻塞路段，提高道路交通网络的运输效率。

与建设道路相比，通过科学的交通管理手段，提高道路交通网络的运输效率，缓解道路交通紧张的局面，投入少、见效快，更具有现实意义。

7.1.2　交通管理与控制的定义

交通管理是按照国家制定的法规、政策、条例等规定和道路交通的实际状况，运用各种手段、方法、设施、工具、措施等科学合理地疏解、协调、禁限、约束、组织和指挥交通。交通控制就是运用现代化的遥测、遥控、监控、传感、检测装置采集信息，并用电子设备、光缆、通信设施、信号系统、计算机及相关软件传送信息、处理信息，从而达到对运行中的车辆进行准确地组织、指引、诱导和调控，并极大地降低交通事故、保障行车与行人的安全畅通。交通管理与控制有机地结合起来就构成现代交通管理与控制系统。

交通管理与控制的目的在于认识并遵循道路交通流所固有的客观规律，运用现代化的技术手段和科学的原则、方法、措施，不断地提高交通管理的效率和质量，以求得延误更少，运行时间更短，通行能力更大，秩序更好和运行费用更低，从而获得最好的社会经济、交通与环境效益，为国民经济发展、人民生活水平与出行质量的提高服务。

7.1.3　交通管理与控制的内容

交通管理与控制是管理学科的一个分支，具有社会科学和自然科学双重属性。管理对象涉及动态与静态，涉及人、车、路、环境。因此，为了提高交通管理水平，充分发挥交通管理的潜能，交通管理内容涉及政策、法规、行政、安全教育、科学技术装备等，范围广泛、内容复杂，主要概括为以下五个方面。

1. 技术管理

（1）各种技术规章条例的完善、执行与监督。

(2) 交通标志、道路标线的设置、管理与维护。
(3) 信号专用设备及通信设施的设计、安装、管理与维护。
(4) 建立各种专用车道与交通组织方法，方案的制订。
(5) 安全防护的安装、维护与管理。
(6) 路口管理方式、方法的选择与实施。

2. 行政管理

(1) 规划组织单向交通与建立合理的管理体制。
(2) 禁止或限制某种车辆、某种运行方向与方式。
(3) 实行错时上下班或组织可逆性行车。
(4) 对于某些交通参与者（老人、小孩、残疾人、孕妇）予以特殊照顾。
(5) 对于车辆拥有量或某种车实行调控。
(6) 采取临时的或局部性的交通管理措施。

3. 法规管理

(1) 交通法规条例、政策的执行管理。
(2) 建立驾驶人、车辆的管理制度。
(3) 建立各种违章（法）与事故处理法规、细则，并监督实施。
(4) 有关交警勤务的监督与管理。
(5) 各种交通事故中法律责任的分析与认定。

4. 交通安全教育与培训考核

(1) 交警的培训与考核。
(2) 驾驶人的培训、考核与经常性的安全教育。
(3) 道路交通法规、政策与安全条例的日常宣传。
(4) 对于人民群众，特别是青少年进行交通法规、交通意识与安全教育。
(5) 对于各种交通违章（法）的预防、教育与处理。

5. 交通监控

(1) 各项交通信息的采集、传递、处理与发布。
(2) 交叉口监测控制（定时、感应、半感应、全感应）。
(3) 线路检测控制（联动控制）。
(4) 区域控制（定时、自感应、分层）。
(5) 交通诱导系统的设置。

7.1.4　交通管理与控制的类别

交通管理从性质上分为交通需求管理（Traffic Demand Management，TDM）和交通系统管理（Traffic System Management，TSM）两大类。

1. 交通需求管理

交通需求管理是一种政策性管理，其主要管理对象是交通源，旨在对交通需求进行合

第7章 交通管理与控制

理调控。交通需求管理策略主要包括优先发展策略、限制发展策略、禁止出行策略、经济杠杆策略。

(1) 优先发展策略。

在城市道路交通的各种出行方式中,不同交通方式的道路空间占用要求、环境污染程度、能源消耗量有较大的差异,优先发展策略就是对某些道路空间占用要求少、环境污染低、能源消耗小的交通方式实行优先发展,并根据城市道路交通网络、能源储备及环境控制的实际情况,制订优先发展的实施措施。

在我国最需优先发展的交通方式是公共交通,因其人均占用道路面积最少、人均污染指标最低、人均消耗能源最少。2006 年,住房和城乡建设部等联合印发了《关于优先发展城市公共交通若干经济政策的意见》,明确提出优先发展城市公共交通,不仅是缓解城市交通拥堵的有效措施,也是改善城市人居环境,促进城市可持续发展的必然要求。

发达国家除了采用公交优先发展的措施外,还采用多占位车辆(High Occupancy Vehicle,HOV)优先,即乘带多名乘客(2 人以上)的小汽车在交叉口、收费口、通道享有优先通行权,有的城市设置 HOV 专用车道,以此鼓励驾车人员多带乘客,以减少道路上的小汽车数量。

(2) 限制发展策略。

当道路交通网络总体交通负荷达到一定水平时,交通拥挤现象就会加重,这时,必须对一些交通工具实施限制发展(或控制发展),以防止交通状况的进一步恶化。通常被限制的都是交通运输效率低、污染大、能耗高的交通工具。

在采取限制发展策略之前,要根据道路交通网络的发展水平、负荷水平、已有的交通结构及各类交通工具的拥有量与出行特征综合确定。优先发展策略和限制发展策略相结合,来调整城市的交通结构使其不断优化,可以提高系统的整体运输效率。

与优先发展策略不同的是,采用限制发展策略会有一定的负面影响。因此,在限制发展策略实施前,必须对此策略可能造成的正面效益及负面效益做出全面细致的分析及定量化评价。

(3) 禁止出行策略。

当某些大城市、特大城市的道路交通网络总体负荷水平接近饱和或局部区域内超饱和时,应采用暂时或较长一段时间内禁止某些交通工具在某些区域内出行的管理策略。

禁止出行策略一般为临时性的管理策略。在我国常用的禁止出行策略有某些重要通道或某些区域(甚至是全市)的车辆单双号通行(单号日禁止车牌尾数为双号的车辆通行、双号日禁止车牌尾数为单号的车辆通行)、某些路段或交叉口转向在某些时段(通常为高峰小时,有的甚至是全天)对某种交通工具实施禁止通行等。

与限制发展策略一样,禁止出行策略有一定的负面影响,这类策略实施前,必须进行"事前事后"效果的定量化评价。

(4) 经济杠杆策略。

经济杠杆策略是一种介于无管理与禁止出行策略之间的柔性较大的暂时策略,是一种通过经济杠杆来调整出行分布或减少出行需求量的管理措施。如通过收取市中心高额停车费来减少市中心区域的车辆交通量,收取某些交通工具的附加费来减少这些交通工具的出行量,某些重要通道过分拥挤时可通过收取通行费(也称拥挤费)来调节交通量,对鼓励发展的交通方式收低价、对限制发展的交通方式收高价等来调整交通结构。

2. 交通系统管理

交通系统管理是一种技术性管理，其主要管理对象是交通流，通过对道路交通基础设施及对交通流进行管制及合理引导，提高交通设施容量，均分交通负荷，提高道路交通网络系统的运输效率，缓解交通压力。交通系统管理策略主要包括节点交通管理策略、干线交通管理策略和区域交通管理策略三类。

（1）节点交通管理策略。

节点交通管理是指以交通节点（往往是交叉口）为管理范围，通过采取一系列的管理规则及硬件设备控制，来优化利用交通节点时空资源，提高交通节点通过能力的交通管理措施。节点交通管理是城市交通系统管理中的最基本形式，也是干线交通管理、区域交通管理的基础。

① 交叉口控制方式。交叉口控制方式有信号控制交叉口、无控制交叉口、环形交叉口、立体交叉口等形式。

② 交叉口管理方式。通常采用的交叉口管理方式有入口引道拓宽、增加交叉口入口引道车道数；入口引道渠化，设置不同转向的专用车道；信号配时优化。

③ 交叉口转向限制。在各转向车流中，左转车流引起的车流冲突点最多，在交通流量较大的交叉口，可采用定时段（高峰小时）或全天（全交叉口或某一些入口引道）禁止左转的管理措施，以提高交叉口通行能力。

（2）干线交通管理策略。

干线交通管理是指以某条交通干线为管理范围而采取一系列管理措施，以优化利用交通干线时空资源、提高交通干线运行效率的交通管理方法。干线交通管理应以道路交通网络布局为基础，并根据道路功能确定干线交通管理方式。我国常用的干线交通管理方式有单行线、公共交通专用线、货运禁止线、自行车专用线（或禁止线）、"绿波"交通线等。

（3）区域交通管理策略。

区域交通管理是城市交通系统管理的最高形式，它以全区域所有车辆的运输效率最大（总延误最小、停车次数最少、总体出行时间最短等）为管理目标。区域交通管理是一种现代化的交通管理模式，它需要以城市交通信息系统作为基础，以通信技术、控制技术、计算机技术作为技术支撑。目前，区域交通管理有两类形式。

① 区域信号控制系统。有定时脱机式区域信号控制系统和响应式联机信号控制系统两种控制模式。

② 智能化区域管理系统。智能化区域管理系统是智能化交通系统的主体部分，目前已逐步推广。

7.2 道路交通法规与标志、标线

7.2.1 概述

道路交通法规与标志、标线是交通管理的重要内容，属于技术管理层面，是国家为了维护交通秩序，保障交通畅通和车辆、行人安全，使交通协调有序地运行而采取的强制性国家指令。其中道路交通法规是带有法律性质的针对道路交通的法律和规范；道路交通标志、标线是道路交通基础设施和交通管理设施的有机组成部分，是物化的道路交通管理法律、法规。以上这些都是为了规范交通参与者的交通行为，保障道路交通有序、安全、畅通。

7.2.2 道路交通法规

道路交通法规是国家为道路交通管理方面制定的执行国家政策，维护交通秩序，保障交通安全、畅通的规则、规定、办法和技术标准等的总称，是国家行政法规的一种，属于法学范畴。

中华人民共和国道路交通安全法

我国的道路交通法规是经历了长期的发展，逐步走向成熟的。1988 年 3 月 9 日国务院发布了《中华人民共和国道路交通管理条例》，1991 年 9 月 22 日又发布了《中华人民共和国道路交通事故处理办法》，1986 年 1 月 9 日发布了《道路交通标志和标线》（GB 5768—1986），该标准于 1999 年、2009 年和 2022 年补充和修订。2003 年第十届全国人大常务委员会第五次会议审议通过了《中华人民共和国道路交通安全法》（以下简称《道路交通安全法》），代替《中华人民共和国道路交通管理条例》。该法规于 2004 年 5 月 1 日起实施，并于 2007 年、2011 年和 2021 年三次修改。《道路交通安全法》更加重视交通安全，更加体现了以人为本，并对交通安全法的内容进行了细化、补充，使相关条文更具操作性，也更便于执行和遵守。它的通过是我国道路交通法制建设历程中的一座里程碑，是我国道路交通事业全面走向法治时代的崭新开端，也是今后指导和规范参与到道路交通系统中的所有行为的一个根本准则。

1. 《道路交通安全法》的基本原则

《道路交通安全法》以保障道路交通安全为根本出发点，着眼于解决道路交通中的突出问题，从现实需要和交通管理的实际出发，确立了依法管理、方便群众的基本原则，突出了以人为本的思想，确立了管住重点、方便一般、简化手续、提高效率的总体思路，并将这些精神贯穿于本法的始终。

（1）依法管理的原则。

依法管理的原则主要表现在以下方面。

① 依法行政，依法办事。

② 控制执法的随意性，防止滥用执法权力。

③ 对违法执法行为承担法律责任。

（2）方便群众的原则。

道路交通安全工作中的便民原则，就是要求公安机关交通管理部门在依法开展道路交通工作中，尽可能为交通参与人提供便利和方便，从而保障交通参与人进行交通活动的顺利实现。

2. 《道路交通安全法》的特点

《道路交通安全法》从我国道路交通的实际出发，在总结历史经验和借鉴国外一些发达国家的成功做法的基础上，对道路交通活动中交通参与人的权利、义务关系进行了全面规范，具有以下特点。

（1）以保护交通参与人的合法权益为核心，突出保障交通安全，追求提高通行效率。

（2）坚持道路交通统一管理，明确政府及其相关部门在道路交通中的管理职责。

（3）将交通安全宣传教育上升为法律规定，明确规定政府及公安机关交通管理部门，机关、部队、企业事业单位、社会团体及其他组织，教育行政部门、学校，新闻、出版、广播、电视等媒体的交通安全教育义务。

（4）倡导科学管理道路交通。随着高科技手段在社会各个领域的广泛应用，强化科技意识，运用科学技术，不断提高交通管理工作的科学化、现代化水平，已经成为未来道路交通发展的方向。提倡加强科学研究，推广、使用先进的管理方法、技术和设备。

（5）通过设立机动车登记制度、检验制度、报废制度、保险制度、交通事故社会救助制度、机动车驾驶证许可制度、累积记分制度等来进一步规范交通管理行为，从法律制度上保障道路交通安全、畅通的实现。

（6）按照以人为本的精神，在通行规范中重点规定了有助于培养规则意识、保护行人的通行规定。在交通事故处理方面对快速处理、自行协商解决、重点保护行人、非机动车驾驶人权益等内容做了重大改革。

（7）明确规定了规范执法的监督保障体系。

（8）强化职能转变，退出一些事务性、收费性、审批性的工作事项。

（9）体现过罚相当的法律责任追究原则。

7.2.3 道路交通标志

1. 道路交通标志的定义和制定的依据

GB 5667—1999道路交通标志和标线

道路交通标志是用图案、符号或文字对交通进行指示、导向、警告、控制和限定的一种道路交通管理的设施，一般设在路旁或悬挂在道路的上方，使交通参与者获得确切的道路交通情报，从而达到交通安全、迅速、低公害与节约能源的目的。交通标志还要使交通参与者在很短的时间内就能看到、认识并完全明白它的含义，而采取正确的措施。因此，交通标志必须具有较高的显示性（清晰易见）、良好的易读性（能很快地视认并完全理解）和广泛的公认性（各方面人士都能看懂），为了获得这样的效果，很多国家进行了大量研究和实践，认为应进行颜色、形状、符号三方面选择，或称**标志的三要素**。

（1）颜色。从光学角度讲，不同的颜色有不同的光学特性（对比、前进、后退、视认）；从心理学角度讲，会产生不同心理感受和不同的联想，因此不同的颜色会产生不同的心理反应。

① 红色。前进色，视认性好，使人产生血与火的联想，有兴奋、刺激和危险之感，在交通标志上常用以表示约束、禁令、停止和紧急之意。

② 黄色。前进色，较红色的明度更高，能引起人们注意，有警告、警戒之意，在交通标志上多用以表示警告、禁令、注意之意。

③ 绿色。后退色，视认性不高，有恬静、和平、安全之感，在交通标志上常用于表示安全、静适、可以通行之意。

④ 蓝色。后退色，注目性与视认性均不高，但有沉静、安宁之意，适于用作指示导向标志。

⑤ 白色。明度与反射率较高，对比性强，适宜用作交通标志的底色。

（2）形状。对交通标志的形状在国外已有深入的研究，视认性和显示性与标志的形状有重要关系。面积相同时不同形状标志的易识别程度为三角形＞菱形＞正方形＞正五边形＞圆形等。

（3）符号。用于表示标志的具体含义，应简单明了、一看就懂，并易为公众理解，避免文字、叙述、意思繁杂，而力求明白肯定、扼要易认、直观确切。

2. 交通标志的类别

依据 GB 51038—2015《城市道路交通标志和标线设置规范》的规定，交通标志主要分为主标志和辅助标志两大类。

（1）**主标志**。主标志就其含义不同分为禁令标志、警告标志、指路标志、指示标志、旅游区标志、作业区标志、告示标志。

① **禁令标志**。禁令标志是禁止或限制车辆、行人某种交通行为的标志，计有 36 种，42 个图式，其形状分为圆形、八角形、顶角向下的等边三角形，其颜色，除个别标志外，为白底，红圈，红杠，黑图案，图案压杠。图 7.1 所示为禁令标志示例。

(a) 停车让行

(b) 禁止向左转弯

(c) 禁止长时停车

(d) 减速让行

图 7.1　禁令标志示例

② **警告标志**。警告标志是警告车辆、行人注意道路前方危险的标志，计有 30 种，42 个图式，其形状为顶角朝上的等边三角形，颜色为黄底、黑边、黑色图案。图 7.2 所示为警告标志示例。

(a) 向左急弯路

(b) 上陡坡

(c) 十字交叉口

(d) 注意横风

图 7.2　警告标志示例

③ **指路标志**。指路标志是传递道路前进方向、地点、距离信息的标志，按用途的不同又分为著名分点、分界地点方向、地点距离等标志，计40种，83个图式，其形状多为正方形、长方形，一般道路多为蓝色底、白色图案，高速公路则为绿色底、白色图案。图7.3所示为指路标志示例。图7.4所示为高速公路车距确认标志示例。

 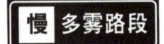 

（a）火车站　　　　　　　（b）多雾路段　　　　　　（c）路滑慢行

图7.3　指路标志示例

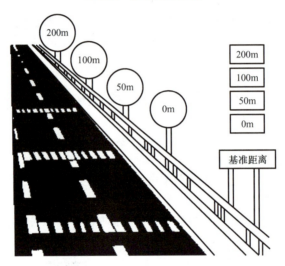

图7.4　高速公路车距确认标志示例

④ **指示标志**。指示标志是指示车辆、行人前进方向或停止、鸣喇叭及转向的标志，计有17种，29个图式，其形状分为圆形、长方形和正方形，其颜色为蓝底、白色图案。图7.5所示为指示标志示例。

（a）最低限速　　　（b）允许掉头　　　（c）分向行驶车道　　　（d）单行路（向左或向右）

图7.5　指示标志示例

⑤ **旅游区标志**。旅游区标志是吸引和指示人们从高速公路或其他道路前往邻近的旅游区或风景名胜之地，应在通往旅游景点的岔路上设置一系列的旅游标志，指示旅游区的方向、距离、类别等，计有两大类17个图式（1类2个，2类15个），其形状为正方形或长方形，颜色为棕色底、白色字符。图7.6所示为旅游标志示例。

(a) 旅游区方向　　　　(b) 旅游区距离　　　　(c) 问讯处　　　　(d) 野营地

图 7.6　旅游标志示例

⑥ **作业区标志**。作业区标志用以阻挡车辆及行人前进或指示改变道路，通常多设在道路施工、养护、落石、塌方而致交通阻断路段的两端或四周。其形状有长方形或锥形，计有 6 种，26 个图式。图 7.7 所示为作业区标志示例。

(a) 左道封闭　　　　　　(b) 车辆慢行　　　　　　(c) 向左行驶

图 7.7　作业区标志示例

（2）**辅助标志**。辅助标志指安装在主标志下面，紧靠主标志下缘，起辅助作用的标志。凡主标志无法完整表达或指示其规定时，为维护行车安全与交通畅通的需要，应设置辅助标志。其按用途分为表示时间、车辆种类、区域与距离、警告与禁令理由及组合辅助标志 5 种，16 个图式，其形状为长方形，颜色为白底黑字，黑边框。其尺寸大小由字高字数决定。图 7.8 所示为辅助标志示例。

(a) 组合辅助标志　　　　　　　　(b) 警告、禁令的理由（事故）

图 7.8　辅助标志示例

（3）**可变信息标志**。可变信息标志是一种因交通、道路、气候等状况的变化而改变显示内容的标志。一般可用以限制车速、控制车道，传递道路状况、交通状况、气象状况、事故、水毁、塌方、堆雪等多种信息，通过科技手段存储于某一信息板或标志牌上，并可根据监控设备检测得到的现实情况及时把信息显示出来，传送给车辆驾驶人和行人，使其能及时采取正确可行的交通行为。图 7.9 所示为可变信息标志示例。

3. 交通标志的尺寸和视认距离

标志牌的尺寸，应以能保证驾驶人在一定视距内方便、清晰地识别标志上的图案、符

图 7.9 可变信息标志示例

号与文字，故符号、文字的大小必须满足视认距离的要求。认读一般有五个阶段。

① 发现。在视野内觉察有交通标志，但看不清楚标志的形状。
② 识别。只能认识标志外形轮廓，看不清牌上的内容。
③ 认读。除看清标志外形还能看清牌上内容。
④ 理解。在认读的基础上，理解标志含义并做出判断。
⑤ 行动。根据判断采取行动，如加速、减速、转弯或停车等。**在此五个阶段的全过程中汽车行驶的距离称为视认距离或视距。**

视认距离同行车速度与标志大小有关，根据试验，车速越高则视认距离越短，不同行车速度或不同等级的道路所要求的视认距离不同。为了能在较远的距离认清标志的内容，就必须相应地加大标志尺寸。因字体的不同、笔画的多少或粗细也会影响视认距离，我国根据不同车速下的试验结果，得出可保证必要视认距离的各类标志的尺寸，见表7-1～表7-4。

表 7-1 警告标志尺寸与设计速度的关系

计算行车速度/(km/h)	100～120	71～99	40～70	<40
三角形边长 A/cm	130	110	90	70
黑边宽度 B/cm	9	8	6.5	5
黑边圆角半径 R/cm	6	5	4	3
衬底宽度 C/cm	1.0	0.8	0.6	0.4

表 7-2 指示标志尺寸与设计速度的关系

计算行车速度/(km/h)	100～120	71～99	40～70	<40
圆形（直径）D/cm	120	100	80	60
正方形（边长）A/cm	120	100	80	60
长方形（边长）A×B/cm×cm	190×140	—	—	—
单行线标志（长方形）A×B/cm×cm	120×60	—	—	60×30

续表

计算行车速度/(km/h)	100～120	71～99	40～70	<40
会车先行标志（正方形）A/cm	—	—	80	60
衬底宽度 C/cm	1.0	0.8	0.6	0.4

表 7-3 汉字高度与设计速度的关系

计算行车速度/(km/h)	100～120	71～99	40～70	<40
汉字高度/cm	60～70	50～60	40～50	25～30

表 7-4 禁令标志尺寸与设计速度的关系

	计算行车速度/(km/h)	100～120	71～99	40～70	<40
圆形标志	标志外径 D/cm	120	100	80	60
	红边宽度 a/cm	12	10	8	6
	红杠宽度 b/cm	9	7.5	6	4.5
	衬边宽度 c/cm	1.0	0.8	0.6	0.4
三角形标志	三角形边长 a/cm	—	—	90	70
	红杠宽度 b/cm	—	—	9	7
	衬边宽度 c/cm	—	—	0.6	0.4
八角形标志	标志外径 D/cm	—	—	80	60
	白边宽度 b/cm	—	—	3.0	2.0
	衬边宽度 c/cm	—	—	0.6	0.4

4. 交通标志的设置原则

（1）交通标志以确保交通畅通和行车安全为目的。应结合道路线形、交通状况、沿线设施等情况，根据交通标志的不同种类来设置，以向道路使用者提供正确的、及时的信息。通过交通标志的引导，应能顺利、快捷地抵达目的地，不允许发生错向行驶。

（2）交通标志的设置应进行总体布局，防止出现信息不足或过载的现象，对于重要的信息应给予重复显示的机会。

（3）交通标志的设置应充分考虑道路使用者的特性，即充分考虑在动态条件下发现、判读标志及采取行动的时间和前置距离。

（4）交通标志应设在车辆行进正面方向最容易看见的地方，可根据具体情况设置在道路右侧、中央分隔带或车行道上方。

（5）同一地点需要设置两种以上标志时，可以安装在一根标志柱上，但最多不应超过四种；应避免出现互相矛盾的标志内容；解除限制速度标志、解除禁止超车标志、干路先行标志、停车让行标志、减速让行标志、会车先行标志、会车让行标志应单独设置。

标志牌在一根支柱上并设时，应按警告、禁令、指示的顺序，先上后下，先左后右

排列。

(6) 路侧式标志应尽量减少标志板面对驾驶人的眩光。在装设时,应尽可能与道路中线垂直或成一定角度:禁令和指示标志为0°~45°,如图7.10(a)所示;指路和警告标志为0°~10°,如图7.10(b)所示。

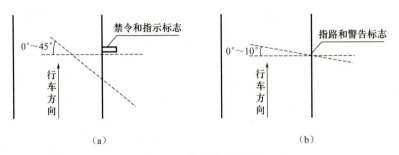

图 7.10　标志安装角度

7.2.4　道路交通标线

1. 道路交通标线的定义

道路交通标线是用不同颜色、线条、符号、箭头、文字、立面标记、突起路标和路边轮廓标等组成的交通安全管理设施。道路交通标线常敷设或漆画于路面及构造物上,起引导交通与保障交通安全的作用,可同标志配合使用,也可单独使用,是道路交通法规的组成部分之一,具有强制性、服务性和诱导性。道路交通标线在道路交通管理中占有重要地位,对高速、快速、城市干道及一、二级公路均须按国家规定设置道路交通标线。

2. 道路交通标线的分类

(1) 道路交通标线按设置方式可分为以下三类。

① 纵向标线。沿道路行车方向设置的标线。

② 横向标线。与道路行车方向成角度设置的标线。

③ 其他标线。字符标记或其他形式标线。

(2) 道路交通标线按功能可分为以下三类。

① 指示标线。指示车行道、行车方向、路面边缘、人行道等设施的标线。

② 禁止标线。告示道路交通的遵行、禁止、限制等特殊规定,车辆驾驶人及行人需严格遵守的标线。

③ 警告标线。促使车辆驾驶人及行人了解道路上的特殊情况,提高警觉,准备防范应变措施的标线。

(3) 道路交通标线按形态可分为以下四类。

① 线条。标画于路面、缘石或立面上的实线或虚线。

② 字符标记。标画于路面上的文字、数字及各种图形符号。

③ 突起路标。安装于路面上用于标示车道分界、边缘、分合流、弯道、危险路段、路宽变化、路面障碍物位置的反光或不反光体。

④ 路边轮廓标。安装于道路两侧,用以指示道路的方向、车行道边界轮廓的反光柱

（或片）。

(4) 道路交通标线的标画区分如下。

① 白色虚线。画于路段中时，用以分隔同向行驶的交通流或作为行车安全距离识别线；画于路口时，用以引导车辆行进。

② 白色实线。画于路段中时，用以分隔同向行驶的机动车和非机动车，或指示车行道的边缘；画于路口时，可用作导向车道线或停止线。

③ 黄色虚线。画于路段中时，用以分隔对向行驶的交通流；画于路侧或缘石上时，用以禁止车辆长时在路边停放。

④ 黄色实线。画于路段中时，用以分隔对向行驶的交通流；画于路侧或缘石上时，用以禁止车辆长时或临时在路边停放。

⑤ 双白虚线。画于路口时，作为减速让行线；画于路段中时，作为行车方向随时间改变的可变车道线；

⑥ 双黄实线。画于路段中时，用以分隔对向行驶的交通流。

⑦ 黄色虚实线。画于路段中时，用以分隔对向行驶的交通流。黄色实线一侧禁止车辆超车、跨越或回转，黄色虚线一侧在保证安全的情况下准许车辆超车、跨越或回转。

⑧ 双白实线。画于路口时，作为停车让行线。

7.3　道路交通信号控制

7.3.1　交通信号控制的作用

路口不同方向的车流、人流交叉汇合，常发生拥挤、碰撞、次序混乱，甚至造成交通事故。解决交叉口的交通冲突，就理论方面分析有两种方法，一种是空间分离，如平面渠化、立体交叉等；另一种是时间分离，如信号控制法、多路停车法及让路法等。交通信号的作用是从时间上将相互冲突的交通流予以分离，使其在不同时间通过，以保证行车安全，同时交通信号对于组织、指挥和控制交通流的流向、流量、流速、维护交通秩序等均有重要的作用，迫使车流有序地通过路口，提高路口效率和通过能力，也可减轻噪声，降低汽车废气污染。

7.3.2　交通信号的含义和基本规定

交通信号分为指挥灯信号、车道灯信号、人行横道灯信号、交通指挥棒信号、箭头信号、闪光信号和手势信号等。信号灯的颜色所表达的意义规定如下。

(1) 指挥灯信号。

① 绿灯亮时，准许车辆、行人通行，但转弯的车辆不准阻碍直行的车辆和被放行的行人通行。

② 黄灯亮时，不准车辆、行人通行，但已越过停止线的车辆和已进入人行横道的行人，可以继续通行。

③ 红灯亮时，不准车辆、行人通行，更不准闯红灯。

④ 绿色箭头灯亮时，准许车辆按箭头所指方向通行。

⑤ 黄灯闪烁时，车辆、行人须在确保安全的原则下通行。

右转弯车辆和 T 形路口右边无人行横道时的直行车辆，在不妨碍被放行车辆和行人通行的情况下，可以通行。

(2) 车道灯信号。

① 绿色箭头灯亮时，本车道准许车辆通行。

② 红色叉形灯亮时，本车道不准车辆通行。

(3) 人行横道灯信号。

① 绿灯亮时，准许行人通过人行横道。

② 绿灯闪烁时，不准行人进入人行横道，但已进入人行横道的，可继续通行。

③ 红灯亮时，不准行人进入人行横道。

7.3.3　交通信号控制装置的基本方式

我国使用的交通信号控制装置主要有下列几种。

(1) 手动单点信号装置，目前已很少使用。

(2) 定时或定周期自动信号装置，目前我国普遍采用。

(3) 车辆感应式控制装置，又分为全感应式和半感应式两种。

(4) 线控联动信号控制，也称绿波系统，自 1917 年于美国盐湖城开始使用，现已普遍采用。

7.3.4　交通信号灯的设置原则

设置交通信号灯的目的是使路口交通安全通畅、秩序井然、减少延误、提高通行能力、方便行人，但如设置不当，可能造成延误加大、通行能力减小、事故增加，因此是否装设交通信号灯必须有科学根据。设置交通信号灯一般应先分清主要道路与次要道路。主路优先通行，次路设停车（让路）标志，即次路车辆通过路口时，应停车观察，当主路无车或有较大间隙，估计不会发生碰撞时才能通过，故次要道路通行能力受主路制约。主路流量越大，则次路通过流量就越小。当不能满足次路要求时，则需改设交通信号灯控制，但交通信号灯控制必然要降低主路的通行能力或增大其延误，因此必须研究设置交通信号灯与不设信号灯的停车、让路两种情况下的通行能力与行车延误，进行对比分析，还要就交通安全、行车秩序、行人及安装费用等进行多方面的利弊分析，然后才能确定。

根据 GB 14886—2016《道路交通信号灯设置与安装规范》交通信号灯设置要求如下。

(1) 进入同一路口机动车高峰小时交通流量超过表 7-5 所列数值及有特别要求的路口，应设置机动车道信号灯。

(2) 路口非机动车信号灯设置。

① 对于机动车单行线上的交叉口，在与机动车交通流相对的进口应设置非机动车信号灯。

② 非机动车驾驶人在路口距停车线 25m 范围内不能清晰视认用于指导机动车通行的信号灯的显示状态时，应设置非机动车信号灯。

③ 其他特殊情况下，如通过交通组织仍不能解决机动车与非机动车冲突，宜设置非

机动车信号灯。

表7-5　路口设置机动车道信号灯高峰小时流量标准

主要道路单向车道数/条	次要道路单向车道数/条	主要道路双向高峰小时流量/(pcu/h)	流量较大次要道路单向高峰小时流量/(pcu/h)
1	1	750	300
		900	230
		1200	140
1	≥2	750	400
		900	340
		1200	220
≥2	1	900	340
		1050	280
		1400	160
≥2	≥2	900	420
		1050	350
		1400	200

注：1. 主要道路指两条相交道路中流量较大的道路。

2. 次要道路指两条相交道路中流量较小的道路。

3. 车道数以路口50m以上的渠化段或路段数计。

4. 在无专用非机动车道的进口，应将该进口进入路口非机动车流量折算成当量小汽车流量并统一考虑。

5. 在统计次要道路单向流量时应取每一个流量统计时间段内两个进口的较大值累计。

(3) 路口人行横道信号灯设置。

在采用信号控制的路口，已施画人行横道标线的，应相应设置人行横道信号灯。

(4) 路口方向指示信号灯设置。

① 在有专用转弯机动车道的路口，若采用多相位的相位设置方式，应设置方向指示信号灯。

② 在全天24h均不采用多相位的相位设置方式的路口，不应设置方向指示信号灯。

(5) 车道信号灯设置。

① 在可变车道入口和路段、隧道、收费站等地，应设置车道信号灯。

② 在城市快速路进出口等地视实际情况可设置车道信号灯。

(6) 闪光警告信号灯设置。

在需要提示驾驶人和行人注意瞭望、确认安全后通过处，宜设置闪光警告信号灯。

(7) 路口信号灯设置的交通事故条件。

① 对三年内平均每年发生5次以上交通事故的路口，从事故原因分析通过设置信号灯可避免发生事故的，应设置信号灯。

② 对三年内平均每年发生一次以上死亡交通事故的路口，应设置信号灯。

(8) 路段人行横道信号灯和机动车信号灯设置的流量条件。

双向机动车车道数达到或多于 3 条，双向机动车高峰小时流量超过 750pcu/h 及 12h 流量超过 8000pcu 的路段上，当通过人行横道的行人高峰小时流量超过 500 人次时，应设置人行横道信号灯和相应的机动车信号灯。

由于各个国家或地区的交通条件的差异，经济与交通习惯的不同，其他国家与我国规定的指标、数据不完全相同，但总的理论基础与主要指标相同或相近，主要是车流量大小、行人多少与交通事故数据。以日本、英国为例，其交通信号灯设置原则如下。

(1) 日本的规定。

① 以机动车流量为依据。在白天 12h（7：00—19：00）路口总的机动车流量达 9000 辆以上，并且高峰小时路口总交通量在 1000 辆以上。

② 以行人流量为依据。为保护行人过街，白天 12h 路上通过车辆达 6000 辆以上，并且高峰小时为 650 辆以上，高峰小时人行横道的行人为 200 人次以上。

③ 同时考虑车辆和行人。依据交通量、交通事故记录与行人等综合考虑。

(2) 英国的规定。

① 交叉路口第 4 位小时交通量达 500 辆，并且次要路流量达 150 辆/时。

② 交叉路口第 4 位小时交通量达 1200 辆，并且次要道路流量达 100 辆/时。

③ $PV^2 > 10^6$，P、V 分别为交叉路的第 4 位小时的行人数和机动车数。

④ 路口每年发生人身伤害事故 5 次以上时。

⑤ 上述任意两指标同时达到 80% 时。

7.3.5　信号控制的基本参数

为了确保信号控制效果，使信号控制交叉口具有较大的通行能力和较小的车辆延误，应合理地考虑信号交叉口的信号配时设计，使交叉口在最佳配时方案控制下运行。对于单点信号控制而言，其信号配时的主要参数包括信号相位（相位数、相序）、信号周期、绿灯间隔时间、绿灯时间（绿信比）、黄灯时间等。

1. 信号相位

城市道路交通设计指南

交通信号灯色的周期性变化，控制着路口各方向车辆的行或止。在交叉口进口道处，不同的流向按照一定的顺序获得通行权，通行权的每一次更换，就构成了一个信号相位。在一个信号周期内，包含多少个不同的信号相位，即具有相应的相位数，用符号 n 表示。

交叉口信号控制最基本的形式是两相位信号控制，即 $n=2$，其相位图如图 7.11 所示。当相位 A 绿灯亮时，东—西向直行、左转和右转车流同时获得通行权；当相位 B 绿灯亮时，南—北向直行、左转和右转车流同时获得通行权。如此交替进行，实现一个信号周期内的两相位信号控制。

信号相位对应与左、右转弯交通量及其专用车道的布置，常用信号相位基本方案如图 7.12 所示。

对于行车而言，相位越多越安全，但是相位越多，周期越长，延误的时间也就越长，

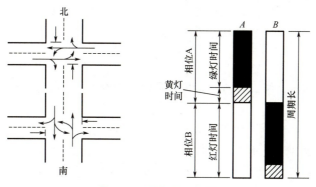

图 7.11 两相位示意图

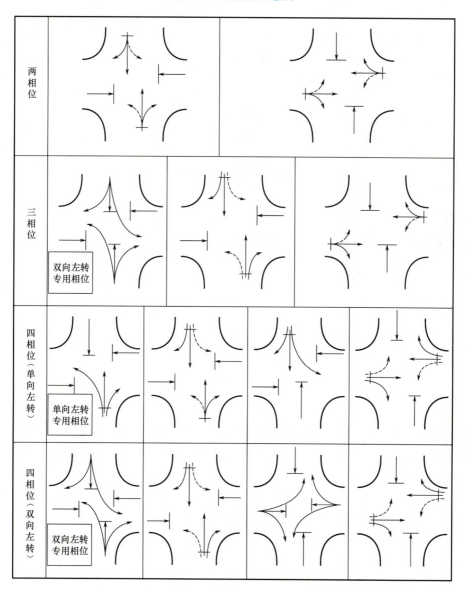

图 7.12 常用信号相位基本方案

效率也就越低。相反，相位少，交叉口车流虽然较乱，但通行效率反而高。因此，在选用信号相位时应根据道路交通实况具体分析，综合优化。

2. 信号周期

交通信号的红、黄、绿三种灯在指挥交通时依次循环闪亮，信号灯变化一个循环所用时间称为信号周期。

在交通信号控制系统中，增大周期，可提高通行能力。但周期达到120s后，通行能力提高缓慢，而延误却增长很快。所以，周期一般不宜超过120s。周期也不宜过短，最短周期应考虑两个因素所需的最短绿灯时间：车辆能安全通过交叉口所需的最短时间和行人过街所需的最短时间，一般定为40s。

在机动车交通为主的情况下，信号周期须选用最佳周期C_0。**最佳周期C_0是使交叉口各方向车辆通过路口的总延误最小的时间**。引自上海市工程建设规范《城市道路平面交叉口规划与设计规程》，最佳周期C_0的计算公式为

$$C_0 = \frac{L}{1-Y} \tag{7-1}$$

式中，Y为组成周期的全部信号相位的各个最大流量比y值之和；L为信号总损失时间。

信号总损失时间L，可按式(7-2)计算。

$$L = \sum_k (L_s + I - A)_k \tag{7-2}$$

式中，L_s为起动损失时间，应实测，无实测数据时可取3s；A为黄灯时长，可定为3s；I为绿灯间隔时间（s）；k为一个周期内的绿灯间隔数。

流量比总和Y，可按式(7-3)计算。

$$Y = \sum_{j=1}^{n} \max[y_j, y_j', \cdots] = \sum_{j=1}^{n} \max\left[\left(\frac{q_d}{S_d}\right)_j, \left(\frac{q_d}{S_d}\right)_j', \cdots\right] \tag{7-3}$$

式中，n为一个周期内的相位数；y_j为第j相的流量比；S_d为设计饱和流量（pcu/h）；q_d为交叉口各进口道不同流向的设计交通量（pcu/h），取各配时时段中的高峰小时中最高15min流率Q_{15mn}换算的小时交通量，即

$$q_{d_{mn}} = 4 \times Q_{15_{mn}}$$

计算Y值大于0.9时，须改进进口道设计或（和）信号相位方案，重新设计。

3. 绿灯间隔时间

绿灯间隔时间I是指前一个信号相结束放行，到后一个信号相开始放行之间的间隔时间，即失去通行权的相位绿灯结束到得到通行权的相位绿灯开始之间的间隔时间。一般控制定为5～12s。由于在绿灯间隔时间内刚变换信号灯色的两条进口道都产生了一段通车时间的损失，因此绿灯间隔时间在符合安全的前提下，应取最小值，既要保证行车安全不宜太小，也不能过多损失路口的通车时间。另外还同路口的几何尺寸有关。

有效绿灯时间g_e即某一相位的绿灯时间与黄灯时间之和减去损失时间，其物理概念如图7.13所示。

最小绿灯时间g_{min}是保证路口行车安全所需的最低限度，当某一相位获得绿灯信号时，车流离开停车线，后面跟上的车已经起动并正在加速，若绿灯时间过短，则后车来

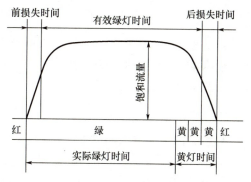

图 7.13 绿灯时间与损失时间示意图

不及制动,可能造成事故。同时绿灯时间过短行人也无法过街,故最小绿灯时间要慎重决定。

最小绿灯时间 $g_{\min}$ 按式(7-4)计算。

$$g_{\min}=7+\frac{L_p}{V_p}-I \tag{7-4}$$

式中,L_p 为行人过街道长度(m);V_p 为行人过街步速,取 1.2m/s;I 为绿灯间隔时间(s)。

4. 绿灯时间(绿信比 λ_j)

绿信比为一个周期内各相位的绿灯显示时间同周期之比,可用百分数(%)表示。 为了得到绿信比,先计算总有效绿灯时间及各相位有效绿灯时间。计算方法如下。

每周期的总有效绿灯时间为

$$G_e=C_0-L \tag{7-5}$$

各相位的有效绿灯时间 g_{ej} 为

$$g_{ej}=G_e\frac{\max[y_j,y_j',\cdots]}{Y} \tag{7-6}$$

各相位的绿信比 λ_j 为

$$\lambda_j=\frac{g_{ej}}{C_0} \tag{7-7}$$

各相位的实际显示绿灯时间为

$$g_j=g_{ej}-A_j+l_j \tag{7-8}$$

式中,l_j 为第 j 相位起动损失时间。

5. 黄灯时间

黄灯时间 A 是指为了将已经进入交叉口并正在前进的车辆,从交叉口内予以清除所需的时间,也可看成一种安全措施,由车速和交叉口的宽度确定,而与交通量的大小无关。一般定为 3~5s,或利用式(7-9)计算。

$$A=t+\frac{v}{2d} \tag{7-9}$$

式中,t 为反应时间(s);v 为进口车速(m/s);d 为减速度,一般为 3.3(m/s²)。

7.3.6 交叉口单点信号控制

交叉口单点信号控制，简称点控制，是以单个交叉口为控制目标，是交通信号控制的最基本形式。根据控制方式的不同，点控制有两种，即定周期信号控制与感应式信号控制。

1. 定周期信号控制

定周期信号控制的主要特点如下。

① 全天从早到晚可以是一个配时方案或多个配时方案。
② 在每个时段内，执行固定的配时方案。
③ 配时方案是事先根据交叉口的历史交通流调查统计数据确定的。
④ 配时方案的切换可以手动或自动进行，这取决于所采用的信号机。
⑤ 定时信号机安装简单，维护方便，成本低。

当交叉口交通流状况比较稳定，基本与历史统计数据相符时，可以采用定周期信号控制方式。这样按时间执行事先确定好的配时方案，可以保证实现预期的运行效果。

定周期信号控制机是最简单和经济的一种控制机。把定周期信号配时方案在这种控制机内设定之后，该控制机即以设定的配时方案操纵信号灯，以固定的周期及各灯色时间轮流启闭各向信号灯。

传统的机电型定周期信号控制机由同步电动机、定时刻度盘、定时键、控制周期的齿轮、凸轮轴、凸轮、凸轮起动装置等部件组成。周期设定在控制周期的齿轮上，由电动机带动该齿轮，齿轮又带动定时刻度盘转动。

现在大量使用集成电路的电子型定周期信号控制机，将各功能部分做成集成电路板（或模块），一块块插入板座内，实现各项操作功能。集成电路的电子型定周期信号控制机一般都做成多功能控制机，使控制机的设计更灵活，维护十分方便，发生故障时，只要把故障线路板换下即可。

2. 感应式信号控制

感应式信号控制的交叉口没有固定的配时方案，也不存在时段的划分，其配时参数随着交通流的波动而改变。根据车辆检测器提供的交通感应信息，实时地调整信号配时参数，以适应交通流的波动，提高交叉口的运行效率。

感应信号控制的主要特点如下。

① 考虑交通量的随机波动。
② 交叉口入口引道上设置车辆检测器，以提供所需要的交通感应信息。
③ 实时地调整信号配时参数，没有固定的配时方案。
④ 设置感应信号机并与检测器相连，其安装较复杂、成本较高、维护工作量大。

当交叉口交通流状况不稳定，随机波动大时，在有条件的情况下，可以考虑采用感应式信号控制方式。这样可以有效地利用绿灯时间，减少交叉口的车辆延误，提高其运行效率。

根据检测器的设置方式，感应式自动控制可分为两种：一种是半感应控制，即只在交叉口部分入口引道上设置检测器的感应控制；另一种是全感应控制，即在交叉口全部入口引道上都设置检测器的感应控制。

（1）感应式信号控制原理。

在图7.14（a）所示的交叉口平面示意图中，交叉口入口引道均设置检测器，设置位置一般距离路口30m，感应式信号控制基本原理如图7.14（b）所示。

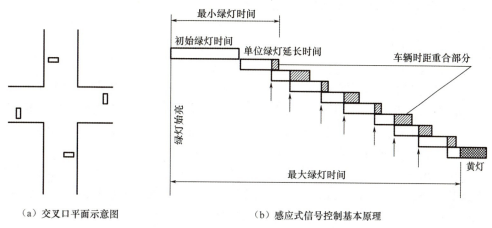

(a) 交叉口平面示意图　　　　　(b) 感应式信号控制基本原理

图7.14　感应式信号控制

当某一信号相位开始启亮绿灯时，感应式信号控制器内预设一个"初始绿灯时间"。当初始绿灯时间结束时，再增加一个预置的时间间隔（一般为单位绿灯延长时间），在此时间间隔内，若没有后续车到达检测器，则立即更换相位；若检测器检测到有后续车到达，则每检测到一辆车，就从检测到车的时刻起，相位绿灯延长一个预置的"单位绿灯延长时间"。绿灯一直可以延长到一个预置的"最大绿灯时间"。当相位绿灯时间延长到最大值时，即使检测器仍然检测到有来车，也要中断这个相位的通行权，转换信号相位。因此，在感应信号大于或等于最小绿灯时间控制下，各相位的实际绿灯时间大于或等于最小绿灯时间而小于或等于最大绿灯时间。

（2）感应式信号控制的基本参数。

① **初始绿灯时间**。初始绿灯时间，即给每个相位初期预先设置的一段最短绿灯时间。在这段时间内，必须保证积存在检测器和停车线之间的车辆驶入交叉口。

② **单位绿灯延长时间**。单位绿灯延长时间，是保证一辆车从检测器处驶入交叉口的时间，即初始绿灯时间结束后，在一定的时间间隔内，测得有后续车到达时所延长的单位绿灯时间。如果在这段时间内，没有测得来车，则可被判为交通中断，继而可结束绿灯转换相位。

③ **最小绿灯时间**。最小绿灯时间是给任一信号相位放行通车的最短时间，其目的是保证行车安全。这段时间内，停在检测器与停车线之间的待行车辆能完全驶出。

$$最小绿灯时间＝初始绿灯时间＋单位绿灯延长时间$$

④ **最大绿灯时间**。最大绿灯时间，即为了保持最佳绿信比而定的相位绿灯时间。它是相位绿灯时间的延长极限。当相位绿灯时间达到最大绿灯时间时，强制结束当前相位绿灯并转换相位。

3. 半感应式信号控制

半感应式信号控制系统适合于主干道与次干道相交的交叉口，检测器设置在次干路，在主干路上无检测器，主干路总是维持着持续不变的绿灯，除非次干路上有车辆和行人要通过而提出要求时，才变换灯色为红灯。

半感应式信号控制的参数如下。

① 主干道需保证的最小绿灯时间。
② 次干道需保证的最小绿灯时间。
③ 次干道允许的最大绿灯时间。

半感应式信号控制的工作过程如下。

（1）保证主干道最小绿灯时间。在主干道最小绿灯时间内，如果次干道上有车辆通过检测器，则在主干道最小绿灯时间满足后，将通行权让给次干道。在主干道最小绿灯时间内，如果次干道上没有车辆通过检测器，则在主干道最小绿灯时间满足后，绿灯仍继续保持，直到次干道有车辆感应时才将通行权让给次干道。

（2）次干道获得通行权后，先给予次干道最小绿灯时间，即车辆初始绿灯时间加上单位绿灯延长时间。在单位绿灯延长时间内，若次干道没有车辆通过检测器，则在该延长时间结束的同时，结束次干道绿灯时间，并将通行权让给主干道。然而在单位绿灯延长时间内，若某一时刻有车辆通过检测器，则从该时刻开始，增加一个新的单位绿灯延长时间。如果次干道绿灯时间大于允许的最大绿灯时间，则不再增加新的单位绿灯延长时间，待原延长时间结束后，结束次干道绿灯时间，同时将通行权让给主干道。

7.3.7 线控制与区域控制系统简介

1. 线控制系统

线控制系统

在一条较长的道路上，有若干个相临近的交叉口，若采用点控制组织交通，则各交叉口的绿信比、周期和绿灯开始时刻互不协调，这样必然增加停车次数。而采用控制使各交叉口取统一周期，变动绿信比，各交叉口的绿灯时刻按行车路线方向错开一定的时间，这样只要汽车按规定的速度行驶，理论上可以做到处处遇到绿灯，从而减少停车次数与时间延误，缩短运行时间，提高道路通行能力。该控制方法称为线控制，也称"绿波"交通。线控制可以分为以下三种。

（1）联动控制。

在线联动控制的信号机中，有一个信号机为主机，统一控制其他信号机，从而达到减少车辆延误的目的，这是定时自动信号灯中的一项重要改进，整个系统使用统一周期，各联动的路口其最大距离一般取 800m。若距离超过 800m，则由于中途有纵向和横向干扰，车队离散，从而严重影响联动的效果。不同周期、平均速度与交叉口之间合适的距离见表 7-6。

表 7-6　不同周期、平均速度与交叉口之间合适的距离

平均速度/(km/h)	周期/s			
	60	70	80	90
	交叉口距离/m			
32	268	312	357	402
40	335	390	448	502
48	402	469	536	604

线联动信号系统的三个要素是周期、绿信比和相位差。其中相位差为关键参数。

① 相位差含义。相位差一般分为相对相位差和绝对相位差。相对相位差是线联动信号系统开始工作时，各个交叉口的信号机相对于主机起始的时间偏移，即相邻两处绿灯的时间间隔，是一个相对值。绝对相位差是指在联动信号中选定一个标准路口，规定该路口的相位差为零，其他路口相对于此路口的相位差。

联动控制系统中，协调控制主要体现在相位差的设计上，它是决定整个控制效果的关键。在实际设计中，常常使用绝对相位差的概念。

② 时间-距离图。相位差的意义一般用时间-距离图表示，如图 7.15 所示。

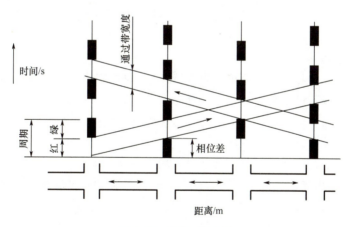

图 7.15　时间-距离图

时间-距离图的横坐标表示干道上各个信号交叉口间的距离，纵坐标表示时间。这里需注意，纵坐标所代表的时间是表示车辆以某一均匀速度从某一交叉口到达其他交叉口所用时间。也就是说，这个时间表示的是车辆在交叉口间能够以不受干扰的速度行驶所用的理想时间。时间-距离图涉及以下几个概念。

a. 通过带。**在时间-距离图中，连接各个信号交叉口绿灯时间始端和终端的平行线间的空间称为通过带**。从通过带的定义可知，无论在哪个信号交叉口，只要车辆在通过带内的时刻到达交叉口，并以该通过带所界定的速度行驶就可以顺利地通过该交叉口而不会受到信号灯阻滞。

b. 通过带速度。**两根平行的位于各交叉口绿灯时间终端和始端的直线斜率的倒数恰好是车辆行驶速度，这个速度称为通过带速度**。它代表在干道交通协调控制设计中所采用

的理想速度。

c. 通过带宽度。**通过带宽度是指图 7.15 中两平行车辆行驶速度线间纵坐标时间表示的宽度**。这个宽度表示车辆在该时间段内到达交叉口，并可以顺利通过而不受红灯信号的阻滞。如果车辆在通过带宽度以外的时间到达交叉口，则会受到红灯信号的阻滞。从这里可以看出，通过带宽度就是干道的绿灯时间。连续通过带的宽度越宽，越能处理更多的交通流，线控制效果越好。

③ 线联动系统的计算。

a. 先按单个交叉口的信号配时方法确定每个交叉口的最佳周期，并以其中最长的一个周期作为本系统的周期。

b. 确定每一交叉口的信号时段和行人通过时间。

c. 确定每一信号机的相位差。

信号相位的确定采用图解法（图 7.15），具体步骤如下。

第一，画出信号控制时间-距离图，在图的横轴方向标出各个信号交叉口的距离。选定第一个交叉口的信号作为基准信号，其绿灯时间起始位置为 0。

第二，从基础信号的绿灯起点开始，作一条推进速度线，使其斜率等于该时段设计车速的倒数。根据从各个交叉口位置引出的垂线与该条速度线的交点即可确定各个交叉口的绿灯起始位置。

第三，根据各个交叉口的绿信比及整个干道控制所采用信号周期，可以确定各交叉口信号变换时刻。

（2）单系统控制。

路段上有 5～20 个相邻的交叉口，预先确定一种控制方案的系统控制称为单系统控制。单系统控制一般不设主控制机，而按统一设计的周期、相位差，用石英钟调准各交叉口的开机时间，从而达到系统控制的目的，这样可不用导线传递控制指令。

（3）多段系统控制。

为了适应交通运行状况的变化，与多段定周期控制系统一样，把控制参数（周期、绿信比及相位差），按事先设计好的程序，在不同的时间段用不同的系统控制参数。

此外，还有自动感应系统控制，这种控制机要使用计算机。

2. 区域控制（面控制）系统

点控制系统和线控制系统的明显特征是控制对象数目有限，控制范围较小，实现控制的方法较简单、直观。然而这些控制的缺点也较明显，如在城市交通系统中，各个被控对象（如信号交叉口）之间是存在一定关系的，这种内在关系决定了理想的交通控制不仅仅是提高某一交叉口的通行能力，减少车辆经过该交叉口的延误，而且是要提高整个控制区域的交通运输效率，减少整个区域内车辆运行的延误时间。显然，要达到这一目标，点控制系统或线控制系统是无法实现的。为此，区域交通控制系统应运而生。

区域交通控制是 1963 年在加拿大的托拉塔城首先出现的。在此之前，曾有人提出把许多主要干道上已有的干道交通控制扩展为整个区域的交通控制。1959 年加拿大多伦多市利用一台电子计算机，做了一个试验性方案，控制了一批用交叉口信号控制的交叉口。经过试验，人们成功地实现了区域交通控制。从此之后，美国、英国、日本等国的多个城市相继安装了由计算机控制的区域交通控制系统。

区域交通控制系统可分为固定配时系统和自适应式控制系统。

(1) 固定配时系统。

固定配时系统的配时方案是根据交通网络的历史数据制定的,主要应用了计算机建模、优化与仿真技术,在建立这类系统控制方案时,目前常用 TRANSYT 系统。

TRANSYT 系统是英国交通与道路研究所 1966 年提出的离线优化交通网络信号配时软件,其基本原理如图 7.16 所示。

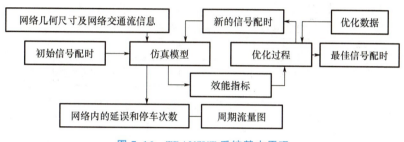

图 7.16　TRANSYT 系统基本原理

TRANSYT 系统由两部分组成。

① 仿真模型。建立仿真模型的目的是用数学方法模拟车流在交通网络上的运行状况,研究交通网络配时参数的改变对车流运行的影响,以便客观评价任意一组配时方案的优劣。为此,仿真模型应能够对不同方案下的控制参数(如延误时间、停车次数、燃油消耗量等)做出可靠的估算。

② 优化程序。将仿真得到的性能指标送入优化程序,作为优化的目标函数。TRANSYT 系统以网络内的总行车油耗或总延误时间及停车次数的加权之和作为性能指标,用爬山法优化,产生较初始配时更加优越的信号配时。把新的信号配时方案再送入仿真部分,反复迭代,最后取得性能指标达到最佳的系统配时。TRANSYT 系统优化过程的主要环节包括绿时差的优选、绿灯时间的优选、控制子区的划分及信号周期的选择四部分。

(2) 自适应式控制系统。

自适应控制系统的主要特点是配时方案的生成是依据实际交通情况,而不是历史数据,这样,整个控制的实时性有了明显提高。这类系统主要有英国的西伦敦系统、格拉斯哥系统、SCOOT 系统和澳大利亚的 SCATS 系统。

以 SCOOT 系统为例,SCOOT 系统主要由交通模型和配时参数优化两部分组成,交通模型根据路网上交通情况的实时反馈信息,计算出参数和运行指标。SCOOT 系统交通信息采集和传输过程如图 7.17 所示。

系统包括四方面内容:①车辆检测数据的采集和分析;②交通模型;③配时参数优化调整;④系统控制和检测。

车辆检测数据由路网上的车辆检测器给出,这些数据是交通模型的输入部分。交通模型将根据有关数据计算出排队参数和停车次数等参数。配时参数优化调整即实时连续地调整绿信比、信号周期及相位差这三个参数,使信号控制同交通流运行相适应。

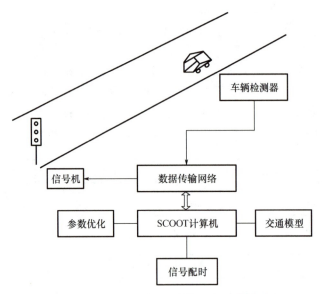

图 7.17 SCOOT 系统交通信息采集和传输过程

7.4 道路交通组织管理

7.4.1 单向交通管理

道路交通组织管理

单向交通又称单向线，是指道路上的车辆只能按一个方向行驶的交通。

当城市道路上的交通量超出其自身的通行能力时，将造成城市交通拥塞、延误及交通事故增多等问题。此时，在道路交通系统中，若对某条道路或几条道路，甚至对某些路面较宽的巷、弄，考虑组织单向交通，则将会使上述交通问题明显地得到缓解和改善。故单向交通是在城市道路交通系统中，解决城市交通拥挤，充分利用现有城市道路网容量的一种经济、有效的交通管制措施。

应该强调指出，在旧城区街道狭窄、路网密度很大的地方，需要且有可能在一些街道上组织单向交通。说它需要，是因为这些街道车行道狭窄；说它可能，是由于道路网密度大，便于划出一组对向运行的平行道路。

1. 单向交通的种类

（1）固定式单向交通。

对道路上的车辆在全部时间内都实行单向交通称为固定式单向交通，常用于一般辅助性的道路上，如立体交叉桥上的匝道交通大多是固定式单向交通。

（2）定时式单向交通。

对道路上的车辆在部分时间内实行单向交通称为定时式单向交通。如城市道路交通在高峰时间内，规定道路上的车辆只能按重交通流方向单向行驶。而在非高峰时间内，则恢复双向运行。所谓重交通流方向是指方向分布系数$K_D > \frac{2}{3}$的车流方向。必须注意，实行定时式单向交通，应给非重交通流方向的车流安排通行道路，否则会带来交通混乱。

(3) 可逆性单向交通。

可逆性单向交通是指道路上的车辆在一部分时间内按一个方向行驶，而在另一部分时间内按相反方向行驶的交通。这种可逆性单向交通常用于车流流向具有明显不均匀性的道路上。其实施时间应依据全天的车流量及方向分布系数确定，一般当$K_D > \frac{3}{4}$时，即可实行可逆性单向交通。同样，应注意给非重交通流方向的车流安排通行道路。

(4) 车种性单向交通。

车种性单向交通是指仅对某一类型的车辆实行单向交通。这种单向交通常应用于具有明显的方向性及对社会秩序、人民生活影响不大的车种，如货车。实行这类单向交通的同时，对公共汽车和自行车仍可维持双向通行，目的是充分利用现有道路的通行能力。

2. 单向交通的优缺点

单向交通在路段上减少了与对向行车的可能冲突，在交叉口上大大减少了冲突点，故单向交通在改善交通方面具有以下较突出的优点。

(1) 提高了道路通行能力。

(2) 减少了道路交通事故。

(3) 提高了道路行车速度。

(4) 可充分利用狭窄街道。

同时，单向交通也存在以下缺点。

(1) 增加了车辆绕道行驶的距离，给驾驶人增加了工作量。

(2) 给公共车辆乘客带来不便，增加步行距离。

(3) 容易导致迷路，特别是对不熟悉情况的外地驾驶人。

(4) 增加了为单向管制所需的道路公用设施。

(5) 对于急救、消防等特种车辆常造成困难。

3. 组织单向交通的基本条件

从原则上或总体上来看单向交通有很多优点，但具体实施还应从实际出发、认真调查、全面分析、谨慎决定，不仅要分析正面影响，还要分析其所带来的负面影响，一般应满足下列条件。

(1) 在道路方面最好是方格形路网，有大致平行且通行能力相近的道路，其间距不大于200~300m，以免绕行太远和便于组织配对行车。

(2) 交通方面应有两向交通量大致相近且很少反向行驶的特种车辆。

(3) 对车道为奇数的道路，早晚两向流量相差较大，潮汐性显著的道路可实行可逆性单向交通。

(4) 主干路两侧有可利用的较窄的街道时，可组织单向行车或单车种行车。

(5) 其他经分析论证，整体性、综合效益均有较大提高的路段。

总之，应从线路的网络系统进行认真、全面的分析，特别要做好行车组织的实施规划。

7.4.2 公交车管理

公交车载客量大，人均占用道路面积小，并且可有效地利用道路，故可采用公交车专用车道的办法来提高公交车的运行效率和服务质量，达到减少城市交通量的目的，使整个城市的交通服务质量得到改善，带来较大的社会经济效益。公交车管理包括开设公交车专用道、公交车专用街及公交车专用道路等。

1. 公交车专用道

（1）类型。

公交车专用道按车辆行驶方向可分为顺向式、逆向式和可变式；按设置区位则可分为外侧式与中央式；按行驶时间可分为全天式和高峰式（即高峰拥挤时采用）；按其与一般车道的分隔方式可分为物体分隔式和画线分隔式，而物体分隔式又分为隔离墩分隔式和绿岛分隔式。

（2）设置条件。

① 道路的断面形式、宽度、机动车道数，连续性与交通饱和度对公交车专用道是否有利，一般认为单向应具备两条以上的机动车道，如单向有 3~4 条则更佳。

② 单向高峰小时公交客运量大于 5000 人次，并初步形成公交走廊，道路总宽度在 30m 以上为好。

③ 在有条件的交叉路口应设置专用的公交进口车道，使其不至于在路口形成再次排队或拥挤堵塞无法通过的情况。

2. 公交车专用街

公交车专用街是指在这种街道上只让公交车和行人通行。其好处是可以将其他车辆从这种街上排除出去，以提高公交车的行驶速度；可以空出街道空间以确保公交车有适当面积的靠站；可以使行人较安全地通过街道；可以改善城市环境。采取公交车专用街，设施简单，投资少，只要加强管理，限制其他车辆通行，采用适当的交通标志就可达到目的。这样的街道一般比较短，而且也可让自行车通行。市中心商业区或只有两个车道的窄街道，如其附近有平行的街道，可以将这种窄街道开辟为公交车专用街。

3. 公交车专用道路

公交车专用道路是指专门供公交车行驶的道路。在建设卫星城时可考虑建设这种道路，它可以连接居住区和工厂或商业区。一般来说，公交车专用道路是公交车的"高速道路"，站距长、速度快。在这种道路上要求有比其他道路更完善的交通安全设施和严格的交通管理措施。

7.4.3 自行车交通管理

自行车在许多城市中仍占主导地位，其数量大，涉及面大，分布广，在大街小巷早晚非常集中，影响机动车与整个城市交通系统，从某种意义上讲，管理好自行车就管好了城市交通。另外，自行车骑车人是弱势群体，应给予更多的同情、关心、爱护，时时处处为骑车人着想，为骑车人服务，为他们创造必要的条件，满足其合理的要求。自行车交通作为"绿色交通"，有利于城市的生态环境和交通的持续发展，也是短途出行和换乘必不可少的重要工具。

当前对自行车交通主要是加强管理，具体措施如下。

（1）总体上应做好骑车人遵守法规的安全教育工作。自行车交通事故中主要原因是疏忽大意、抢道行车、突然猛拐等，据统计此类事故约占自行车事故总量的80%，故在管理中做好交通安全宣传教育，提高骑车人遵守法规与安全意识非常必要。

（2）交叉路口是管理的重点，据统计，日本自行车交通死亡事故发生在路口占58%（城市66%、乡区40%），法国占36%（城市60%~80%），美国占50%以上，我国上海占27.2%，南京占29.7%。无论从安全、秩序还是从通行能力方面考虑，管好路口是关键。

① 完善路口的信号配时。考虑到自行车行动快、灵活、机动，骑车人有率先通过路口的心理，可将自行车的停车线前置，让其先行通过，或让自行车信号先亮，使自行车先进入路口，先行通过，两次绿灯时差以取10s左右为宜。

② 绿灯开放时禁止机动车右转。为解决机动车右转时自行车直行受阻，当绿灯亮时禁止机动车右转，使自行车顺利通过路口，然后红灯亮时再让机动车右转，以减少两者冲突。

③ 左转自行车二次等待。当自行车左转流量不大而机动车流量很大时，为解决左转自行车对机动车的干扰，可让自行车先直行，至中间候驶区，等待另向绿灯开放时，再行通过，即二次等待，这样可以减少左转自行车与直行机动车在路口的交叉冲突，有利于自行车的安全和机动车通行。

④ 路口个别方向自行车右转量特别大时，可设置专用的自行车右转车道。

⑤ 个别路口自行车左转量不大，附近又有道路可以实现左转时，可采取禁左方式。

总的原则是尽可能减少路口机动车与自行车流的交叉冲突，实现交通分离，保障安全。具体实施时，可因地制宜，灵活运用。

（3）在路段上最主要是使自行车与机动车分道行驶。最好是设定自行车专用道系统，使自行车与机动车完全分开，在主干路与次干路相交叉路口可建简易式立交；在条件不足时，也可对自行车流量大的路口增设长为30~50m、宽为3~4m的自行车右转专用车道，以减少自行车流的排队长度，增加进口车道数，提高路口的通过能力。

对于机动车、非机动车混行的断面，应设置分隔带。路口宽度不足时可采用设置隔离栏的方式，在最低条件下，也应画线分隔，以避免机动车、非机动车混行的杂乱状况。

在市区路网密度较大的地区，特别是方格式路网有相互平行路线且间距不大时，可组织自行车单行线，以提高行车安全与路段通行能力。

（4）规划建设一定数量、分散的自行车停车场，对于维护交通秩序是非常必要的。

7.4.4 步行交通管理

1. 步行方式的特点与要求

步行是以人的体力为依据的基本交通方式，不管交通如何发达，每次出行的始、终端均须步行承担，步行活动范围视人的体力而变化，是适应能力最差、最不耐久的一种方式，但也是对道路条件要求最低，可达性最好的方式。

人们对步行的要求集中起来讲，主要是方便、自由、舒适、安全、连续和无障碍六种因素，特别是步道的连续性。许多城市的步道常常是断续的，走走停停，或高度不连续，或摆摊设点等。

步行在安全方面常受到汽车、自行车的干扰。从现代交通管理系统来看，对行人舒适、安全所采取的措施还很不完善，没有充分发挥出现代科技的作用。

2. 目前步行交通存在的问题

目前步行交通存在的问题主要是重视不够、设施不足、人行道不连续、过街困难、管理不力、秩序不佳、环境太差、交通事故偏多，还有少数城市把重要的人行道改为行人与非机动车合用，给行人特别是老年人带来很大困难，要根据实际情况认真对待。

3. 人行步道的管理要求

从工程设施方面考虑，人行步道的线形平面上要顺视线开阔、纵向连续，不要忽高忽低，路面要平稳，不要太光滑，宽度不要突然收窄或放宽，窨井盖与路面要大致齐平，要清除妨碍行人通行的电杆、广告牌、灯柱、电话亭、报刊亭等障碍物。

路口视距需开阔，交通繁忙的路上最好设人行天桥、地道，条件不足时要做好渠化，设置安全岛或行人护栏，夜间要加强照明，使行人能看清过街线与来往车辆，过宽（≥20m）的街道中间要设安全岛，保护行人。

4. 人行横道的管理

交叉口内相邻道路的人行步道互相连通，并将转角处人行道加宽，以适应人流集中转向需要。为使行人安全、有序地横穿行车道，应在交叉路口设置人行横道。交叉范围的人行横道和人行步道相互连接，共同组成可达任意方向的步行道网。

（1）人行横道规划原则。

① 尽可能让人行横道与行人流向一致，为行人过街创造方便、安全与舒适的人行横道。

② 人行横道应尽量与车行道垂直，这样可以使行人过街距离最短，减少过街时间，提高路口通行能力。

③ 人行横道要尽可能接近路口中心，但不影响机动车的通过，减少路口的交叉面积，缩小交叉口的范围，可以减少通过路口的时间。

④ 人行横道的长度一般应不大于 15m，如超过此值，中间应设安全岛，维护行人安全，并且应让驾驶人容易看清人行横道的位置，其宽度应视过街行人交通量计算，通常不小于 4m，支路也不应小于 2m，总之，应视实际情况充分满足行人需要，并留有余地。

（2）人行横道设置。

① 人行横道应设置在驾驶人容易看清的位置，标线应醒目。人行横道一般可设置在交叉口人行道的延续方向后退 4~5m 的地方，如图 7.18（a）所示。当转角半径较大时，可将人行横道设在圆弧段内，如图 7.18（b）所示。人行横道原则上应垂直于道路设置，可使行人过街距离最短；但如道路斜交时，人行横道应与相交道路平行，如图 7.18（c）

所示。T形和Y形交叉口人行横道可按图7.18（d）、图7.18（e）设置。

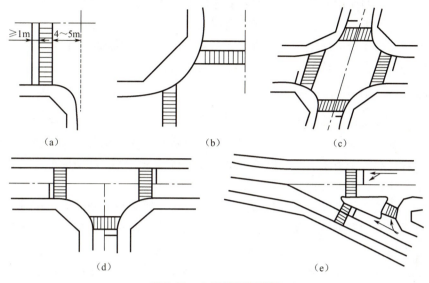

图7.18 人行横道的设置

② 人行横道标示线。人行横道一般采用斑马纹状的线条标示，或在人行道两旁采用白色平行粗实线标示，尺寸和标示法见相关国家标准，人行横道的位置应根据实际需要确定，但间距不应小于150m，宽度不小于3m，并可根据行人数量以1m为单位加宽。

③ 安全岛。对于超过15m长的人行横道应设安全岛供行人临时停留之用，也可作为诱导和分流之用，其宽度应不小于1m，宽度过窄，则夜间不易为驾驶人看清，而且宜用反光材料标示。

④ 对于繁忙的路口设置行人过街专用信号或触摸式信号，其配时周期应充分考虑老年人、残疾人的特点，必要时还应设机动车避让行人的标志。

7.5 高速公路的交通控制

高速公路的交通管理、控制，以及附属交通设施是保证高速公路上的车辆高速、安全运行的必要条件。高速公路具有投资多、通行能力大和车速高等特点，其管理的好坏对于运输效益有很大的影响。若管理控制设施与此不相适应，则即使按高速公路的标准进行建设，也无法达到预期的效果，甚至使交通事故层出不穷，生命财产受到重大损失。

1. 高速公路交通控制的特点

高速公路的交通控制一般采取下列措施。

（1）平时为了预防车流阻塞，当交通量超过道路通行能力时，就实行控制，禁止车辆驶入高速公路。

（2）当发生交通事故等紧急情况时，为迅速解除由此产生的阻塞，实行控制驶出，禁止驶入的措施，以上两项措施是为了维持高速公路顺利行车。

(3) 高速公路的使用，常对其周围环境造成影响和损害，为了保护环境，应在交通情况即将对环境和人类造成危害时，实施交通控制。

高速公路交通控制的性质在正常情况下和紧急情况下是不同的。在正常情况下是为了预防车流阻塞；而在紧急情况下则以解除事故阻塞为目标。

2. 高速公路交通控制的重点和方法

高速公路应以匝道处即出入口处的控制为中心。经验表明，高速公路的交通应该要有一个最佳的密度和车速，低于此车速就容易造成时停时开的不稳定车流，会大大地浪费运行时间，并容易导致交通事故。控制出入口可以保持车速-密度-间距的最佳组合，当然这首先取决于高速公路上的交通量。

控制高速公路立体交叉匝道上交通流量的方法，主要是在高峰期间使用设置在匝道上和邻近道路系统上的车辆传感器，将整个立体交叉系统的车辆运行情况，传送到交通管理信息中心，由电子计算机决定不同方向的路口，哪些开放，哪些关闭，同时对整个系统的出入口发出信号，指示车辆按指定方向运行，这样整个立体交叉系统就能获得车速-密度-间距的最佳组合。

3. 高速公路的交通监控系统

高速公路的监控系统一般可分为控制系统、监视系统、信息系统、传输系统、中心控制和显示系统五部分。

(1) 控制系统。控制系统包括高速公路干道和驶出匝道、驶入匝道的控制。

① 高速公路干道控制一般有两项内容。

a. 可变车速控制。在道路上设置门架式或立柱式的可变车速标志，标志间隔在城市地区为1km，在乡村地区为3km。当前方路段由于事故、维修等原因而发生车辆拥挤时，可变车速标志根据时间-空间关系，指示汽车驾驶人采用不同的车速，实现车速的均匀变化，避免尾端冲撞事故，一般可使事故发生率降低18%～50%。

b. 车道封闭或标志控制。这种控制采用设标志的方法，标志通常在每一条车道上方显示一垂直向下的绿色箭头（↓），如某一车道前方由于事故或维修而受阻，则该车道上面的绿色箭头显示将变为红色的斜十字叉形（×），表示该车道关闭，这种标志被认为是高速公路必需的一种措施。

② 驶出匝道控制并不是一种很有效的手段，唯一的好处是解除了接近干线交叉口的阻塞，但这将以牺牲干路安全为代价，可能产生尾撞。驶出匝道的关闭，可明显地减少车辆交织，对干路交通是有利的。

③ 驶入匝道控制的基本目的是减少在干道上所有车辆的行程时间；消除或减少在匝道上的车辆与干道车辆交汇过程中的冲突和事故。由于驶入匝道控制实现了交通流的平顺，因此减少了车辆汇入及环境干扰。驶入匝道控制可分为四种控制形式。

a. 关闭匝道。当互通式立交间彼此非常接近，车辆交织问题严重，附近有可供通行的道路时，可采用关闭匝道的方法，一般可通过采取设置人工栅栏或自动栅栏等措施来实现，但因易引起公众的不满，一般不采用。

b. 定时调节控制。这是最简单的控制方法，用来限制进入高速公路干道交通量，可以改善干道上的交通状况，提高行车安全。

c. 独立的交通感应调节控制。通过埋设在高速公路干道上、匝道上和汇合区的各种检测器测得各种交通参数。根据这些不同的交通参数调整信号配时进行控制。

d. 整体系统的运行调节控制。在一系列匝道集中考虑的情况下，根据交通量和通行能力的情况进行调节。该控制考虑的是整个系统，而不仅仅限于直接的上游和下游的匝道，其优点可兼顾整个系统。

（2）监视系统。

监视作为获悉发生偶然事件的一种手段，能帮助管理人员迅速采取措施，具体措施如下。

a. 在发生偶然事件后，提供紧急服务（如消防、救护等）。

b. 在车辆发生故障的情况下，提供修理服务。

c. 在偶然事件可能影响的范围内，为汽车驾驶人提供信息服务。

监视系统的基本目的是要尽快发现各处的偶然事故，以便采取有效措施，迅速消除可能发生的问题。一般采用的方法有电子监视，即通过电子监视系统来探测偶然事件，这要求在高速公路上安装大量检测器，使检测器与中心监控室相接，以便查知公路上是否发生事故。其他方法有工业电视、航空监视、电话系统、援助合作系统、无线电发报机、警察和公路巡查车等。

（3）信息系统。

信息系统通过一次或多次感觉传递给驾驶人，使用最多的是视觉和听觉传递。传递信息的基本原则是越重要的信息，应给予越多的传递机会；避免使用过多的信息减弱接收效果，提前给出信息，使驾驶人有所准备；传递出去的信息应保证能通知到驾驶人，并使他感兴趣。常用的信息系统有可变信息系统、汽车内显示装置、无线电系统等。

（4）传输系统。

控制设备的原始交通信息收集和控制指令发送确认的通道，系统的类型取决于传输距离，信息传输的方法可以分为四类：直达电缆和光缆、有线电话、无线电、微波方式。

（5）中心控制和显示系统。

中心控制和显示系统由中心控制系统和中心显示系统两部分组成。

① 中心控制系统。中心控制系统分析处理检测器的信息，控制信号和可变信息标志，为显示和记录设备提供信息数据。

② 中心显示系统。中心显示系统主要组成为一大屏幕电子地图，它可提供系统运行的直观表示。在控制地区的地图上可显示出道路交通情况。

【习题】

一、名词解释

交通管理　　信号相位　　信号周期　　绿信比

二、选择题

1. 最佳周期是指（　　）。

   A. 能使到达路口的车流量刚好全部通过路口的周期

   B. 使交叉路口各方向车辆通过路口的总延误最小的周期

   C. 干道交通流所能完全通行的最小周期

   D. 次要道路交通流所能通行的最小交通时间

2. 下列（　　）不是单点信号的参数。

   A. 时差　　　　B. 周期时长　　　　C. 绿信比　　　　D. 相位

3. 某交叉口设三相位信号，已知三个相位的绿灯时间分别为20s、25s和20s，黄灯时间都是3s，则信号周期为（　　）。

   A. 48s　　　　B. 74s　　　　C. 68s　　　　D. 65s

三、简答题

1. 规定的道路交通标线分为哪三大类？

2. 交通标志有哪些种类？各有何用途？设置道路交通标志需考虑哪些因素？

3. 试述交通标志的分类及交通标志三要素，并对图7.19所示的交通标志进行分类，并解释其含义。

图 7.19　交通标志

4. 常用的平面交叉口的交通管制有哪几种方式？

第 8 章

交通污染及控制

本章教学要点

知识要点	掌握程度	相关知识
交通污染的种类	了解废气污染； 了解光化学烟雾； 了解噪声污染； 了解振动污染	废气污染，光化学烟雾，噪声污染，振动污染
交通噪声污染与控制	了解噪声基本知识； 了解道路交通噪声的特点； 掌握交通噪声来源； 了解交通噪声污染的危害； 掌握交通噪声测量技术； 掌握交通噪声标准； 了解交通噪声控制技术	噪声基本知识，道路交通噪声的特点，交通噪声来源，交通噪声污染的危害，交通噪声测量技术，交通噪声标准，交通噪声控制技术
汽车排气污染与控制	了解汽车交通对大气污染的影响； 了解汽车排气污染的危害； 了解汽车排气污染的防治方法	汽车交通对大气污染的影响，汽车排气污染的危害及防治方法

英科学家呼吁：应重视交通污染

据环境污染卫生与交通领域内的八位著名专家组成的一个小组公布的报告称，交通污染与心脏病、肺病和花粉病相关，甚至能引起癌症，还可能与感冒有关。报告对空气污染的原因、后果及可能使问题得以减轻的一些解决办法都做了详尽的分类。

公路交通是城镇的一个主要空气污染源。据英国交通部的预测：到2025年，公路上的车辆数目可能翻一番，这将极大地增加交通污染。

伯明翰大学公共卫生和流行病学教师沃尔特报告说，住在交通繁忙地区的人士呼吸系统患病者多于住在不太繁忙地区的人。肺功能下降和呼吸系统疾病上升与尘埃、二氧化氮和臭氧有关。

伦敦一家医院的呼吸系统医学教授戴维斯提出：臭氧可能提高哮喘病患者对普通过敏原的反应。他说臭氧和人们对鼻病毒（感冒的主要诱因之一）的易感性有联系。据伦敦卫生和热带医学院的流行病及人口学教授麦克迈克尔的看法，空气中颗粒水平的增加同心脏病和肺病危险的增加相关联。在伦敦癌症研究所从事研究的菲利浦斯认为，一些交通污染物，如多环芳香族烃可能是一种致癌因素。

牛津大学交通研究单位负责人古德温说，交通污染对健康的影响也是交通政策经常修改的一个原因。在英国城镇的污染物常常超出国际上规定的标准。他希望制订新的计划，如更好地控制交通流量以便减少交通污染对健康的威胁。

（引自．恰然．英科学家呼吁：应重视交通污染对人体健康危害的研究．国外科技动态．）

8.1 概　　述

交通污染是指道路交通的污染，指车辆排放出的烟、尘和有害气体，其数量、程度和持续时间都超过大气的自然净化能力和允许标准，使人和生物等蒙受其害。

近年来，随着城市化建设脚步的加快，我国机动车保有量以惊人的速度增长。机动车保有量的增长给人们带来出行便捷的同时也引发了一系列问题。道路交通的不断发展伴随着交通拥挤、交通事故、交通污染等问题的产生，严重影响社会健康可持续发展。

据公安部统计，截至2023年6月底，全国汽车保有量达4.26亿辆。全国88个城市汽车保有辆超过100万辆，41个城市超过200万辆，24个城市超过300万辆。随着我国机动车的迅猛发展，各类城市日益显现出大面积交通堵塞、土地和石油资源短缺、环境污染等问题。

道路交通环境污染是大气污染的主要来源之一。汽车、摩托车等机动车在道路上运行过程中均会对道路交通环境有所污染，如排放的尾气、产生的噪声和振动等。特别是由于车流量较大，使得大、中城市的主干道的交通污染最为严重。汽车、火车、飞机、轮船作为现代的主要交通运输工具，它们使用煤或石油产生的废气是主要的交通污染物。

8.2 交通污染的种类

汽车工业的快速发展和汽车保有量的快速增长,给日常生活带来便利的同时对居民生活环境的污染也越来越严重,直接影响人们的健康生活。根据污染源和污染情况不同可将交通污染划分为四个基本的类别,即废气污染、光化学烟雾、噪声污染及振动污染。

8.2.1 废气污染

交通污染中的废气污染已从区域性问题变为全球性问题。生态环境部发布的《中国机动车环境管理年报(2018)》指出汽车已成为大气污染的首要污染源。随着汽车数量的增加,这种危害更为严峻。

机动车排放的尾气中含有大量的有害物质。其中主要含有一氧化碳、碳氢化合物、氮氧化物、硫氧化物、铅、苯并芘(致癌物),车辆制动蹄片和轮胎磨损产生石棉尘、橡胶尘等。根据《中国移动源环境管理年报(2022年)》数据,全国机动车四项污染物排放总量初步核算为1557.7万吨,一氧化碳(CO)768.3万吨,碳氢化合物(HC)200.4万吨,氮氧化物(NO_x)582.1万吨,颗粒物(PM)6.9万吨。

机动车污染已成为我国空气污染的重要来源,是造成雾霾、光化学烟雾污染的重要原因。近年来,机动车尾气排放已越来越受到社会的关注。因此,减少汽车尾气污染物排放,有效控制机动车污染物排放总量,使城市空气质量得到有效改善具有重要意义。

8.2.2 光化学烟雾

光化学烟雾是汽车、工厂等污染源排入大气的碳氢化合物(HC)和氮氧化物(NO_x)等一次污染物在阳光(紫外光)作用下发生光化学反应生成二次污染物,参与光化学反应过程的一次污染物和二次污染物的混合物(其中有气体污染物,也有气溶胶)所形成的烟雾污染现象,是碳氢化合物在紫外线作用下生成的有害浅蓝色烟雾。图8.1给出了光化学烟雾形成机理,由于该机理不属于本领域涉及的重点,因此只做简单的介绍。图8.2给出了丙烯-NO_x-空气体系中一次污染物及二次污染物的浓度变化曲线,供参考。

光化学烟雾的形成条件如下。
(1) 氮氧化物与碳氢化合物的存在。
(2) 大气湿度较低。
(3) 很强的阳光辐射。

1943年,美国洛杉矶汽车保有量便达到250万辆,每天需要燃烧1100吨汽油,再加上工业废气的排放,使得光化学污染越发严重,因此爆发了20世纪最严重的光化学污染,短短两天内导致数百位老人死亡,相当于平时的3倍多。洛杉矶的光化学烟雾主要来源于汽车尾气和工业废气的排放。光化学烟雾事件导致远离城市100km以外的海拔2000m山上的大片松林枯死,柑橘减产。仅1950~1951年,美国因大气污染造成的损失就达15亿美元;1955年,因呼吸系统衰竭死亡的65岁以上的老人达400多人;1970年,约有75%以上的市民患上了红眼病。

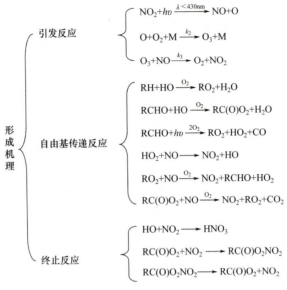

图 8.1 光化学烟雾形成机理

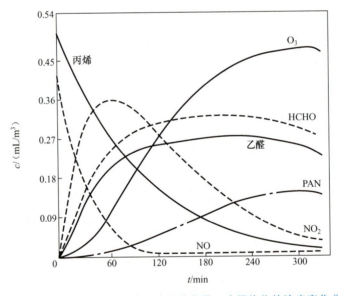

图 8.2 丙烯-NO_x-空气体系中一次污染物及二次污染物的浓度变化曲线

  光化学烟雾的成因及危害如图 8.3 所示。
  光化学烟雾可随气流飘移数百千米，使远离城市的农作物也受到损害。光化学烟雾的毒性很大，对人体有强烈的刺激作用，严重时会使人出现呼吸困难、视力衰退、手足抽搐等症状。光化学烟雾刺激人的眼睛和上呼吸道，可引起眼睛红肿和喉炎，严重时可导致视力下降、哮喘及其他疾病。机动车排放的污染物不仅危害人体健康，而且还会破坏生态平衡，在一些机动车拥有量多的国家，已经成为一种公害。世界各国都制定了汽车排放标准以限制汽车排放污染物。

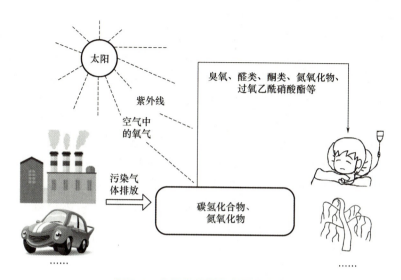

图 8.3　光化学烟雾的成因及危害

光化学烟雾主要有五个基本特征。
(1) 烟雾呈蓝色。
(2) 具有强氧化性。
(3) 降低大气能见度。
(4) 蕴含的刺激物浓度峰值出现在中午或午后。
(5) 污染区域范围在污染源的下风向几十千米到几百千米处。

8.2.3　噪声污染

噪声是指发声体做无规则振动时发出的声音。声音由物体的振动产生，以波的形式在一定的介质（如固体、液体、气体）中进行传播。通常情况下，噪声污染是人为造成的。随着道路交通建设的快速发展，道路交通噪声逐渐增多，严重干扰了人们的正常生活。交通噪声是指交通工具运行时所产生的妨害人们正常工作和生活的声音。交通噪声主要包括机动车噪声、飞机噪声、火车噪声和船舶噪声等。

道路交通噪声主要来源于机动车运行过程中产生的噪声。这种噪声主要来源于机动车发动机、喇叭、排气装置以及轮胎与地面摩擦等。通常来讲，人们常说的机动车噪声主要是指机动车在城市内交通干线上行驶过程中产生的噪声。特别是在城市上班和下班高峰期内，道路上运行车辆流量较大，故车辆噪声污染尤为严重。道路交通噪声具有声源流动性大、辐射范围广和声量起伏波动等特点。

8.2.4　振动污染

振动的广泛定义是物体的运动状态随时间在极大值和极小值之间交替变化的过程。环境振动是环境污染的一个方面，铁路振动、公路振动、地铁振动、工业振动均会对人们的正常工作和生活产生不利的影响。在交通工程领域，道路交通振动是指道路上行驶车辆的冲击力作用在路基上，通过路基传递致使沿线地基和建筑物产生的振动。道路交通振动污染诱因主要包括车辆质量过大、车速过高、道路设施不完善等。

机动车在道路上行驶过程中，由于发动机运转、路面不平造成车辆颠簸等不断产生振动。道路交通产生的振动往往同路基、路面结构，道路的平整度，车辆的行驶速度和载重量等直接有关。道路交通振动作为交通公害的一种，严重影响城市基础设施和人们的身体健康。我国于1988年发布了《城市区域环境振动标准》，对城市不同区域的环境振动标准限值作出了规定。相关部门为了缓解道路交通振动污染，可采取改进道路面层和基层的结构或建筑材料、强化建筑物的防振结构及调整重车行驶路线等措施。

交通振动对人们身体的影响主要取决于交通振动的强度、频率（人们对频率为4～8Hz的振动最敏感）和暴露时间。交通振动对人们的影响主要包括以下四种。

（1）感觉阈。人体刚能感受到交通振动的信息。通常情况下，人们对于刚超过感觉阈的交通振动具有一定的忍耐性，这种振动是处于人们可容忍范围内的。

（2）不舒适阈。振动的振幅加大到一定程度，人们对这种振动有心理反应，主要表现为心理厌恶，但普遍没有生理反应。

（3）疲劳阈。振动强度进一步增加，达到一定程度，人们对振动的反应逐渐由不舒适阈转化为疲劳阈。此时，人们对振动不仅存在心理反应，同时也存在生理反应。这就是说，振动的感受器官和神经系统的功能在振动的刺激下受到影响，并通过神经系统对人体的其他功能产生影响，如精神疲乏、注意力分散、工作效率下降等。疲劳阈产生时，一旦振动对人们的干扰消失，那么，人们也会逐渐恢复至正常状态。

（4）危险阈（或极限阈）。振动的强度继续增加，当超过疲劳阈而变成危险阈时，这种振动不仅对人的生理和心理有影响，还容易使人受到病理性损伤，从而增加患病的概率。更为严重的是，易使人们的感受器官和神经系统产生永久性病变，这种病变是短时间内无法复原的。

8.3　交通噪声污染与控制

8.3.1　噪声基本知识

1. 噪声的基本概念

从生理学观点来看，凡是干扰人们休息、学习和工作及对所要听的声音产生干扰的声音，即不需要的声音，统称为噪声。当噪声对人及周围环境造成不良影响时，便称为噪声污染。产业革命以来，各种机械设备的发明和使用，给人类带来了繁荣和进步，但同时也产生了越来越多而且越来越强的噪声。噪声不但会对听力造成损伤，还能诱发多种致癌致命的疾病，也对人们的生活和工作有所干扰。

日常生活中，我们经常会混淆"噪音"与"噪声"的含义，常常习惯使用"噪音"而不使用"噪声"。然而，随着科技的进步，人们越来越重视名词之间的区分和专业用语的科学性。

噪音，是物理学的声学术语，与"乐音"相对，指由物体不规则的振动而产生的声音，即音高和音强变化混乱、听起来不谐和的声音。如碰门声、刮风声、划玻璃声等都是噪音。

噪声,一是环境科学术语,也是现在人们日常生活中高频度使用的普通名词,指使人厌烦的声音,即干扰人们休息、学习和工作的声音,如工业生产、交通、施工等产生的声音;二是通信技术术语,指一切有干扰性的信号,如由于外部原因(如工业干扰等)或内部原因(如元件、器件内部的热骚动等)引起的妨碍电信接收的电干扰。

噪声主要来源于声源振动的过程。声源是指一个向周围媒质辐射声波的振动系统。固体、液体、气体都可以发声,都可以当作声源。声波被定义为振动在媒质中的传播过程。声波的存在有两个基本条件:声源和能够传播振动的介质。声波能在固体、液体和气体中传播,在固体中可以是纵波,也可以是横波,但在液体和气体中一般以纵波传播。

声波的范围十分广泛,人耳能够听到的范围是20~20000Hz,频率高于20000Hz的称为超声波,频率低于20Hz的称为次声波。声波在不同介质中的传播速度见表8-1。

表8-1 声波在不同介质中的传播速度

介质	传输速度/(m/s)	介质	传输速度/(m/s)
空气	340	铜	3800
水	1450	钢	4900
硬橡胶	1570	玻璃	5000~6000

2. 噪声的分类

日常生活中,有些声音虽然超过了人们容忍的分贝范围,但仍不被称作噪声污染,而是享受聆听。乐声是发声体做规则振动时发出的声音。而噪声是发声体做无规则振动时发出的声音。通常情况下,噪声主要来源于交通、工业生产、社会生活及建筑施工等。

(1)交通噪声源。交通噪声就是各种行驶中的交通设施发出的声音,如火车、摩托车、汽车、飞机等均为交通噪声声源。交通噪声随着时间的变换呈现出波动特性,当交通需求较大时,交通噪声强度增加,反之,强度减小。道路交通噪声是一种不稳定的噪声,其强度主要与机动车的类型、数量、质量、速度、运行状况、路面平整度等因素有关。

(2)工业生产噪声源。工业生产噪声是指机械设备运转时产生的噪声。在工业生产过程中,生产工厂会向四周辐射声场噪声,这些噪声主要包括气流噪声、机械噪声和电磁噪声等。GB 12348—2008《工业企业厂界环境噪声标准》规定,位于工业区的工厂及有可能造成噪声污染的企事业单位的边界噪声标准值为昼间65dB(A)、夜间55dB(A)。该标准用以防止工业企业噪声的危害,保障工人身体健康。标准提倡对产生噪声的生产过程和设备,采用新技术、新工艺、新设备、新材料及机械化、自动化、密闭化措施,用低噪声的设备和工艺代替强噪声的设备和工艺,从声源上根治噪声。

(3)社会生活噪声源。根据GB 22337—2008《社会生活环境噪声排放标准》,社会生活噪声指营业性文化娱乐场所和商业经营活动中使用的设备、设施产生的噪声。社会生活噪声主要是商业、娱乐、体育、游行、庆祝、宣传等活动产生的,影响四邻生活环境的噪声。商业区活动噪声(集贸市场嘈杂声、娱乐场所声响)、家电噪声(家庭收录机、音响设备、电视机、洗衣机等电器产生的声音),其噪声级可达60~80dB(A)。

(4) 建筑施工噪声源。建筑施工噪声指在城市中，建筑机械发出的噪声。建筑施工建筑过程中，由于需要运转大量的不同性能的机械装置，因此会使原本相对比较安静的场所噪声污染严重。建筑施工噪声的特点是强度较大，并且多发生在人口密集地区，因此严重影响居民生活。在城市建设中，如地铁、高速公路、桥梁、电缆等公用设施及工业和民用建筑的施工现场，对附近居民的生活造成很大的干扰。建筑工地现场噪声具有多样性、突发性、冲击性和不连续性等特点。

3. 噪声的基本特点

（1）噪声是一种能量污染。噪声传播是一种能量传播，是借助于传声媒质质点的振动，自声源向四周传播。由于在传播过程中媒介会吸收部分声能，因此，在传播过程中声能会不断地衰减。发声源停止发声，污染即自行消除，噪声无残留作用。

（2）噪声是感觉性公害。噪声污染不同于空气污染、水污染等物质公害，其是作为感觉性公害呈现的。因此，评价噪声污染危害时不仅要考虑污染源的性质、强度，还要考虑受害者的生理和心理状态。只要人们接触到噪声源就会受到直接干扰。

（3）噪声具有局限性和分散性。噪声源具有分散性广、数量多和流动性强等特点，故噪声的影响也具有波动性。当与噪声源的距离增加或受绿化屏障干扰时，噪声干扰范围会受到一定的限制。

8.3.2 道路交通噪声的特点

标准的噪声强度采用声级来表示，单位定义为 dB（分贝）。适宜于人们正常生活和工作的安静环境，其声级为 30～40dB（A）；当声级超过 50dB（A）时，则会对人们的正常生活和工作产生影响，通常情况下，这个分贝作为安静环境和噪声环境的临界值；60dB（A）以上的噪声便开始使人们烦躁不安；70dB（A）以上的噪声会使人精神不振，心烦意乱，身体乏力，难以集中精神；当声级达到 90dB（A）以上时，噪声会造成人们反应迟钝，难以承受，更为严重的是容易导致生产事故增多和其他疾病。不同分贝噪声对人们生活的影响情况见表 8-2。当下，噪声污染已然成为人们日常生活中的常态污染，对人们生理和心理的危害也日益引起相关责任部门的密切关注，许多国家都制定了有关控制噪声污染的法规。

表 8-2 不同分贝噪声对人们生活的影响情况

噪声/dB（A）	干扰情况
30～40	较为理想的安静环境
70	干扰谈话和工作
90	长期忍受会严重影响听力
150	鼓膜破裂，失去听力

交通噪声一般为中等强度的噪声，声级为 60～90dB（A）。由于交通噪声为移动性噪声，因此影响范围大、干扰时间长、受害人员多。统计表明，长期工作在 90dB（A）以上的噪声环境中，耳聋发病率明显增加。交通噪声是一种公害，它具有公害的特性，同时作

为声音的一种,它也具有声学特性。

1. 交通噪声的公害特性

由于交通噪声属于感觉公害,因此它与其他有害、有毒物质存在本质性差异。交通噪声属于没有污染物的污染,噪声在传播过程中不会产生有毒害的物质,其对环境的影响会随着声源噪声的消失而消失。通常情况下,交通噪声的声源具有分散性,一旦声源停止发声,交通噪声会随之立即消失,因此,交通噪声的治理要从声源着手展开控制。

2. 交通噪声的声学特性

交通噪声是声音的一种,因此它具有声学的特性和规律。为了更好地衡量噪声程度,采用物理量噪声级来描述噪声强弱。噪声级即描述噪声强弱的等级分类:噪声级为30～40dB(A)是比较安静的正常环境;超过50dB(A)就会影响睡眠和休息;70dB(A)以上干扰谈话,影响工作效率,甚至发生事故;长期工作或生活在90dB(A)以上的噪声环境,会严重影响听力和导致其他疾病的发生。

8.3.3 交通噪声来源

根据噪声来源的不同,城市道路交通噪声主要分为动力性噪声、非动力性噪声和轮胎路面噪声三方面。

(1) 动力性噪声。动力性噪声主要指与车速、发动机转速有关的进、排气噪声,发动机表面辐射噪声,传动系统噪声,车体振动噪声等等。车内关联因素诱发噪声主要如下。

① 发动机噪声。混合气在内部燃烧时产生的冲击和活塞往复运动产生的振动激励作用于缸体而产生的噪声。

② 传动系统噪声。主要是轴承滚动噪声和齿轮啮合噪声,同时包括由于旋转部分的振动激励,使壳体产生振动而辐射的噪声,其发生部位主要为离合器、变速器、传动轴、差速器齿轮等。

③ 进气系统噪声。主要是各气门关闭产生的脉冲声和进气口空气湍流产生的噪声。

④ 排气系统噪声。可分为排气口生成的排气噪声和排气管壁振动产生的表面辐射噪声。

⑤ 轮胎噪声。主要是指轮胎与空气相互作用和轮胎的变形而产生的噪声。主要是指轮胎花纹沟槽的气泵现象和胎壁振动等引起的噪声。

⑥ 制动系统噪声。主要有制动器的鸣叫声、轮胎与地面的摩擦声和车身板件的震颤声等。

⑦ 空气动力学噪声。包括空气通过车身缝隙或孔道产生的冲击噪声、气流流过车身外面凸起物产生的涡流噪声,以及空气与车身表面的摩擦声。

(2) 非动力性噪声。非动力性噪声包括鸣笛、制动等过程产生的噪声。当前,我国的非动力性噪声主要来源于鸣笛产生的噪声。为了削弱鸣笛产生的噪声对人们生活环境的影响,我国在多个城市中心区域设置禁止鸣笛区域;对于违反规定的交通违法行为,执法人员将进行查处。

(3) 轮胎路面噪声。轮胎路面噪声是由行驶车辆的轮胎与路面相互作用而产生的噪声。

8.3.4 交通噪声污染的危害

1. 交通噪声损伤听力

交通噪声对人体产生的直接影响在于对听力的损伤。当人们进入强噪声干扰范围内，长时间会导致严重的听力问题，而当离开该区域时，便可通过安静休息使听力逐渐恢复，这种短暂性听力损伤为暂时性听阈偏移，又称听觉疲劳。在特殊情况下，如果人们长时间处于高分贝噪声环境中，将会导致内耳器官发生器质性病变，形成永久性听阈偏移，又称噪声性耳聋。更为严重的，如果人们突然暴露于极其强烈的噪声环境中时，听觉器官会受到巨大的损伤，致使鼓膜破裂，甚至会导致听力丧失，出现爆震性耳聋。

2. 交通噪声危害人体其他系统

交通噪声可以通过听觉器官作用于人们的大脑中枢神经系统，从而对人们身体的各个器官产生不良的影响。由此我们可以知道，除了直接受影响的听力，噪声还会给人体的其他系统带来危害。长期工作在高强度噪声污染环境里，将大大增加患病的概率，如高血压、动脉硬化、冠心病等。

3. 交通噪声影响人们正常工作和生活

长期居住在交通干道或轨道交通两侧的居民，长期面临着交通噪声污染的困扰，这些居民即使在睡眠中，听觉也要承受噪声的刺激。据调查资料表明，长期生活在震动和噪声环境中可使人们反应迟钝，容易疲劳，工作效率下降，差错率上升，长期失眠。当人受到突然而至的噪声一次干扰，就要丧失4秒的思想集中，使劳动生产率降低10%～50%。

8.3.5 交通噪声测量

交通噪声测量是用相宜的声学测量手段，以获得描述环境噪声或噪声源特征参量的技术过程。噪声测量过程主要包括：事先了解测量对象；明确测量目的、制订周密计划；熟悉测量内容及噪声测量的标准与规范；选用测量仪器；按照规定的方法进行噪声测量；做好记录并进行必要的数据处理。

交通噪声测量基本流程如图8.4所示。

噪声测量仪器种类很多，最基本、最常用的是声级计和频谱分析仪，如图8.5所示。

8.3.6 交通噪声标准

交通噪声监测实验

交通运输业的快速发展，给国民经济带来巨大效益的同时，也诱发了一系列的社会问题。交通噪声污染作为交通运输对环境负面影响的主要问题之一，其危害性已成为人们的共识性问题。人们长期接触噪声会严重影响正常的生活和工作。科学合理地制定交通噪声标准和噪声评价方法，从而缓解交通噪声对人们生活环境的污染，是确保城市健康可持续发展的必由之路。

噪声标准是为了保护人们免于噪声污染的影响，而对噪声容许范围作出的界定。美国环境保护局于1975年提出了保护健康和安宁的噪声标准。我国于1996年颁布《中华人民共和国环境噪声污染防治法》，主要用于保障居

第8章 交通污染及控制

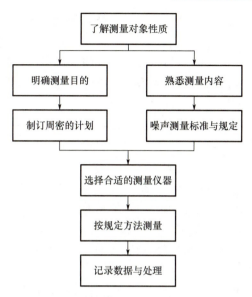

图 8.4 交通噪声测量基本流程

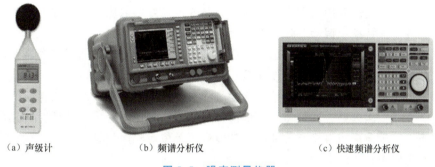

（a）声级计　　　　　（b）频谱分析仪　　　　　（c）快速频谱分析仪

图 8.5 噪声测量仪器

民的声环境质量。为进一步防治环境噪声污染，保护和改善生活环境，促进经济和社会发展，2018 年对《中华人民共和国环境噪声污染防治法》进行了修改。2022 年 6 月 5 日起，《中华人民共和国噪声污染防治法》施行，《中华人民共和国环境噪声污染防治法》同时废止。其中，与道路交通噪声相关的条款规定如下。

第四十四条　本法所称交通运输噪声，是指机动车、铁路机车车辆、城市轨道交通车辆、机动船舶、航空器等交通运输工具在运行时产生的干扰周围生活环境的声音。

第四十五条　各级人民政府及其有关部门制定、修改国土空间规划和交通运输等相关规划，应当综合考虑公路、城市道路、铁路、城市轨道交通线路、水路、港口和民用机场及其起降航线对周围声环境的影响。

新建公路、铁路线路选线设计，应当尽量避开噪声敏感建筑物集中区域。

新建民用机场选址与噪声敏感建筑物集中区域的距离应当符合标准要求。

第四十六条　制定交通基础设施工程技术规范，应当明确噪声污染防治要求。

新建、改建、扩建经过噪声敏感建筑物集中区域的高速公路、城市高架、铁路和城市轨道交通线路等的，建设单位应当在可能造成噪声污染的重点路段设置声屏障或者采取其他减少振动、降低噪声的措施，符合有关交通基础设施工程技术规范以及标准要求。

建设单位违反前款规定的，由县级以上人民政府指定的部门责令制定、实施治理方案。

第四十七条　机动车的消声器和喇叭应当符合国家规定。禁止驾驶拆除或者损坏消声器、加装排气管等擅自改装的机动车以轰鸣、疾驶等方式造成噪声污染。

使用机动车音响器材，应当控制音量，防止噪声污染。

机动车应当加强维修和保养，保持性能良好，防止噪声污染。

第四十八条　机动车、铁路机车车辆、城市轨道交通车辆、机动船舶等交通运输工具运行时，应当按照规定使用喇叭等声响装置。

警车、消防救援车、工程救险车、救护车等机动车安装、使用警报器，应当符合国务院公安等部门的规定；非执行紧急任务，不得使用警报器。

第四十九条　地方人民政府生态环境主管部门会同公安机关根据声环境保护的需要，可以划定禁止机动车行驶和使用喇叭等声响装置的路段和时间，向社会公告，并由公安机关交通管理部门依法设置相关标志、标线。

第五十条　在车站、铁路站场、港口等地指挥作业时使用广播喇叭的，应当控制音量，减轻噪声污染。

第五十一条　公路养护管理单位、城市道路养护维修单位应当加强对公路、城市道路的维护和保养，保持减少振动、降低噪声设施正常运行。

城市轨道交通运营单位、铁路运输企业应当加强对城市轨道交通线路和城市轨道交通车辆、铁路线路和铁路机车车辆的维护和保养，保持减少振动、降低噪声设施正常运行，并按照国家规定进行监测，保存原始监测记录，对监测数据的真实性和准确性负责。

第五十五条　因公路、城市道路和城市轨道交通运行排放噪声造成严重污染的，设区的市、县级人民政府应当组织有关部门和其他有关单位对噪声污染情况进行调查评估和责任认定，制定噪声污染综合治理方案。

噪声污染责任单位应当按照噪声污染综合治理方案的要求采取管理或者工程措施，减轻噪声污染。

第五十八条　制定噪声污染综合治理方案，应当征求有关专家和公众等的意见。

8.3.7　交通噪声控制

道路交通噪声与污染控制

道路交通噪声的控制措施主要分为三个方面：降低噪声源的辐射噪声、控制噪声传播途径、保护噪声受害者。我国为了防治噪声污染，保障公众健康，保护和改善生活环境，维护社会和谐，推进生态文明建设，促进经济社会可持续发展，于2022年6月5日起施行《中华人民共和国噪声污染防治法》。该部法规要求各类经济活动应遵循相关环境噪声标准。此外，相关法规如《声环境质量标准》（GB 3096—2008），规定了声环境功能区环境噪声限值，见表8-3。对于特殊的建筑施工场界、机场区域和城市港口区域，需分别按照《建筑施工场界环境噪声排放标准》（GB 12523—2011）、《机场周围飞机噪声环境标准》（GB 9660—1988）和《声环境质量标准》（GB 3096—2008）执行。

第8章 交通污染及控制

表 8-3 声环境功能区环境噪声限值　　　　　　　　单位：dB(A)

声环境功能区类别	适用区域	时段 昼间	时段 夜间
0 类	康复疗养区等特别需要安静的区域	50	40
1 类	以居民住宅、医疗卫生、文化教育、科研设计、行政办公为主要功能，需要保持安静的区域	55	45
2 类	以商业金融、集市贸易为主要功能，或者居住、商业、工业混杂，需要维护住宅安静的区域	60	50
3 类	以工业生产、仓储物流为主要功能，需要防止工业噪声对周围环境产生严重影响的区域	65	55
4 类 4a 类	高速公路、一级公路、二级公路、城市快速路、城市主干路、城市次干路、城市轨道交通（地面段）、内河航道两侧区域	70	55
4 类 4b 类	铁路干线两侧区域	70	60

为了减少交通噪声污染，各国政府和汽车厂商均纷纷制定相应的噪声控制标准，主要包括对车辆行驶过程中车辆加速噪声控制标准、车内噪声控制标准、排气噪声控制标准等。当下，汽车噪声控制已成为汽车生产和出厂过程中的严控指标。

为了弱化交通噪声的危害性，可从声音产生的三个方面分别采取相应的控制策略。

(1) 声源振动控制。声源的振动是交通噪声产生的直接原因，因此如果能够有效地对声源振动进行控制，就能较好地改善噪声污染现状。交通噪声声源为车辆的振动，主要可以从汽车内部噪声、轮胎噪声及鸣笛三部分着手加强控制。

(2) 传播介质控制。交通噪声具有声学特性，传播过程中需要依靠介质，可采用安装隔离或防护屏障，阻绝或吸收噪声的能量。例如，噪声源（发动机）加装防震的弹簧或橡胶，吸收振动，或者包覆整个发动机。一般都是使用隔声墙阻绝噪声的传播路径。

(3) 人耳接受控制。可采用静音耳塞等防护措施，防止噪声进入人耳，进而对人体健康造成损害。

8.4　汽车排气污染与控制

随着汽车需求的迅猛增加，汽车排放的尾气污染已成为大气污染的主要污染源之一。城市污染类型正由煤烟型污染向混合型或机动车型污染转化。汽车排放的尾气不断地挑战自然对大气的净化能力并危害人们的健康。

汽车尾气污染的生成机理以及治理措施研究进展

8.4.1　汽车交通对大气污染的影响

道路交通作为交通运输业中重要的碳排放源之一，是国际上研究控制温室气体减排、缓解气候变化的重要领域。而以化石燃料为动力的交通工具给人们生活和工作带来便利的同时，产生的尾气对大气环境造成了严重的污染。汽油和柴油在汽车发动机中燃烧时会产生包含 100 多种有害成分的污物质。研究我国道路交通机动车尾气排放状况发现，机动车排放的CO、CO_2、NO_x及颗粒物占城市大气污染物的40%以上，有的城市甚至达到60%。为了尽可能防止和减少交通建设和运输过程对生态环境产生的不利影响，并使道路交通发展与生态环境相协调，就必须转变道路交通的发展方式，积极构建低排放、高质量的交通体系。

交通运输过程中排放的废气是污染大气环境的主要污染物，尤其是节假日或上下班高峰期时，城市内部的汽车排放物浓度较高，直接对人们的身体健康产生巨大的危害。汽车排气污染与道路运行车辆数、车辆类型、道路条件等有密切的关系，在不同的季节与时间段都在随机变化。

8.4.2　汽车排气污染及其危害

与工业排气污染不同，汽车排放的尾气悬浮高度主要处于0.3～2m，属于人们呼吸控制的范围，因此会对人体健康产生极大的影响。汽车排放的尾气中危害大的主要有一氧化碳、碳氢化合物、氮氧化物、铅化合物及3,4-苯并芘等。汽车排放的尾气包含的物质是复杂和多样的，对人体的危害性也不尽相同。

1. 汽车排气污染

（1）颗粒物。

汽车燃烧室排放出的固体颗粒物主要有三种，分别为不可燃物质、可燃但未进行完全燃烧的物质和燃烧生成物质。通常来讲不可燃物质大部分为固态炭，也就是我们常见的固体炭粒子，称为炭黑。炭黑可以在燃烧纯气体燃料时形成，但更多的则是在燃烧液体燃料时形成的。颗粒物质的组成中除炭黑外还有碳氢化合物、硫化物和含金属成分的灰分等。固体悬浮颗粒随呼吸进入人体肺部，以碰撞、扩散、沉积等方式滞留在呼吸道的不同部位，引起呼吸系统疾病。当悬浮颗粒积累到临界浓度时，便可能激发形成恶性肿瘤。此外，悬浮颗粒物还能直接接触皮肤和眼睛，阻塞皮肤的毛囊和汗腺，引起皮炎和眼结膜炎，甚至还可能造成角膜损伤。

（2）一氧化碳。

在标准状况下，一氧化碳纯品为无色、无臭、无刺激性的气体。在内燃发动机中，一氧化碳是空气不足或其他原因造成不完全燃烧时，所产生的一种无色、无味的气体。一氧化碳与血液中的血红蛋白结合的速度比氧气快250倍，与血红蛋白结合后生成碳氧血红蛋白，从而使血红蛋白丧失携氧的能力和作用，危害中枢神经系统，造成组织窒息，重者危害血液循环系统，导致生命危险。所以，即使是微量吸入一氧化碳，也可能给人造成可怕的缺氧性伤害。

（3）氮氧化物。

氮氧化物，包括多种化合物，如一氧化二氮（N_2O）、一氧化氮（NO）、二氧化氮（NO_2）、三氧化二氮（N_2O_3）、四氧化二氮（N_2O_4）和五氧化二氮（N_2O_5）等。氮氧化物都具有不同程度的毒性，它们都是对人体有害的气体，特别是对呼吸系统有危害。在二氧化氮浓度为9.4mg/m^3的空气中暴露10min，即可造成人的呼吸系统功能失调。氮氧化物是发动机有一定负荷时大量产生的一种褐色的、有刺激性气味的废气。发动机废气刚排出时，气体内存在的一氧化氮毒性较小，但容易被氧化成毒性较大的二氧化氮等其他氮氧化物。氮氧化物进入肺泡后能形成亚硝酸和硝酸，对肺组织产生剧烈的刺激。

（4）碳氢化合物。

目前还不清楚碳氢化合物对人体健康的直接危害。但氮氧化物和碳氢化合物在紫外线的作用下，会产生一种具有刺激性的浅蓝色烟雾，其中包含臭氧、醛类、硝酸酯类等多种复杂化合物。这种光化学烟雾对人体最突出的危害是刺激眼睛和上呼吸道黏膜，引起眼睛红肿和喉炎。1952 年 12 月，伦敦发生光化学烟雾，死亡人数较常年同期多 4000 人，45 岁以上的死亡最多，约为平时的 3 倍，1 岁以下的约为平时的 2 倍。

（5）二氧化碳。

世界工业化进程引起能源大量消耗，导致大气中二氧化碳的含量剧增，其中约 30% 来自汽车排气。二氧化碳为无色、无毒气体，对人体无直接危害，但大气中的二氧化碳大幅度增加，因其对红外热辐射的吸收而形成的温室效应，会使全球气温上升，南北极冰层融化，海平面上升，大陆腹地沙漠化趋势加剧，使人类和其他动植物赖以生存的生态环境遭到破坏。因此，近年来对二氧化碳的控制也已上升为汽车排放研究的重要课题。提高汽车的经济性和使用低排量汽车是减少二氧化碳排放的重要措施。

2. 汽车排气污染危害

汽车排气污染给人们生活环境带来了极大的危害。在汽车较集中的大城市中，空气中 50% 左右的污染物来自汽车排放的尾气，尾气中有害物的成分往往达到对人体有害的程度。

（1）对植物的危害。

大气污染物，尤其是二氧化硫、氟化物等对植物的危害是十分严重的。当污染物浓度很高时，会对植物产生急性危害，使植物叶表面产生伤斑，或者直接使叶枯萎脱落；当污染物浓度不高时，会对植物产生慢性危害，使植物叶片褪绿，或者表面上看不见什么危害症状，但植物的生理机能已受到了影响，造成植物产量下降，品质变坏。

（2）对天气和气候的影响。

大气污染物对天气和气候的影响是十分显著的。排放的大量烟尘微粒，使空气变得非常浑浊，遮挡了阳光，使得到达地面的太阳辐射量减少，太阳光直接照射到地面的量比没有烟雾的日子减少近 40%。大气污染严重的城市，天天如此，就会导致人和其他动植物因缺乏阳光而生长发育不好。

（3）提高大气温度。

在工业化大城市上空，由于有大量废热排放到空中，因此，近地面空气的温度比四周郊区要高一些。这种现象在气象学中称为"热岛效应"。

8.4.3　汽车排气污染的防治

许多国家的政府根据污染程度制定汽车排放的尾气中有害物质的限量标准。如日本 1978 年规定，汽车每行驶 1km，允许排出烃类 0.25g，一氧化碳 2.1g，氮氧化物 0.25g。美国有美国联邦和加利福尼亚州的两类限量标准。其他国家也有严格的规定。由于这些规定十分严格，各汽车公司为此进行了大量的研究工作，以求产品能符合这些标准。在道路附近上空，往往形成浓度较高且持续时间较长的排放污染物区域，对人体健康形成危害，同时也将对动植物和水土环境造成严重影响。我国交通行业和汽车产业正处于高速发展阶段,抓住这一关键问题,控制好交通排放污染物,使道路交通发展合乎生态环境的要求、与环境相协调,无疑是可持续发展战略的条件之一。

控制交通污染的措施如下。

汽车尾气污染控制技术研究进展

(1) 严格执行有关法规,加强环境监测。为贯彻《中华人民共和国环境保护法》和《中华人民共和国大气污染防治法》,有关部门制定了《环境空气质量标准》。环境标准是环境保护法的重要组成部分,正确实施环境标准是加强和完善环境法治建设的重要手段。控制交通污染物的排放,是改善环境空气质量的重要前提。加大环保的管理力度,加强各级环境管理机构的设置,按国标规定的检测方法实施对环境污染物的监测,是贯彻有关法规的必要保证。对道路而言,需以路中心线两侧各200m的狭长地带作为监测范围。

(2) 改进机动车设备,控制排污量。改进内燃机结构,发展转子发动机,使汽油在免爆中完全燃烧。改进能源,可研究采用电动汽车和采用液化天然气、氢气、液化煤气与柴油的混合燃料;用无铅汽油来代替有铅汽油作燃料,是减少汽车排气污染的有效措施。对城市交通,可积极发展无轨电车、电动车、地铁等。从长远发展来看,要研究无公害汽车和高效交通系统,改善现有的汽车动力装置和燃油质量。

(3) 合理地布置路网与调整交通流,综合治理交通。如对道路交通噪声控制一样,在城市道路与公路的路网布设中,都应充分利用自然条件和有关结构物,把减少或避免对大气的污染物放在重要位置来考虑。还应注意加强交通管理,调整交通流,使道路上的车流有适当的流量和速度,尽可能地匀速、畅通,从而减少因加速、减速、制动等带来的污染。

(4) 绿化。考虑到实际的地形与气象条件,在道路两侧适当范围内进行绿化,是净化道路交通环境的有效方式之一。

【习题】

简答题

1. 交通噪声的来源有哪些?
2. 汽车排气污染的危害有哪些?

第9章 交通安全

本章教学要点

知识要点	掌握程度	相关知识
交通事故概述	了解交通事故现状与安全工作的重要性； 掌握交通事故的定义与分类	交通事故现状与安全工作的重要性，交通事故的定义与分类
交通事故调查	掌握交通事故调查的目的、意义与内容； 掌握交通事故现场勘察工作步骤； 掌握交通事故调查报告撰写方法	交通事故调查的目的、意义与内容，交通事故现场勘察工作，交通事故调查报告
交通事故分析	掌握交通事故的统计分析方法； 了解交通事故的成因分析	交通事故的统计分析（绝对事故数法、相对事故率法、当量事故数与当量事故率、致死率）和成因分析
事故多发位置鉴别方法	掌握事故多发位置的定义； 掌握事故多发位置的分类； 了解主要的事故多发位置鉴别方法	事故多发位置的定义、分类，主要的事故多发位置鉴别方法
交通安全对策与措施	了解交通事故预防对策； 掌握交通事故预防措施； 了解提高驾驶人素质、水平与职业道德的方法； 了解交通安全措施效果评价	交通事故预防对策、措施，提高驾驶人素质、水平与职业道德，交通安全措施效果评价

交通事故案例与分析

1. 事故简述

2019年2月8日14时许,董某盼驾驶豫C5××××号小型轿车沿八官线由西向东行驶至洛宁县上戈镇杜河村路段处,超越前方同向行驶曲某军(无机动车驾驶证)驾驶的无号牌正三轮摩托车(后载卫某英、曲某波二人)时,未保持安全距离,致使两车相撞,造成曲某军、卫某英、曲某波三人受伤及摩托车损坏的交通事故。

2. 事故分析

(1)董某驾驶机动车超车时,未与前车保持必要的安全距离是造成事故的原因。董某负该起事故的主要责任。

(2)曲某无机动车驾驶证驾驶无号牌正三轮摩托车,违法载人,并未确保安全行驶是造成事故的原因。曲某负该起事故的次要责任。

9.1 概　　述

9.1.1 交通事故现状与安全工作的重要性

汽车工业和道路交通事业的发展为人类社会的进步、经济的飞跃做出了卓越的贡献。同时,随着汽车使用量的增加和公路通达地的延伸,交通事故日益成为世界性的严重问题,这在我国尤为突出,表9-1为2000—2019年我国道路交通事故统计数据。数据表明,从2002年以来,我国道路交通事故和死亡人数快速增长的势头有所遏制,2019年的万车死亡人数仅为2002年的15.1%。但我国目前仍处于经济快速发展、交通量不断增加、交通需求大于供给的阶段,道路交通安全形势依然严峻。

表9-1　2000—2019年我国道路交通事故统计数据

年份	交通事故发生次数/次	交通事故死亡人数/人	万车死亡人数/人
2000	616 971	93 853	14.7
2001	764 919	105 930	13.5
2002	773 137	109 381	11.9
2003	667 507	104 372	10.8
2004	517 889	107 077	9.9
2005	450 254	98 738	7.6
2006	378 781	89 455	6.2

续表

年份	交通事故发生次数/次	交通事故死亡人数/人	万车死亡人数/人
2007	327 209	81 649	5.1
2008	265 204	73 484	4.3
2009	238 351	67 759	3.6
2010	219 521	65 225	3.2
2011	210 812	62 387	2.8
2012	204 196	59 997	2.5
2013	198 394	58 539	2.3
2014	196 812	58 523	2.22
2015	187 781	58 022	2.1
2016	212 846	63 093	2.1
2017	203 049	63 772	2.06
2018	244 937	63 194	1.93
2019	200 114	52 388	1.8

回顾世界上道路交通事故与汽车的演变过程，人们发现 20 世纪 70 年代以前，交通事故是逐年增加的，进入 70 年代以后欧美等国的交通事故呈现下降趋势，这些国家的交通事故情况无论是事故的死亡人数或万车死亡人数等指标均呈现显著的下降趋势，不过不同国家下降的程度和速度有些差异。之所以产生差异，一方面是由于驾驶行为改善、公路与车辆设计优化、法规完善；另一方面由于禁止酒后开车，乘员必须使用安全带及管理的力度均有所加强，但由于管理力度不同，因而下降程度出现差异。例如，德国道路交通事故的死亡人数一直下降，20 世纪 80 年代较 70 年代降低了 60%；日本由于大力推进交通安全计划，强化使用安全带和安全帽等措施，万车事故率低于欧美平均水平。我国的交通事故统计数据见表 9-1。从表 9-1 可见，交通事故在 2002 年以前一直处于上升趋势，2002 年以来，道路交通事故和死亡人数快速增长的势头得到有效遏制。这同多年来公安部门重视交通安全，采取有效措施大力降低事故率的巨大努力是分不开的。公安部、交通运输部、住房和城乡建设部于 2000 年联合发布了共同创建"平安大道""畅通工程"的倡议，并组织各省、市采取强有力的工程与管理措施，这对于遏阻交通事故的增长发挥了重要的作用。但从治本方面考虑，全国省、市的有关部门必须积极组织人力认真研究交通事故的相关因素、发生规律及形成机理和不同时期的事故特点，采取教育、宣传、立法、规划、设计（包括路、车、管理）及工程管理等综合措施，抓好交通事故的预防和保护措施，争取在较短的时间内，延缓或阻止交通事故的上升趋势。

9.1.2 交通事故的定义与分类

目前国内外对交通事故的定义还没有一个统一的提法，定义的内容和表述的方式也不尽相同，但总的概念还是明确的，如美国国家安全委员会对交通事故的定义：交通事故是在道路上所发生的意料不到的危险的事件。日本对交通事故的定义：由于车辆在交通中引起的人员伤亡或物的损坏。

我国一般把交通事故称为车祸或交通肇事。根据《交通事故处理办法》的规定：交通事故是指车辆驾驶人、行人、乘车人及其他在道路上进行与交通活动有关的人员，因违反《中华人民共和国道路交通安全法》和其他道路交通管理法规、章程的行为过失造成人身伤亡或财产损失的事故。通俗而言，凡车辆在公用道路上行驶过程中，由于违法，造成人畜伤亡或车物损坏的意外事件，统称为交通事故。

从上述定义可以明确看出，构成交通事故应包括下列四项内容。

1. 人

人是构成交通事故的主体，所有参与交通的人包括在道路上从事有关活动的个人或法人，特别是人的违法行为，如果是地震、飓风、洪水等超出人的主观意志的情况，而造成人员或车物的损坏则不能称之为交通事故。

2. 车

车，至少有一方为运行中的车，包括机动车与非机动车。因为车是构成交通事故的重要条件，如果没有车，仅为行人与行人相撞，则不能称为交通事故。车还必须在运行中互撞或与行人、固定物相碰撞，如果行人或牲畜撞上按规定停车并处于静止状态的车，也不能称为交通事故。

3. 路

在国家实施行政管辖的道路上，路是构成交通事故的空间条件，此路是指受行政管辖的公路、城市道路和街巷、公共广场与停车场等供车与行人通行的地方。至于机关、学校非社会公共使用的道路和广场等则不属于交通事故统计范围。

4. 后果

后果是指由于违法造成人员伤亡或财物损坏的结果，没有造成任何伤亡或损害的不能称为交通事故，但也不是所有伤亡或损害都算是交通事故，如有意用汽车撞人，谋财害命，就不能算交通事故，而是有意的犯罪行为。很明确，交通事故是因为行人或驾驶人主观上的过失，如疏忽大意等而造成的伤亡或车物损失。如汽车在野外的军事演习、农田机耕、工矿施工、体育竞赛等活动中所发生的事故，不应列为道路交通事故。

上述四个方面是构成道路交通事故的要素，缺一就不能称为道路交通事故。

对于死亡、轻伤、重伤等定义也存在许多不同的看法。这是评价交通安全的重要指标，如何定得科学、合理、便于执行也是一个很重要的问题。死亡在我国过去很长一段时间内未有严格的定义，通常只要是因交通事故而死亡的人均作为交通事故死亡，没有时间长短的限制。这是不合理的，因为死亡的病因有随机、突发等不测的因素。不明确定义必然产生混乱，造成扯皮或发生纠纷，故确定一个统一计算时间是非常重要的。但世界各国看法不同，交通事故中对死亡时间的规定也相差极大，从即刻死到1年后死亡均有。轻伤、重伤的规定也很不一致，日本规定30日以内治愈者为轻伤，30日以上为重伤。美国规定扭伤、擦伤不需治疗的为轻伤；对于需住院治疗或骨折、脑震荡、内伤，虽不住院仍视为重伤。英国规定扭伤、擦伤及不需治疗的割伤、划破均为轻伤;而住院治疗或不管住院与否只要有下列情况之一均算重伤:骨折、脑震荡、内伤、压伤,需要治疗的严重割伤及休克。

我国认定死亡以事故发生后 7 天内死亡为限;轻伤是指经医院诊断为轻度脑震荡、表皮伤害、划伤等需休息 3 天以上,并且不致重伤者;重伤是指经医院诊断为严重骨折、脑震荡、肌体内脏损伤、内出血及五官严重损伤者。而具体的确定标准应根据司法部、最高人民法院、最高人民检察院、国家安全部、公安部发布的《人体损伤程度鉴定标准》确定。财产损失是指道路交通事故造成的车辆、财产直接损失折款,不含现场抢救(险),人身伤亡善后处理的费用,也不含停工、停产、停业等所造成的财产间接损失。

道路交通事故的分类:按道路交通事故所涉及的对象分为汽车与汽车,汽车与自行车、摩托车、行人,以及其他各种初级车与人力车等进行统计可以得出多种事故的组合。我国公安交通管理部门根据事故后果的严重性对道路事故等级进行如下划分。

① **轻微事故**。一次造成轻伤 1~2 人,或者财产损失对机动车不足 1000 元的事故,对非机动车不足 200 元的事故。

② **一般事故**。一次造成重伤 1~2 人或者轻伤 3 人以上 10 人以下,或者财产损失不足 3 万元的事故。

③ **重大事故**。一次造成死亡 1~2 人,或者重伤 3 人以上 10 人以下,或者财产损失 3 万元以上不足 6 万元的事故。

④ **特大事故**。一次造成死亡 3 人以上,或者重伤 11 人以上;或者死亡 1 人,同时重伤 8 人以上;或者死亡 2 人,同时重伤 5 人以上;或者财产损失 6 万元以上的事故。

9.2 交通事故调查

9.2.1 交通事故调查的目的、意义与内容

交通事故调查是为了查清事故原因、确定违法责任,这是必不可少的政策性很强的严肃工作,必须认真负责、公共严明,以法规与事实为依据,以科学分析为手段,仔细地察看现场,听取当事人的汇报、目击者的证明,弄清事实、辨明原因、分清责任,提出处理原则的建议和应汲取的教训,并为今后防止和减少交通事故而采取措施提供有实践经验的依据,为优化道路线形设计指标、视距及环境条件的改善,为交叉口规划、设计、管理方法的改进,为鉴别与确认交通事故多发路段及其改善与防护提供依据,为总结各类安全防护措施、标志、标线、信号配时、法规执行等的效果及其改进提出措施和办法,预防和降低交通事故。

交通事故现场是指发生道路交通事故的地点及其有关范围的空间场所。如果现场内的车辆、人畜、物体等均保持事故刚结束的原始位置和状态,称为原始现场。因自然原因(风、雨等)或人为原因(抢救伤者或肇事人有意破坏、逃逸等)使原始位置或状态发生改变的现场称为变动现场。原始现场能最直接、最全面地提供有关事故的资料和证据,对事故现场调查有重要的意义。

交通工程概论

现场调查是指对事故现场的当事人、知情人、车辆、道路交通环境等进行细致严密的检查，包括查看痕迹，收集物证，查询事故前后的车辆运行情况，听取证词，摄影测量等工作，并应详细完整地记录。现场调查的具体内容如下。

（1）人。当事人、驾驶人、有关乘客、行人、受害人及可以作证人员的性别、年龄、生理、心理情绪、精神状态、体质、家庭情况等。

（2）车。有关车辆的车号、牌照，驾驶人执照，转向系统操作性、稳定性、制动系统，运行方向、速度、线路，相互位置，印痕长度，碰撞点等。

（3）路。道路等级、性质、交叉角度、线形、宽度、路面状况、纵坡视距等情况。

（4）环境。事故周围房屋、树木、标志、标线、照明、天气、湿度、温度、风雪等。

（5）时空区位。事故发生的准确时间、前后状况、空间场所、车辆运行、碰撞的相互位置、散落物等。

（6）后果。事故状况、严重程度，人员伤、亡情况，致伤致残的部位、器官及主要原因，车物损失及损坏情况。

9.2.2　交通事故现场勘察工作

现场勘察是一项获取证据，查明原因，明确责任，政策性很强的敏感性工作。首先，应特别注意是原始现场，还是变动现场；然后按事故发展过程的先后顺序进行勘察或测绘工作，此项工作主要包括收取物证、摄影、绘图、车辆检测、道路鉴定、验收证书等，一般应通过摄影、测绘或询问等手段，主要是查清下列情况。

（1）车与车（或车碰人、撞物）互撞的接触点、痕迹的部位、高低、深浅，是摩擦还是撞击，并仔细查看有无血迹、头发、指纹等物证，车与车（人、物）从开始接触到停车的总距离，制动距离，车辆停止时的位置、方向，死者（伤者）所处位置、形态、状况及与车之间的距离、方位等。

（2）车与印痕检测。查看车的轮廓、轴距、前后轮距、转向系统、制动系统、挡位、轮胎、灯光、后视镜、刮水器及变形情况。测量制动痕迹，重制动印痕与轻制动印痕长度及前后轮胎与左右轮胎痕迹的变异。

（3）道路设施的勘察。包括几何线形、视线、障碍、视距、路面状况、桥涵质量、道路坡度、弯道超高、平整度、摩擦系数等。

（4）如现场有伤亡人员，应对碰撞、滚破、挤压、刮擦的部位，严重性等致伤、致死的原因，写出可信的鉴定材料或拍照，并让有关人员签字证明。

（5）路面标线、标志、安全设施、地形、地物、天气也应如实地记录说明。

（6）如系事故多发路段，则应收集较长时期事故发生资料，包括事故性质、原因、时间、情况等。同时应绘出该路段的平面图、纵面图，若在交叉口则应绘出事故类型示意图。

9.2.3　交通事故调查报告

交通事故调查报告是用书面文字记录、汇总交通事故情况，各项数据应具有客观、系统、全面、准确和科学性。

交通事故调查报告的范围：凡违反道路交通法规造成人员伤亡、牲畜伤亡、车辆及财产损失都应列入统计报告范围。

对交通事故调查报告的具体要求如下。

（1）调查报告的项目与标准必须真实、准确，并具有严密的统一性，范围、项目、指标、表示期限等内容均应按国家统一规定表格进行。

（2）调查报告要数据准确，反映情况真实、全面，并逐级上报。

（3）交通事故的一般统计报告制度，是向上级报送的统计表，分为月报、季报、年报三种。

（4）交通事故调查报告应包括如下内容。

① 时间、场所、日期、天气等。

② 受害的程度、形态、种类、原因（违法）等。

③ 当事者性别、年龄、住址、职业、出行目的、事故发生的状态。

④ 道路与车辆的属性。路况、车况等。

9.3　交通事故分析

交通事故是一种随机现象，即偶然现象。不过偶然性常寓于必然性之中，大量的交通事故的发生总有其必然的规律存在。为求得其内在规律，就需要通过大量数据的整理、统计和分析，以求得发生交通事故的规律，从而找到发生事故的原因，明确事故多发路段，制定防止和治理事故的措施，并利用某些数学方法，探求预测产生事故的预测模式。

交通事故统计分析工作是交通管理中一项专业基础工作，其质量高低，往往影响交通管理工作的成败，除对道路交通安全的治理与预防起到其应有的作用外，还对城市与区域发展规划、道路设计建设等方面，均具有重要的参考价值。

9.3.1　交通事故的统计分析

1. 绝对事故数

绝对事故数是反映交通事故状况的基本指标，常用的有事故次数、死亡人数、受伤人数、直接经济损失等，习惯上称为四大指标。

绝对事故数简单、清晰，是其他评价指标的计量基础。绝对事故数一般在事故记录中可直接获得，但因其是静态的、孤立的，所以无法反映实际道路、交通条件的差异对事故的影响。如仅从死亡人数来看，美国 2016 年的交通事故死亡人数为 36120 人，同期，泰国的交通事故死亡人数约为 20000 人，但这并不能说明美国的事故状况比泰国严重。相对于拥有 2.6 亿辆汽车（2019 年资料）的美国，泰国汽车保有量仅 1550 万辆，为美国的 1/17。比较每万辆车的交通事故死亡人数，泰国的交通事故状况比美国严重许多。因此，除绝对事故数外，人们通常用相对事故率作为事故的评价指标。

2. 相对事故率

在相对事故率中，人们引入了一些事故关联因素作为比较基础，这些关联因素与事故有着直接或内在的联系，从而使相对于这些关联因素的事故指标有较好的可比性。这样的关联因素很多，常用的有车辆保有量、交通量、人口、区域面积等。

(1) 公里事故率。

公里事故率即平均每公里的事故数，也称事故频数。 由于将公路长度作为考虑因素，使事故次数更具有可比性，是仅次于事故次数的基础指标。

$$R_L = \frac{A}{L} \tag{9-1}$$

式中，A 为事故数量（起）；L 为公路长度（km）。

(2) 车辆事故率。

车辆事故率表示在一定区域内按单位机动车保有量所平均的交通事故数，最常用的是万车事故率。

$$R_v = \frac{A}{V} \times 10^4 \tag{9-2}$$

式中，R_v 为万车交通事故率（次/万车）；A 为事故数量（起）；V 为机动车保有量（辆）。

将事故数量 A 换成其他绝对事故数，如死亡人数、受伤人数、直接经济损失等，则车辆事故率还可表示万车死亡率、万车受伤率、万车损失率等。

当研究的区域范围变大，机动车保有量较大时，为方便起见，事故率也可用百万车或亿车来计量。

(3) 人口事故率。

人口事故率表示在一定区域内按人口所平均的交通事故数（死亡人数、受伤人数、直接经济损失），最常用的是万人事故率。

$$R_p = \frac{A}{P} \times 10^4 \tag{9-3}$$

式中，R_p 为每万人交通事故率（起/万人）；A 为事故数量（起）；P 为区域内人口总数（人）。

(4) 综合事故率。

综合事故率是万车事故率与万人事故率的几何平均值，即

$$R_{pv} = \frac{A}{\sqrt{V \times P}} \times 10^4 \tag{9-4}$$

式中，R_{pv} 为综合事故率，当 A 采用死亡人数时，R_{pv} 也称死亡系数；A 为事故数量（起）；V 为机动车保有量（辆）；P 为区域内人口总数（人）。

(5) 车公里事故率。

车公里事故率是指在一定区域内，按所有机动车行驶一年的公里数总和所平均的交通事故数（或伤亡人数）。 通常以百万车公里事故率或亿车公里事故率来表示。

$$R_k = \frac{A}{K} \times 10^8 \tag{9-5}$$

式中，R_k 为一年间每亿车公里事故数 [起/(亿车·公里)]；A 为区域内一年总运行车公里数事故（起）；K 为区域内一年总运行车公里（km）。

总运行车公里数是一个宏观的平均值，可以有几种方法估算。

$K=$ 区域内每车辆的年平均运行公里数×区域内总车辆数；

$K=$ 各分段公路长度×各分段公路上统计年内的累计交通量；

$K=$ 区域内全年总的燃料消耗量（L）/单车每公里平均燃料消耗（L/车·km）。

3. 当量事故次数与当量事故率

相对事故率虽然考虑了相关因素，但大多是对某一因素单独考虑、计算，每一种事故率都反映了事故的一个侧面，而对综合因素的反映是不够的，既然事故是多因素综合作用的结果，则应采用一些综合指标。下面介绍的是一些国家采用的事故综合指标。

（1）当量事故次数。

当量事故次数，有时也采用当量死亡人数。它是考虑到在交通事故中，事故次数对事故严重性的描述不够，同样的事故次数，严重程度不同，其损失及对社会的危害程度也不同，不能将不同严重性的事故次数简单地累加，而是根据死亡、受伤及经济损失等对社会危害性的大小赋予不同的权值，提出当量事故次数。常用的算法有

$$A_{EQ}=A+k_1 D+k_2 W+k_3 L \tag{9-6}$$

式中，A_{EQ} 为当量事故次数；A 为实际事故次数（起）；D 为死亡人数（人）；W 为受伤人数（人）；L 为直接经济损失（万元）；k_1、k_2、k_3 为死亡、受伤和直接经济损失的权重。

$$D_{EQ}=D+k_1 W_G+k_2 W_F+k_3 L \tag{9-7}$$

式中，D_{EQ} 为当量死亡人数；D 为实际死亡人数（人）；W_G 为重伤人数（人）；W_F 为轻伤人数（人）；L 为直接经济损失（万元）；k_1、k_2、k_3 为重伤、轻伤和直接经济损失的权重。

（2）当量事故率。

当量事故率是以当量事故次数（当量死亡人数）来计算前面的各种事故率，从而更综合地反映事故水平。如当量车公里事故率为

$$R_{kEQ}=\frac{A_{EQ}}{K} \times 10^8 \tag{9-8}$$

4. 致死率

致死率是通过死亡人数占伤亡人数的比例来表征事故的严重水平。

$$d=\frac{D}{W+D} \times 100\% \tag{9-9}$$

式中，d 为致死率或死亡率（%）；D 为死亡人数（人）；W 为受伤人数（人）。

综合以上各项指标，它们都具有各自的特点，都从不同的侧面，不同的深度反映了事故的水平。

9.3.2 交通事故的成因分析

道路交通系统（图 9.1）是一个由人、车、路组成的动态系统。系统中，驾驶人从道路交通环境中获取信息，这种信息综合到驾驶人的大脑中，经判断形成动作指令，指令通过驾驶操作行为，使汽车在道路上产生相应的运动，运动后汽车的运行状态和道路环境的变化又作为新的信息反馈给驾驶人，如此循环往复，完成整个行驶过程。因此，**人、车、路（含整个环境）被称为道路交通系统的三要素**。

三要素必须协调地运动，以达到整个系统安全、快速、经济、舒适的要求。安全是基础，只有保证了安全才能实现快速、经济和舒适。然而作为一

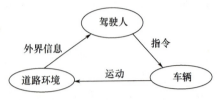

图 9.1 人—车—路组成的道路交通系统

个动态系统,绝对的安全是没有的。如果将交通事故看作系统的"故障",道路安全工程的任务是对"人、车、路"系统做好日常"维护",尽可能减少"故障"和降低"故障"的严重性。

美国的威廉·哈顿将人、车、路在交通事故中的相关关系用矩阵形式表示,成为著名的哈顿矩阵,见表9-2。哈顿矩阵9个单元中的每一个都会对事故或伤亡有直接或间接的影响,甚至成为主要或次要原因。反之,其中的任何一个或几个环节的改善也可以打断"事故因素链",从而减少事故或降低事故伤害。

表 9-2 哈顿矩阵

因素	事故前	事故中	事故后
人	培训、安全教育、行车态度、行人和骑车人的着装	车内位置和坐姿	紧急救援
车	主动安全(制动、车辆性能、车速、视野),相关因素(交通量、行人等)	被动安全(车辆防撞结构、安全带等)	抢救
路	道路标志标线、几何线形、路表性能、视距、安全评价	路侧安全(易折柱)、安全护栏	道路交通设施的修复

因此,研究交通事故的成因,必须从多方面分析,分清什么是主要因素,什么是次要因素,哪些是直接原因,哪些是间接原因,哪些是主观因素,哪些是客观因素。具体分析时可分为直接原因和间接原因,也可分为人、车、路的因素。

1. 人的因素分析

在道路交通系统中,驾驶人是环境的理解者和指令的发出者、操作者,因此是系统的核心。车辆和道路(环境)因素必须通过人才能起作用,驾驶人、车辆、道路(环境)构成的系统时刻在变化,因此是不稳定的,三者靠驾驶人的干预达到平衡,驾驶人无疑是道路事故的关键因素。

各国的交通事故统计资料中,无一例外地显示驾驶人是绝大多数交通事故的"罪魁祸首"。苏联道路安全专家巴布可夫在《道路条件与交通安全》一书中写道:根据统计,认为所有事故中完全由驾驶人负责的,联邦德国为82%,巴西为75%,匈牙利为74%,意大利为41%,波兰为96%;统计中对道路条件因素赋予了较小的作用,联邦德国为8%,巴西为6%,爱尔兰为17%,美国为18%,日本为8%。图9.2是我国2018年交通事故主要原因死亡人数构成图,由机动车驾驶人导致的死亡人数占80.3%。

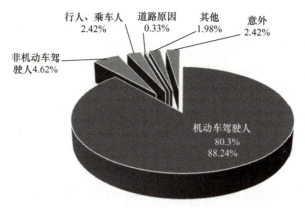

图 9.2　我国 2018 年交通事故主要原因死亡人数构成图

由此可见，驾驶人是导致事故发生的主要对象。不同性别、年龄、体质的驾驶人，其生理、心理、感知、分析、判断和反应均不完全相同。

驾驶人的感知迟钝、判断不准、操作错误在事故中占绝大多数。感知迟钝是由于驾驶人身体、生理、精神和情绪等状态及年龄、经验等内在原因所致，在驾驶过程中表现为超速行驶、疲劳驾车、酒后驾车或责任心不强、掉以轻心，或左顾右盼，或与人谈话，失去警惕性等。判断不准主要是驾驶人对过街行人的速度和方向判断失误，以及对前方道路线形，对方车的行为的误判等造成的，如未保持安全距离等。操作错误是驾驶人违反道路交通安全法的错误驾驶行为，如不按规定让行、违法占道行驶、违法装载、违法转弯等行为。值得注意的是，近年来由于驾驶人看手机、操作电子设备而注意力分散所造成的交通事故数量急剧增加，已占到交通事故总数的近 30％。

2. 车的因素分析

在大量事故统计资料中，由于车辆技术性能不良引起的交通事故比例并不大，但这类事故一旦发生，其后果一般都是比较严重的，这类事故的起因通常是制动失灵、机件失灵和车辆装载超高、超宽、超载及货物绑扎不牢固。另外，由于车辆行驶过程中，各种机件承受反复交变载荷，当超过一定数量时也会突然发生疲劳而酿成交通事故。除此之外，由于一些单位维修制度不完善、不落实，车辆检验方法落后，致使一些车辆常常因"带病"行驶而肇事，这也是车辆本身造成事故的原因。对这类事故统称为车辆机械事故。

技术监督运输车辆的良好技术状态，对于防止交通事故、保证安全运输具有重要意义。

3. 路的因素分析

按照系统论的观点，在道路交通系统中，驾驶人虽然是影响道路交通安全最活跃的因素，但是就驾驶过程而言，驾驶人的任何主动行为都时刻受到车辆、道路环境因素的制约，驾驶人采取怎样的驾驶行为，主要依据其对来自所驾驶车辆的动态响应和道路环境信息的反馈。就道路条件和交通事故之间的关系而言，良好的道路条件对预防道路交通事故的发生具有明显的正面效应。相反，较差的道路条件可能成为导致交通事故的重要原因。

(1) 线形因素。

道路几何线形要素的构成是否合理,线形组合是否协调,对事故有较大的影响。

① 平面线形与安全的关系。

a. 直线。一般来说,直线段过长或过短都会使事故率偏高。

直线段过长容易引起驾驶人疲劳,反应迟钝,判断出错,遇到突发情况,来不及反应而造成车祸。德国的研究成果表明,驾驶人在直线段上正常行驶超过70s后就会感到单调。如果不需要超车,4.8km长的直线段就会使驾驶人感到烦躁,甚至打瞌睡,带来灾难性的后果。过长的直线段还容易使驾驶人产生想尽快驶出直线段的心理,不知不觉中造成超速行驶,使车辆进入直线路段末端的曲线部分速度往往偏高,从而造成行车失控。

直线段过短使得驾驶人转弯操作频繁,工作强度大,同时也会导致线形的过快变化,容易诱发事故。另外,直线段过短在线形组合上不合理,容易形成引起驾驶人视线错觉的"断背曲线",对安全极为不利。统计资料显示,发生在直线段的交通事故严重程度远远高于其他道路线形的事故。

b. 平曲线。大量的事故数据显示,平曲线与道路安全关系重大。泽格尔在1992年提出,发生在平曲线上的事故率是直线的1.5~4倍,而且事故程度较直线更严重,有25%~30%的致死事故是在平曲线上发生的,一般在进入和驶出平曲线时驾驶人最容易产生诱发事故的错误操作。车辆在平曲线上行驶时速度会降低,速度降低得越大,发生错误操作和事故的可能性就越大,也就是说速度差越大,事故率越高,后果越严重。

平曲线半径与道路运营安全关系密切。相关研究成果表明:交通事故通常发生在平曲线处,尤其是急弯(小半径平曲线)路段;交通事故的危险性(通常以交通事故率表示)和严重性随平曲线半径的增大而降低;平曲线半径小于200m的路段,交通事故率较大;当曲线半径大于2 000m时,继续增大半径对运营安全的改善效果并不明显;具有相同或相近平曲线半径的路段的安全性高于平曲线半径各不相同的路段,尤其是长直路段中突然插入一段小半径的平曲线,这对行车非常不利。另外,英国学者格兰维尔通过实验调查研究了道路平曲线曲率和道路交通事故率的关系,平曲线半径减小,事故率随曲率的增加而急剧增高,见表9-3。

表 9-3 曲率与公路交通事故率的关系

曲率	0~1.9	2~3.9	4~5.9	6~9.9	10~14.9	>15
事故率/(次/百万车公里)	1.62	1.86	2.17	2.36	8.45	9.26

由于由多个平曲线直接连接的路段要比传统的直线加平曲线路段的安全性高许多,因此,随着曲率变化率的增加,交通事故数也会增加,但是这种事故增加值会相对较小。

当曲率变化率相同时,平曲线越长,交通事故数越多。当平曲线长度增加4倍时,事故数增加约3倍,而且这种对应关系对于任意曲率变化率值都成立。

与平曲线长度相关的曲线转角也是影响道路运营安全的一个因素。相关研究结论有:交通事故率与平曲线转角呈抛物线关系,并且抛物线具有极小值,即存在最优平曲线转角;平曲线转角的最佳安全值是20°,安全范围是15°~25°;小偏角(转角小于或等于7°)平曲线容易使驾驶人产生急弯错觉,对行车安全不利;转角较大的(大于30°)平曲线也会造成严重的交通安全隐患。

c. 缓和曲线。在线形中增加缓和曲线，会使车辆在正常转弯行驶时减少对道路摩擦力的需求，增强道路运营安全性。研究表明：当曲线半径小于200m时，在直线与圆曲线之间添加缓和曲线，行车安全性会大大提高；曲线半径小于200m的路段采用缓和曲线后，交通事故率会大大降低；而对于曲线半径大于200m的路段，设置缓和曲线对行车安全的改善效果并不明显。

高速公路长大纵坡路段交通事故分析研究

② 纵断面线形与安全的关系。

a. 坡度。国内外的研究一致认为，道路纵坡对交通安全的影响非常大，尤其当坡度比较大时，事故率明显增大。据莫斯科道路学院的调查资料分析表明，发生在道路坡度路段的交通事故在平原地区占7%，在丘陵地区占18%，在山区占25%，而且坡度越大，交通事故率越高，纵坡度与道路交通事故率的关系见表9-4。

表9-4 纵坡度与道路交通事故率的关系

坡度/(%)	2	3	4	5	7	8
事故率/(次/百万车公里)	1	1.5	1.75	2.5	3	10

b. 坡长。坡长对交通安全的影响，依赖于坡度对安全的影响。若陡坡过长，爬坡时会使汽车水箱出现沸腾、汽阻，导致行车缓慢无力，甚至发动机熄火；长陡坡下行时，由于需长时间减速、制动，也会造成制动器发热或烧坏，从而导致交通事故。若长而陡的下坡路段连接一段较平缓的下坡，驾驶人会误认为下一路段坡度为上坡，从而采取加速行驶的错误操作。另外，长陡坡造成加速度或减速度的积累，使车速过高或过低而诱发事故。

c. 竖曲线。竖曲线主要包括凸曲线和凹曲线两种。研究表明：凸曲线的交通事故率要比水平路段大；小半径凸曲线的事故率较高；在相同半径条件下，发生在凸曲线上的事故率比凹曲线大，而平曲线和竖曲线组合的路段事故率明显偏高。陡坡（坡度大于6%）路段上的凸曲线发生交通事故的可能性更高；竖曲线的频繁变换会影响行车视距，从而严重降低运营安全性，尤其在凸曲线路段，视距受限会大大增加交通事故率；视距不足的凹曲线路段，在夜晚没有照明的情况下，运营十分危险。

③ 横断面线形与安全的关系。

a. 车道。多数研究表明，对双车道公路，随着车道宽度的增加，事故率随之下降，然而，这种增加是有一定限度的，具体表现：当车行道宽度由4m增加到7m时，事故率下降明显，而当车行道宽度大于7m时，再增加车道宽度对事故率影响不大。美国的研究表明，当车道宽度在3.35~3.65m之间变化时，对事故率影响不大；交通量不大时，车道宽度大于3.65m，事故率会降低，但降低幅度不大。

b. 中央分隔带。较宽的无护栏中央分隔带可为错误行驶的车辆提供一定的纠错空间，窄的中央分隔带尽管不能为错误的车辆提供纠正错误的空间，但可清楚地把两个方向的交通流分开，为横穿道路的行人提供安全的等待地点。与无中心分隔带相比，使用窄的标线分隔可减少事故30%，使用窄的突出路面分隔带可减少事故48%，使用宽的分隔带可减少事故54%。

④ 线形组合与安全的关系。此外，道路交通事故也是多因素综合作用的结果，受道路平、纵、横线形指标的综合影响。弯道与坡道重合产生的交通事故率统计见表9-5。

表9-5 弯道与坡道重合产生的交通事故率统计

单位：次/(亿车·公里)

曲线半径/m	坡度/(%)			
	0~1.99	2~3.99	4~5.99	6~8
>4000	28	20	105	132
3001~4000	42	25	130	155
2001~3000	40	20	150	170
1001~2000	50	70	185	200
400~1000	73	100	192	233

a. 线形突变，长直线末端接小半径的过急弯道，长下坡道坡底接急转弯。

b. 坡道上连续反弯，使驾驶人视觉负荷过重。

c. 坡顶急弯处，视线不连续，常引起驾驶人的疑惑，造成翻车。

d. 短直线介于两同向曲线之间，形成断背曲线使驾驶人产生错觉，把路线看成反向曲线，发生操作失误，造成事故。

e. 凹形竖曲线过短也会产生视觉差错，引起驾驶人对上坡估计过陡，造成碰车、翻车。

（2）路面因素。

路面因素与交通事故的关系，主要是路面附着系数降低易发生交通事故。汽车制动时，车轮的制动力与地面附着系数有关，当车轮处于半滑动半滚动状态时，地面附着系数可以达到最大，即制动力可以达到较大，此时的侧向稳定性也较好。当车轮完全抱死无滚动时，地面附着力有所下降，而侧向稳定性为零。极易出现侧滑和甩尾现象，容易造成事故。不同路面状况的地面附着系数不同，提供的附着力也不同，汽车的制动距离也就不一样。不同路面上的汽车纵滑附着系数见表9-6。

表9-6 不同路面上的汽车纵滑附着系数

类型		干燥		潮湿	
		48km/h以下	48km/h以上	48km/h以下	48km/h以上
混凝土路面	新路	0.80~1.00	0.70~0.85	0.50~0.80	0.40~0.75
	交通量比较小的公路	0.60~0.80	0.60~0.75	0.45~0.70	0.45~0.65
	交通量比较大的公路	0.55~0.75	0.50~0.65	0.45~0.65	0.45~0.60
沥青路面	新路	0.80~1.00	0.60~0.70	0.50~0.80	0.45~0.75
	交通量比较小的公路	0.60~0.80	0.55~0.70	0.45~0.70	0.40~0.65
	交通量比较大的公路	0.55~0.75	0.45~0.65	0.45~0.55	0.40~0.60
	焦油过多的公路	0.50~0.60	0.35~0.60	0.30~0.60	0.25~0.55

续表

类型	干燥		潮湿	
	48km/h 以下	48km/h 以上	48km/h 以下	48km/h 以上
平坦的冰路面	0.10~0.25	0.07~0.20	0.05~0.10	0.05~0.10
雪压实的路面	0.30~0.55	0.35~0.55	0.30~0.60	0.25~0.60

英国格拉斯哥市对路面粗糙化处理前后的事故率统计（表 9-7）表明，粗糙化后大大提高了安全率，对于潮湿、滑溜路面，粗糙化后事故减少为原来 1/9~1/3。

表 9-7 不同路面粗糙化前后交通事故率的统计

粗糙化前后	路面干燥	路面滑溜	路面不湿但滑溜	路面积雪结冰	合计
粗糙化前	21	44	15	2	82
粗糙化后	18	5	4	0	27

（3）交通状况对事故率的影响。

① 交通量。交通量与交通事故率的关系受车行道宽度、路肩宽度、视距及交通环境影响较大，从而难以孤立地分析两者的关系。一般在交通量小时，车辆行驶主要取决于道路条件和车辆本身性能，交通事故发生与这两者相关；随着交通量增大，交通条件占主流地位，由于车辆相互影响而导致交通事故增加。研究表明交通量、车流速度与交通事故的关系如图 9.3 所示。

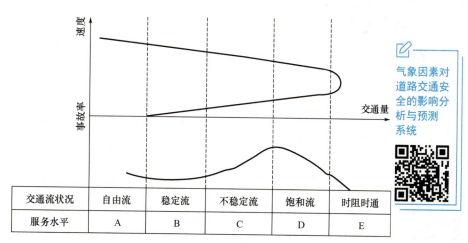

图 9.3 交通量、车流速度与交通事故的关系

② 混合交通。在超车、快慢车多的路段及机动车与非机动车混合行驶时，因各车间车速相差太大，易发生交通事故。表 9-8 列出了交通流中载重汽车混合率与交通事故率。数据表明当混合率达到 20% 时交通事故迅速增加。我国城市中机动车与自行车的事故件数约占总事故的 30% 左右，而且主要是混合行驶、斜向冲突、交叉、正面冲突所致。

表 9-8　交流通中载重汽车混合率与交通事故率

小轿车与摩托车辆数	载重汽车辆数	载重汽车混合率/(%)	事故率/[次/(亿车·公里)]
7 318	1117	13.0	43
3 390	630	14.0	47
4 537	1 144	20.5	72
2 945	780	21.0	97
2 065	600	22.6	142
703	225	24.3	118
875	325	27.0	145
3 660	1 450	28.5	184
2 340	1 105	32.5	195
4 415	3 420	44.5	260

(4) 道路交叉口。

道路交叉口是道路系统中的重要组成部分，是道路交通的"咽喉"，相交道路的各种车和行人都要在交叉口处汇集，转换方向，相继通过。同一行驶方向的车向不同方向分离行驶的地点称为分流点；来自不同行驶方向的车以较小的角度、向同一方向汇合行驶的地点称为合流点；来自不同行驶方向的车以较大的角度相互交叉的地点称为冲突点。以上三类交错点都存在相互尾撞、挤撞或碰撞的可能性，是影响交叉口行车速度、通行能力和发生交通事故的主要原因。其中，以直行与直行、左转与左转，以及直行与左转之间所产生的冲突点对交通的干扰和行车的安全影响最大。平面交叉口的交错点如图 9.4 所示。

行人致命交通事故特征与致因机理研究_基于181例深度调查事故案例

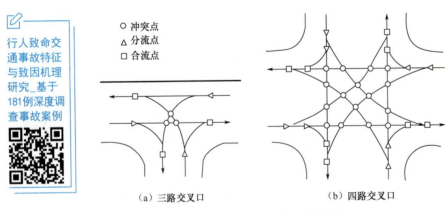

(a) 三路交叉口　　　　(b) 四路交叉口

图 9.4　平面交叉口的交错点

交叉口交通事故率同交叉口的冲突点数量密切相关，通常冲突点多则事故多。因此，减少冲突点，也就能减少交通事故数。交叉口的冲突点可由式(9-10)计算。

$$C = \frac{n^2(n-1)(n-2)}{6} \qquad (9\text{-}10)$$

式中，C 为交叉口冲突点数目；n 为交叉口汇集的道路条数。

第9章 交通安全

(5) 交通事故与信息特征。

在复杂的高速车流中，驾驶人通过视觉、听觉、感觉等器官，从不断变化的交通环境中获得各种信息，常见的如下。

① **突显信息**。突然而显著的信息，如行人与自行车突然闯到车前。

② **潜伏信息**。潜在的、隐蔽性的信息，如尚未被发现的有故障而正在行驶的车，或者超高不足的弯道等。

③ **微弱信息**。轻微不易觉察的信息或弱信号，一般都难以接收，如黄昏时难以看清的障碍物，往往使驾驶人易生犹豫、疏忽，甚至产生错觉。

④ **先兆信息**。事故发生之前具有某种预兆的信息，如酒后开车、带病开车、超速行驶，均为事故的先兆。

这些不同类型的信息均与交通事故有很大的关系。一般信息的安全感高于实际的安全程度则易发生交通事故，信息的安全感低于实际的安全感则比较安全。

设置道路交通标志、标线与防护设施，就是即时传递道路交通状况的信息，为驾驶人创造一个与道路实际情况相适应、有利于驾驶人安全行车的信息反馈系统。

9.4 事故多发位置鉴别方法

道路交通事故不是沿着道路均匀分布的，而是与道路交通环境存在某种联系，常与公路线形、交叉口设计、交通安全设施和道路周边环境密切相关。我国正处于基础设施建设阶段，用于道路改造的资金有限，因此分析道路的事故特点时，必须抓住典型，选取最严重的路段进行整修，提高改造效率。事故多发位置鉴别方法可以更加准确地识别事故多发位置，灵活根据经济等外部限制合理改善道路条件。

9.4.1 事故多发位置的定义

事故多发位置的定义有多种不同的表述，但大都没有做出相对精确的定义，国内更多的是使用"事故多发路段（点）"一词，国外则多称为事故黑点，因此事故多发位置鉴别也称道路事故黑点鉴别。尽管"事故多发位置"从字面上不难理解，但也正因为它过于通俗，以往在判断和处理事故多发位置时往往凭一时的事故水平甚至主观感觉，以至于产生较大的随意性。因此，对事故多发位置作一个定义，对客观、统一的判断和分析事故多发位置是十分必要的。

(1)《美国交通运输工程学院交通工程手册》对交通事故多发地点的定义是：在给定的统计周期内路网中某些地点对应某种算法得到的事故发生水平评定指标明显高于类似地点、类似交通状态下区域路网上的平均指标。

(2) 澳大利亚莫那什大学的欧顿教授在《道路安全工程指南》一书中将事故多发位置定义为道路系统中事故具有无法接受的高事故发生率的位置。

(3) 北京工业大学任福田、刘小明教授则认为："在计量周期内，某个路段的事故次数明显多于其他路段，或超过规定的数值时，则该路段即为危险路段。"

(4) 北京交通工程研究所定义 5 年发生 50 起以上事故路口（段）为事故多发位置。

对以上的几种定义进行总结，可以发现，虽然各种定义在时间和评定指标的选取上各有差异，但是基本的概念相差不大，都是在所有道路中找出具有突出特征的事故位置。

事故多发位置的定义有几个重要的内涵。

(1) 事故多发位置的定义必须考虑一个合理的时间范围，这主要是为了减少偶然性。时间的长短由道路本身的运营条件来决定，不能太长也不能太短，一般为1~3年。太长则容易受到除道路以外的道路运营状况和环境变化的影响，太短则事故的偶然性过大，不能说明一般规律，容易将某些偶然集中发生的交通事故误认为是事故多发位置。

(2) 事故多发位置的范围有几种不同的规定，可以是整个区域、一条道路、路段或者是道路上的一个点。其中路段和点的研究是最普遍的，区域研究只在特殊条件下才进行。

(3) 事故多发位置特殊性的事故指标没有统一的规定，可以是由历史事故数据所得的绝对指标或相对指标，也可以是某些事故特征的发生量和比例（如超速引起的事故比例、追尾或对向碰撞事故的比例等）作为分析事故多发位置的指标。

(4) 定义中的"正常"和"突出"是事故多发位置分析的关键点，事故多发位置的"突出"相对其他位置"正常"的差别值通常来自事故的历史资料，可以是研究对象本身的历史资料，也可以是类似道路的历史资料。

9.4.2 事故多发位置的分类

在不同范围、不同深度上进行道路交通事故多发位置研究时，其评价指标与鉴别方法有所差异。下面介绍国内外对事故多发位置的分类。

1. 国外的分类

澳大利亚根据事故发生范围，将事故多发位置分为点级、路段级和区域级三种。

① 点级。事故多发点是道路的某些特征点上集中了超常数量的事故，如交叉口、桥梁、匝道或道路平曲线的特征点。由于道路曲线特征点上的事故分布的离散性不一样，取多长路段作为"点"，并且怎样确定路段的长度显得十分重要，它可能会使同一点被分到不同的范围内，一般长度不大于500m，但也不能过短。

② 路段级。事故多发路段是指有一定长度的一个路段集中了超常数量的事故，长度应超过作为"点"的路段长度，通常采用1~5km。

③ 区域级。事故多发区域多用于城市路网，也可用于道路网。区域应具有一定的功能特征，如居民区、商业区等，其大小一般在$5km^2$以上。

2. 国内的分类

根据实际工作经验，一般将事故多发位置分为路网级和项目级。随着交通安全日益引起高度重视，对于道路交通事故资料的采集与管理也日益完善。因此我国道路交通事故多发位置可以分为三级，分别为平面点级、道路级和区域级。

① 平面点级。道路的某些特征点上集中了超常数量的事故，如交叉口、桥梁、道路出入口区域、较短的路段，目的是鉴别道路中事故相对集中的狭小地带的交通事故。

② 道路级。道路级事故多发位置的鉴别通常以一条道路（也可为其中较长一段）为对象进行分析，路段长度通常以终点的里程桩号与起点的里程桩号的差值作为路段长度，

通常在 1～5km，分析以微观层次为主。

③ 区域级。区域级事故多发位置主要对区域内的路网的安全状况进行评价，可以是路网中事故较多的道路，目的是了解路网中各条道路的事故状况和道路安全的关键因素，为改造方案提供依据；也可以是区域路网中事故较集中的区域，目的是对不同特征地区的安全状况进行评价，提出安全对策；还可以是区域路网中某一事故特征集中的位置分布，对某一事故特征集中的位置分布进行评价。

道路交通事故多发位置分类主要是为了便于不同层次、不同范围事故多发位置鉴别的研究，数据的完整、详细程度以及数据的特征对鉴别指标与方法的选用会产生重要影响。

9.4.3　主要的事故多发位置鉴别方法

目前，国内外有关事故多发位置的鉴别方法众多，大致可以归纳划分为直接分析法和间接分析法两类。直接分析法是指借助交通事故的历史数据进行分析的方法；间接分析法是指利用某种中介来取代交通事故的历史数据进行分析的方法。

1. 直接分析法

（1）绝对值的方法。

① 事故频数法。**事故频数法一般采用事故次数作为评价指标。**事故频数法鉴定事故多发位置的依据是一段时间内各路段内发生的事故次数，每个国家有自己的规定。例如，挪威将长 100m 路段内 4 年发生 4 起以上人员伤亡的交通事故称为道路黑点；将长 1km 的路段内 4 年发生 10 起以上人员交通事故称为道路黑段。北京市交通工程科学研究所将 5 年发生 50 起以上交通事故的路口段称为道路黑点段。

a. 应用特点。事故频数法简单，清晰，易于统计，是其他评价方法的基础。但是它采用绝对的指标，只考虑了时间和绝对事故次数，没有考虑其他因素的影响（路段的长度、交通量的大小等）。这种方法是假设在同一运营水平上对各路段进行比较，而我国现在公路运营水平参差不齐，存在很大的差异，另外，我国各个地方用于道路改造的资金不同，所以不能达到统一的事故次数规定。该方法也不能根据现有改造资金的多少灵活调节指标，只能根据专家的意见或者历史的数据，估计一个大概的阈值。

b. 适用范围。该法的使用直接受事故统计资料的限制，在同一运营水平上进行考虑。因此，在适用空间上，适用于较小的行政区域内；在使用时间上，为了更具有数据一般性，应以事故统计最短周期的倍数进行。

② 事故率法。**事故率法在事故频数法的基础上引入了交通量的概念，评价指标有亿车公里事故率、当量事故率、当量死亡率等，常用的事故评价指标是亿车公里事故率。**

$$U_f = \frac{U \times 10^8}{365 \times \text{AADT} \times L \times t} \tag{9-11}$$

式中，U_f 为亿车公里事故率；U 为 t 年内 L 长路段上事故数；AADT 为 L 路段的年平均日交通量；L 为定长路段；t 为统计年限。

当亿车公里事故率大于规定值时，该路段即为事故多发路段。

a. 应用特点。事故率法在绝对指标的基础上引入了事故关联因素（主要有车辆保有量、交通量、人口数、区域面积等），因此在鉴别事故多发位置时不再依赖于单一指标，考虑因素更全面,鉴别准确率大大提高。

b. 适用范围。有长时间的统计资料,能够获得研究区域内较稳定的事故率平均水平数据;公路运营状况相对接近(道路条件、车速等),至少同一等级公路的运营水平是接近的,这样才能对各路段(点)进行比较。

③ 综合法(矩阵法)。事故频数法和事故率法都只单独考虑了事故次数和事故率的单独影响,具有片面性,**综合法把事故频数法和事故率法的评价指标结合起来,进行事故多发位置的鉴别**。

具体鉴别步骤如下。

第一,计算每个研究路段的事故次数和事故率,以事故率为纵坐标,事故次数为横坐标,把计算结果在图 9.5 中表示出来。

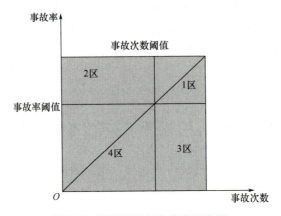

图 9.5 事故次数与事故率矩阵图

第二,规定事故次数和事故率的阈值,把计算结果分成四个区域,1 区为高事故次数,高事故率区;2 区为低事故次数,高事故率区;3 区为高事故次数,低事故率区;4 区为低事故次数,低事故率区。

第三,如果研究的路段落在 1 区则为事故多发位置,在 4 区则为安全路段,在 2、3 区则需要对路段进行进一步的分析。

a. 应用特点。综合法综合考虑了事故次数和事故率的影响,是对事故率法的改进。事故率跟事故次数和交通量有关,当交通量过小时,事故率会非常高;而交通量很大时,事故率会很小。综合法避免了因为交通量影响而使事故率很高或者很低的伪像。但是综合法在研究原有的事故次数阈值、事故率阈值的基础上还要考虑事故次数-事故率综合阈值,需要以大量的事故调查和统计为基础。

b. 适用范围。综合法适用于交通量很大或者很小的路段,计算的事故率不能真实地反映路段的危险程度。

(2)质量控制法。

质量控制法是诺登等人在 1956 年提出来的。不同于其他事故多发位置鉴别方法(仅仅对评价指标进行研究),质量控制法提出了一种合理确定事故率阈值的方法,应用质量管理理论来评价道路安全性。它可以用来鉴别道路条件及交通条件大致相同的道路的事故多发位置。

具体鉴别步骤如下。

① 事故预测的正常值。假设任何情况下,交通事故发生的概率服从事故频率的泊松分布,即某路段在时间 t 内发生 k 起交通事故的概率。

$$P(x=k)=\frac{e^{-\mu t}}{k!}\times(-\mu t)^k \tag{9-12}$$

式中, μ 为路段的事故频率。

② 根据显著性水平确定事故多发位置综合事故率的上、下限。根据概率论与数理统计原理,确定一定置信水平(置信度一般取95%,对应 $\alpha=1.96$)下的平均事故率区间为

$$R^{-}=\lambda_i-\alpha\times\sqrt{\frac{\lambda_i}{m_i}}+\frac{1}{2\times m_i} \tag{9-13}$$

$$R^{+}=\lambda_i+\alpha\times\sqrt{\frac{\lambda_i}{m_i}}+\frac{1}{2\times m_i} \tag{9-14}$$

式中, R 为临界平均公里事故率; λ_i 为相似区间平均公里事故率(起/公里); m_i 为路段 i 的累计公里数(公里)。

③ 将路段的事故率与相似路段的平均事故率作比较。如果所考察路段的事故率大于上限值,则认为该路段是事故多发路段;小于下限值,则认为是相对安全路段或道路;介于两者之间,则应该进行深入分析,酌情采取措施。

a. 应用特点。它要优于传统的统计方法,按照事故率对位置的危险程度进行排序,确定路段改善的优先顺序;该方法运用了事故率作为评价指标,所以不能避免绝对事故率没有考虑事故严重程度的缺陷。

b. 适用范围。质量控制法的应用较广泛,和事故率法一样,不适合交通量非常大或非常小而出现伪事故率的情况。

(3) 概率分析法。

设具有相似交通量的某段道路的平均事故率为 P_0(车公里事故率),该道路(或路段)上累计作用的交通量是 m 辆。把该道路按整公里分成 n 段,则每段上的事故发生概率服从参数 $\lambda=m\times P_0$ 的泊松分布,即

$$P_k(x=k)=\frac{\lambda^k}{k!}\times e^{-\lambda} \tag{9-15}$$

则该道路上发生 k 次事故的路段个数服从 $b\sim(n,p)$ 的二项分布,即

$$P(x=t)=(C_t^n)P_k^t(1-P_k)^{n-t} \tag{9-16}$$

式中, t 为发生 k 次事故的路段数; n 为道路的路段数; P_k 为发生 k 次事故的概率。

Microsoft-Excel 提供了函数 Critbinom(trials, probability_s, alpha)。该函数返回一个使得累计二项式分布的函数值大于或等于 α 的最小整数。其中 trials 表示试验次数,在此相当于该道路的段数,即 n 值;probablity_s 表示发生 k 起事故的概率,此处相当于 P_k;alpha 表示置信度。因此,可以根据所选的置信度 α、P_k、n 值调用 Critbinom(trials, probability_s, alpha) 函数,得到的 t 值就是在该置信度下发生 k 次事故的路段数的上限。当实际值大于 t 的上限时,可以认为这些路段包含事故多发路段。理论上,当 P_k 较小且 n 值较大时,可用泊松分布来近似替代二项式分布。

为了更直观地分析事故路段数期望值、分位值和实际发生值,我们可以绘制事故频数

分析图。

① 应用特点。由于概率分析法按照整公里或五百米来分段，并且该分段位是固定的，而实际中，事故多发段可能分跨于该分段位的两边，因此，该法可能漏掉这种情况。解决的方法是检查相邻两段中两段事故数的和大于或等于确定的临界事故次数，看是否存在相邻的整公里上事故数大于临界事故次数。

② 适用范围。由于使用概率分析法的前提是该道路（路段）具有相近的交通量，因此该法不适合于路网或同一条道路中交通量差异较大的不同路段。

（4）累计频率法。

累计频率法是基于统计学原理的一种方法，该方法以每一单元长度（常用500m或1km）发生的事故次数为横坐标，以发生小于或等于某一事故次数的累计频率为纵坐标，绘制累计频率曲线散点图，对散点图进行曲线拟合。在拟合曲线上寻找突变点，以此来鉴别事故多发位置。一般拟合曲线在累计频率75％～80％有一个突变点，在突变点上，即累计频率大于等于75％～80％的部分为事故率最高的部分，并且事故随累计频率的微小变化会引起事故率的急剧变化。因此，可以将事故累计频率大于75％～80％的路段作为可能的事故多发路段。这部分路段长度比例较小，事故却占很大的比例。

① 应用特点。

a. 采用相对的概念，避免统一值不能满足各条道路不同交通状况的矛盾。但是该方法受到事故统计分段欠合理的影响。

b. 灵活地考虑区域的经济状况，根据整修资金多少来选取适合的鉴别事故黑点的阈值。

c. 拟合公式的参数比较少，计算量小。拟合曲线相关性较好，拟合精度较高，但是拟合频率会出现负值，累计频率的拟合函数单调性不理想、拟合最终值不为1，不符合实际。

d. 多项式拟合公式的参数个数不确定，参数越多，拟合精度越高。需要选取合适的拟合公式进行后续事故多发位置鉴别。

e. 对于不同的公路，累计频率的突变点会在一定范围内变化，根据事故多发段所占比例的多少，累计频率的突变点会有所不同；事故多发段少，则突变点靠近原点（累计频率值就小），反之突变点处的累计频率值就大。

f. 当事故分布较集中，位置比较确定时，累计频率曲线上的突变点比较明显；当事故离散，事故多发路段的特征不明显时，累计频率曲线上的突变点则不明显。因此，实际分析中需要根据当地条件选择事故多发路段的分界点。

② 适用范围。特别适于我国目前事故状况差别较大，道路安全基础研究缺乏，各个地方用于道路改善的资金差异很大的实际情况。

（5）灰色理论法。

交通事故是随机事件，存在偶然性和模糊性。灰色理论法是一种常见的对不确定系统进行研究的方法，着重研究"部分信息已知，部分信息未知"、"小样本、贫信息"的不确定问题，并根据信息覆盖，通过序列生成寻求现实规律。

交通事故灰色理论法预测可分成五个步骤：数据处理、建模计算、精度检验、优化修正、还原处理。道路交通事故常用以下四项评价指标来评价：死亡人数、事故次数、受伤人数、经济损失数。

① 应用特点。

a. 所建立的数学模型是一阶单变量微分方程。这与以往的概率统计方法利用离散数据所建立的、按时间进行逐段分析的、递推的、离散的模型，有着本质的区别。

b. 灰色理论法认为，某地区在某时间区间内的交通事故指标值是一定范围内变化的与时间坐标有关的灰色量。该法将杂乱无章的原始数据整理成较有规律的数据，并生成数列后，再研究、处理，从而避免了概率统计方法的大样本、大工作量而使其结果不理想的状况。

c. 灰色理论法建立的数学模型不是交通事故原始数学模型，而是生成数据模型。其预测模型不能直接从生成模型中获取，必须通过还原处理才能获得结果。

② 适用范围。灰色理论法的特点是少数据建模，适合研究"外延明确、内涵不明确"的随机对象。

（6）时间序列分析法。

时间序列分析法以事故率随时间变化情况作为交通安全水平的指标，简要表达式为

$$R_t = e^{\alpha t - \beta} \tag{9-17}$$

式中，R_t 为第 t 年的车公里死亡率；t 为时间；α、β 为常数。

① 应用特点。从时间纵向方面考察事故率的变化情况，参数的确定需要以大量的调查和研究数据为依据，而我国地域宽广，各地区不同等级道路都需要建立独立的模型，工作量很大。

② 适用范围。灰色理论法适用于有大量的历史数据为依据，道路状况相似，至少同一等级公路的运营水平比较相近的道路或路段。

（7）安全评价回归分析法。

安全评价回归分析法包括了多元线性回归法和多元非线性回归法。其中多元线性回归法是由美国的伊·阿拉加尔提出的，他通过对美国各个州的道路交通死亡人数的三十多个相关因素的分析，选出影响较大的六个因素，然后用回归方程预测百万辆汽车的事故死亡率。经实践检验，预测值与实际值基本相符。多元非线性回归法有英国伦敦大学斯密德公式和北京模型。

① 应用特点。安全评价回归分析法考虑了一些主要因素的影响，如国家的汽车保有量、人口数、道路面积等；对大量的历史调查资料进行研究和分析，形成回归方程。该方法可能忽略了其他因素的影响，并且没有考虑影响已选因素随着时间变化的趋势。

② 适用范围。安全评价回归分析法虽较实用，但科学依据不足，而且受地域、交通条件的制约，应用有局限性，可比性差。

（8）经验贝叶斯方法。

一段时期内在道路上某一地点观测到的事故数不能正确反映这一时期的道路安全水平，因为交通事故是随机事件。交通事故数是一个随机变量，观测到的交通事故数只是其中的一个事件。能正确反映道路安全水平的是事故数的期望值，事故数的期望值通过估计得到。因此观测到的事故数是对道路安全水平的有偏估计，并且可能产生较大的偏差，这种偏差称为回归效应。1986 年，豪尔指出回归效应是交通事故的一个特征，是指某一时间段内某一地点发生了大量的事故，即使没有采取任何安全改善措施，在随后的一段相等的时间内将会有相对较少的事故发生的现象；反之，某一时间段内某一地点发生的事故较

少，在随后的一段相等的时间内将会有相对较多的事故发生。这表明随着时间的推移事故次数将向其期望值回归。

传统贝叶斯方法（早期的经验贝叶斯方法）在评价道路安全时，研究者利用自己对所研究道路安全的认识，人为主观确定事前分布。然而经验贝叶斯方法利用相似道路作为参照建立事前分布，这也是经验贝叶斯方法这一名称的由来。研究者经常利用伽马概率密度函数来描述参照道路的事故数的期望值 Λ 的分布，由于伽马分布具有很强的灵活性，因此这种假定是合理的。利用伽马分布作为事前分布也简化了将其转化为事后分布的数学过程，因为对于泊松分布的均值来说，伽马分布是一种共轭的事前分布，利用经验贝叶斯方法转化出的事后分布也是伽马分布。

京石高速公路事故黑点分析与预防改进对策研究

1992年豪尔提出利用经验贝叶斯方法可以克服观测到的交通事故的回归效应。经验贝叶斯方法通过贝叶斯理论与反映道路安全水平的信息相结合来评价道路安全水平。反映道路安全水平的信息包括与研究道路有相同特征的参照道路、研究道路以往的安全状况。经验贝叶斯方法将未知的概率分布参数（如事故数的期望值）看成其本身具有概率分布的随机变量，确定了参数的概率分布，就可以通过分布的均值来预测参数的数值。确定未知参数的概率分布需要两步：第一步，在未知参数的相关数据的情况下，确定参数的事前分布；第二步，依据参数的相关数据，利用经验贝叶斯方法将事前分布转化为事后分布。

① 应用特点。利用经验贝叶斯方法进行安全评价时会遇到的问题是需要找到足够的参照道路，才能获得可信的事前分布的参数估计。因此必须严格地挑选参照道路单元，以确保参照道路单元与要研究其安全性的道路单元具有相同特征，相似性要求越高，找到足够相似道路单元的难度就越大，实际上，这种高度相似的道路单元很难达到足够大的数量。

② 适用范围。经验贝叶斯方法适合有足够相似道路或路段事故资料的道路或路段的事故多发位置鉴别。

2. 间接分析法

（1）模糊评价法。

模糊评价法由东南大学研究者提出，针对交通安全概念的模糊性、评价思维方式的多样性及评价结果常以口语化词汇表达的特点，建立模糊评价模型，对路段的危险性进行综合排序，从而确定整改的顺序。

① 应用特点。该方法确定了整改顺序，但并没有明确确定事故多发路段，另外该方法的计算非常复杂。

② 适用范围。模糊评价法一般在被鉴别的路段的道路条件、交通条件差别较大，采用其他方法难以保证鉴别精度的情况下使用。

（2）人工神经网络。

人工神经网络是在现代神经科学研究成果的基础上提出来的，它反映了人脑功能的若干特性，是以模拟人脑信息处理机制为基础的非线性动力系统，按照人脑的组织和活动原理将大量的、同时也是很简单的处理单元（神经元）广泛地互相连接而形成的复杂的网络系统。人工神经网络具有一般非线性系统的共性,但其个性特点十分显著,比如高维性和神经元之间的广泛连接性、自适应性及自组织性等。

① 反向传播网络基本原理。反向传播网络(Back-Propagation Network,BP网络)是可实现对非线性可微分函数进行权值训练的多层网络。反向传播网络处理信息的基本原理:输入信号X_i通过中间节点(隐层点)作用于输出节点,经过非线形变换,产生输出信号Y_n,对于期望输出t,通过调节输入节点与隐含节点的联接强度W_{ij}和隐含层节点与输出节点之间的联接强度T_{jn}及阈值,使误差沿梯度方向减小,确定与最小误差相对应的网络参数(权值和阈值)。人工神经网络能自行处理输入误差最小的经过非线性转换的信息。

② 反向传播法具体步骤如下。设三层反向传播神经网络输入层有n个神经元,隐含层有m个神经元。

a. 确定输入信号X_i和期望输出信号T_i。

b. 开始时反向传播网络各层的权和阈值用一个随机数加给各层,即当作初值。

c. 在确定的学习样本中,按顺序取样输入反向传播网络中。

d. 分别计算隐含层输入向量、输出向量,输出层输入向量、输出向量。

e. 求各层的误差。

f. 修改各层的权和阈值。

g. 循环计算,直到每个都满足$|t^{pi}-y^{pi}|<\varepsilon$为止。

山区公路事故黑点鉴别及其成因分析模型

③ 应用特点。在道路交通评价中,通过适当选择影响交通事故的主要因素,利用人工神经网络并行结构和并行原理的特征,可以全面评价道路交通系统的安全状况和多因素共同作用下的安全状态,运用神经网络知识存储和自适应特征,可以实现历史经验与新知识的完美结合,在发展过程中动态地评价道路交通系统的安全状态。

④ 适用范围。适用范围较广,但是计算比较复杂,适用于评价道路交通系统的安全状况和多因素共同作用下的安全状态。

(3) 冲突判定法。

冲突判定法由长安大学和交通运输部科学研究院提出,事故多发路段的冲突判定法是以交通冲突技术作为其理论基础,对路段交通状况进行冲突观测分析,建立以交通冲突为基础的路段交通事故多发点判定方法。其理论依据主要有以下几个方面。

a. 严重冲突与事故之间有良好的相关关系,严重冲突间接地反映了地点安全程度的好坏。

b. 严重冲突能够较好地反映地点安全状况的变化趋势。

c. 严重冲突的严重性可以反映交通参与者的安全感好坏。

d. 路段每天严重冲突的发生规律较好地服从泊松分布。

① 应用特点。通过对路段严重冲突的大量调查和统计分析,选择代表正常安全性的冲突值作为判定正常与异常的标准,如果观测到的冲突数大于该值,则认为该路段在安全性方面发生了显著变化,出现了不安全因素,应当作为一个事故多发点来进行治理。准确地说,该方法只是一种事故多发路段的验证方法。

② 适用范围。该方法只能在对路段的安全性能有一定了解,认定该路段的危险比较高的情况下才采用。

(4) 安全系数法。

安全系数法由苏联交通工程专家提出。它假设驾驶人在危险路段的初始神经紧张程度与在后续路段上的行驶速度同先前路段上的速度之比呈正相关。安全系数的计算公式为

$$K_s = \frac{V}{V_{cn}} \tag{9-18}$$

式中，K_s 为安全系数；V 为后续路段上的行驶速度；V_{cn} 为先前路段上的行驶速度。

安全系数法的实质是考虑到行驶车速沿道路的连续变化性问题，在车速前后变化剧烈的地点必然是一个（或潜在的）交通事故多发点。当安全系数值小于 0.6 时，该路段就可以判定为一个（或潜在的）交通事故多发点。

① 应用特点。安全系数法从研究汽车沿危险路段前后速度的差异，引出安全系数作为事故多发位置的评价指标，用安全系数来评价道路是否危险时，同时考虑了道路通行能力及汽车运输成本，但是数据的获取有困难。

② 适用范围。安全系数法研究路段上车辆基本是连续行驶的，受交通量等其他因素的影响较小，因此该方法在等级较高的道路上比较适用。

3. 现有事故多发位置鉴别方法比较

(1) 直接分析法。

① 依赖历史数据进行路段危险性的分析，要求的历史数据时间比较长，而且道路条件也可能伴随发生很大的变化，不适合现实的识别。

② 交通事故数据的统计存在不合理之处，事故记录不准确。

③ 只考虑了一定时期内某一路段上的事故指标，事故数据有很高的随机性，不能真实、准确地反映研究路段事故发生的一般规律。

(2) 间接分析法。

利用某种中介来取代交通事故，从而比较方便地获得足够的分析数据。但是，中介并不等于交通事故指标，因而必然会导致误差传递，进而降低分析结果的准确性。

现有评价方法各有利弊，每种方法又有一定的适用范围，因此在选择时要注意它的实际应用性。

9.5 交通安全对策与措施

为了保证行车安全，还要研究防止事故发生的对策和具体措施。

9.5.1 交通事故预防对策

交通事故预防对策也称交通安全对策，包括预防和减少交通事故的计划、决策和各种管理与工程措施。

1. 有计划地组织对交通事故的分析研究

交通事故的分析研究是交通科学研究的重要组成部分，只有充分研究交通事故的主要

影响因素、事故发生的成因（规律、特点及其机理），才能有计划性、针对性、分清主次地制订有效的预防措施和方法。

2. 健全与完善交通法规、章程和条例

交通法规是交通参与者和交通管理人员共同遵守的行为规范，是处理交通违章和交通事故的法律依据。为适应交通运输业的迅速发展，应及时补充、修订和完善各种交通法规、章程与条例。

3. 加强道路等基础设施的建设

道路等基础设施是交通运输的渠道，是车辆赖以通行的基础，既要有一定的数量、路网密度、道路面积率，又要有较高的质量，有坚固平整的路面和相应附属设施。

4. 加强交通安全教育宣传

交通安全的教育与宣传工作是执行交通法规、维护交通秩序、保障交通安全、发挥道路功能、提高交通效率的有力保证。交通安全教育要广泛、深入、持久地进行，对于中、小学学生更应经常上安全教育课，以期不断提高交通参与者的交通行为素质和交通管理水平。

5. 严格取缔违法行为

对各种违反道路交通安全法及省市交通法规的行为，要依法严肃处理，并尽可能将处罚与教育相结合。

6. 科学地组织与管理公路与城市交通

科学地组织与管理好公路与城市交通，合理地做好城市的宏观控制和交通规划，均衡地利用路网上一切可以利用的道路，减轻城市主干路及主要交通枢纽的交通流量，有利于对交通流实行空间与时间的分离和隔离，减少冲突，保证交通安全。

7. 加强事故伤害的急救工作

认真做好交通事故伤害的急救工作，主要从建立急救业务体制和急救医疗机构两个方面予以解决，同时对驾驶人开展事故伤害急救知识培训，使他们掌握事故现场急救方法，这对于减少事故死亡率，挽救伤员，开展积极、正确、有效的自救、互救均有着十分重要的现实意义。

9.5.2 交通事故预防措施

1. 改善线形与交叉路口设计

（1）道路线形的几何设计要素，如平曲线半径、平面线形要素的连接与组合、纵坡坡长、纵向竖曲线半径、平面与竖向视距、横断面超高加宽等的标准，均应认真考虑如何保证行车安全。

（2）桥梁宽度、竖曲线半径、桥头接线、人行道缘石高度，均应符合有关设计规范。

（3）交叉口要充分保证视距，设置标志、标线，并注意经常维护，交叉范围内的树木要注意剪修，以不妨碍驾驶人与行人视线为原则。

2. 强化交通安全设施

（1）为了防止驾驶人过失，路面滑溜造成翻车、碰撞、车辆滑落，应于适当路段设置各种柔性或刚性护栏与安全带，以期缓冲与保护车辆及乘客。

（2）分隔措施。设置中央分隔带，区分上行、下行、快慢车、车辆与行人等。分隔带可做成一定宽度的带状构造物，若道路宽度不足时宜用栅栏分隔。

（3）设置交通岛、导流岛、安全岛、分车岛，做好渠化工作，以控制车辆行驶，防止冲撞和旁擦，并保护行人。

（4）在车流与人流均多的路口，为确保交通安全，需要从时间或空间上将两者予以分开，这就必须设置人行横道或过街天桥、地下通道。

3. 加强交通管理与控制

（1）道路标志、标线要认真管理，按规定设置，并安排固定人员经常维修、保洁、养护，保持标志、符号、文字、图案的清晰并能正确地发挥作用。

（2）视道路与交通情况安装信号灯、电子警察或其他控制、管理设施。

（3）将某些因路窄未能通车的街道组织单向交通，可减少交叉口上的冲突，减少车与车、车与人的冲突碰撞与事故发生的潜在危险。

（4）改善路况，清除障碍物，保证视距畅通，对瓶颈及"蜂腰"地段要设法拓宽。

（5）设置诱导性标志或各种视线诱导物，使道路去向明显，以便驾驶人能预知前方路况，采取正确而适当的措施。

（6）加强日常交通管理，严格控制施工占路堆物，严格禁止在人行道上摆摊设点。

9.5.3 提高驾驶人素质、水平与职业道德

大量的交通事故统计表明，有50%以上的事故同驾驶人的行为有关，因此提高驾驶人的素质、水平与职业道德对保证交通安全有重要作用。

（1）驾驶人应有良好的身体素质和视觉、听觉、动作反应能力，在生理、心理和精神方面，都有科学的检查和严格的挑选标准，对于先天性缺陷如色盲、色弱或反应迟钝者不能录用。

（2）驾驶人的培训要严肃、认真、从严从难，既要认真上好技术课、训练课，又要上好交通法规课，做到技术过硬，遵守交通法规。

（3）要讲交通道德、职业道德，人人遵规守纪，严格执行交通法规。

9.5.4 交通安全措施效果评价

道路交通安全措施的主要效果是防止事故发生，防止人员伤亡。因此，安全措施的投资与效果既要考虑经济因素又不能单纯用货币来检验。但为了提高投资的效益又必须进行多方案的分析比较与检查。这可以采用投资前与采取措施后死亡人数或交通事故率的大小来进行比较，以判断其效果的显著程度。争取用同样的投资取得更大的效果，即挽救更多

第9章 交通安全

生命，减少人员伤亡和财物损失。

交通安全涉及社会、经济、法规、文化素质等各个方面，既有文化意识方面，又有具体的技术设施及管理方面的因素，因此是个系统工程，要治理交通，加强交通安全，还必须从整个安全系统方面综合治理。

【习题】

一、名词解释

轻微事故　　一般事故　　重大事故　　特大事故　　公里事故率　　车辆事故率

人口事故率　　综合事故率　　当量事故次数　　当量事故率

二、简答题

1. 交通事故调查主要应包括哪些内容？要注意哪些问题？
2. 在交通事故分析中要考虑哪些因素？具体表现在哪些方面？

三、计算题

某交叉口每年发生交通事故 12 起，死亡 6 人，而该交叉口日平均交通量为 5800 辆。试求：年事故率和死亡率各是多少？（按每百万辆车计）

参 考 文 献

陈宽民，严宝杰，2003. 道路通行能力分析［M］. 北京：人民交通出版社.

陈利，2013. 对疲劳驾驶的执法思考—以包茂高速陕西延安"8·26"特大交通事故为例［J］. 公安教育（08）：45-48.

陈旭梅，于雷，郭继孚，等，2004. 美、欧、日智能交通系统(ITS)发展分析及启示［J］. 城市规划（7）：75-79.

陈雪明，2003. 洛杉矶城市交通发展的战略转变以及对中国城市的启示［J］. 城市交通（1）：36-39.

过秀成，2011. 道路交通安全学［M］. 2版. 南京：东南大学出版社.

黄文忠，1999. 珠海市城市交通规划编制的思路及预期成果［J］. 广东交通（06）：82-86.

李春艳，郭继孚，安志强等，2016. 城市综合交通调查发展建议——基于北京市第五次综合交通调查［J］. 城市交通，14（2）：29-34.

李兴虎，1999. 汽车排气污染与控制［M］. 北京：机械工业出版社.

李雪婷，尹欣然，张阚，2015. 车流波动理论在城市道路通行能力中的应用［J］. 数学学习与研究（1）：105-105.

李岳林，2010. 交通运输环境污染与控制［M］. 2版. 北京：机械工业出版社.

李作敏，2017. 交通工程学［M］. 3版. 北京：人民交通出版社.

刘灿齐，2001. 现代交通规划学［M］. 北京：人民交通出版社.

刘东，2008. 交通调查与分析［M］. 北京：中国人民公安大学出版社.

刘志强，葛如海，龚标，2005. 道路交通安全工程［M］. 北京：化学工业出版社.

马骏，2004. 交通流理论基础［M］. 北京：中国人民公安大学出版社.

美国交通研究委员会. 2007. 道路通行能力手册［M］. 4版. 北京：人民交通出版社.

牟建霖，林平，2005. 机动车驾驶证申领与使用［M］. 北京：电子工业出版社.

恰然，1995. 英科学家呼吁：应重视交通污染对人体健康危害的研究［J］. 国外科技动态（1）：55-55.

屈毅，2015. 浅析我国智能交通系统发展现状及前景展望［J］. 科技视界（14）：100-137.

任文堂，郄维周，1984. 交通噪声及其控制［M］. 北京：人民交通出版社.

邵春福，2014. 城市交通规划［M］. 北京：北京交通大学出版社.

魏健，2017，交通流理论概述［J］. 技术与市场，24（05）：381.

徐吉谦，陈学武，2015. 交通工程总论［M］. 4版. 北京：人民交通出版社.

徐建闽，2007. 交通管理与控制［M］. 北京：人民交通出版社.

杨佩昆，吴兵，2003. 交通管理与控制［M］. 2版. 北京：人民交通出版社.

杨兆升，2004. 城市智能公共交通系统理论与方法［M］. 北京：中国铁道出版社.

张起森，张亚平，2002. 道路通行能力分析［M］. 北京：人民交通出版社.

赵强，赵永，2017. 五路环形交叉口交通改善方法与案例分析. 城市道桥与防洪［J］，（6）：1-6.

郑华平，何霞，2010. 基于排队论的交叉口交通流研究［J］. 科技信息（35）：377-378，410.

《中国公路学报》编辑部，2016. 中国交通工程学术研究综述. 2016［J］. 中国公路学报，29（6）：1-161.

中国公路学会《交通工程手册》编委会，1998. 交通工程手册［M］. 北京：人民交通出版社.

周楠森，2011. 城市交通规划［M］. 北京：机械工业出版社.

周商吾，1987. 交通工程［M］. 上海：同济大学出版社.

朱永明，1997. 简明交通工程学［M］. 北京：人民交通出版社.

朱云峰，2014. 车道被占用对城市道路通行能力的影响［J］. 都市家教：上半月（9）：296.

AL‑MALIK M，GARTNER N H，1995. Development of a Combined Traffic Signal Control‑Traffic Assignment Model［M］.//GARTNER N H，IMPROTA G. Urban Traffic Networks. Heidelberg：Springer：155‑186.

ESKANDARIAN A. 2012. Handbook of Intelligent Vehides：Volume 1［M］. Lodon：Springer.

LOUIS J，PIGNATARO. 1973. Traffic engineering：theory and practice［M］. Englewood：Prentice‑Hall.